Eckstein | Liebetrau | Seidel (Hrsg.)

•

2014 | Insurance & Innovation

Ideen und Erfolgskonzepte von Experten aus der Praxis

Eckstein | Liebetrau | Seidel (Hrsg.)

2014 Insurance & Innovation

Ideen und Erfolgskonzepte von Experten aus der Praxis

Bibliografische Information der Deutschen Nationalbibliothek

Die Deutsche Nationalbibliothek verzeichnet diese Publikation
in der Deutschen Nationalbibliografie; detaillierte bibliografische Daten
sind im Internet über http://dnb.d-nb.de abrufbar.

© 2014   Verlag Versicherungswirtschaft GmbH   Karlsruhe

Das Werk einschließlich aller seiner Teile ist urheberrechtlich geschützt. Jede Verwertung, die nicht ausdrücklich vom Urhebergesetz zugelassen ist, bedarf der vorherigen Zustimmung des Verlags Versicherungswirtschaft GmbH, Karlsruhe. Jegliche unzulässige Nutzung des Werkes berechtigt den Verlag Versicherungswirtschaft GmbH zum Schadenersatz gegen den oder die jeweiligen Nutzer.
Bei jeder autorisierten Nutzung des Werkes ist die folgende Quellenangabe an branchenüblicher Stelle vorzunehmen:
© 2014 Verlag Versicherungswirtschaft GmbH, Karlsruhe

Jegliche Nutzung ohne die Quellenangabe in der vorstehenden Form berechtigt den Verlag Versicherungswirtschaft GmbH zum Schadenersatz gegen den oder die jeweiligen Nutzer.

Umschlagfoto   © Mopic – Fotolia.com

ISBN 978-3-89952-795-7

Geleitwort

Das Versicherungsgeschäft ist stärker noch als die meisten anderen Wirtschaftszweige permanent vielfältigen Veränderungen unterworfen. Aus den sich verändernden externen und internen Rahmenbedingungen leitet sich Handlungsbedarf ab. Zu den externen Faktoren gehören beispielsweise eine eher mäßige Konjunktur, gestiegene Regulierungsanforderungen und ein dauerhaft sehr niedriges Zinsniveau. Diese Faktoren sind kaum beeinflussbar, allerdings ist es von entscheidender Bedeutung, wie Versicherungsunternehmen auf derartige Fragestellungen intern reagieren.

Im Wesentlichen sind vier Felder zu identifizieren, in denen Versicherungsunternehmen gefordert sind:

- In der **Strategie**: Wie geht eine Versicherung mit steigendem Wettbewerbsdruck und sinkenden Kapitalerträgen um?
- In der **Struktur**: Wie kann man den zunehmenden Kosten begegnen? Wie können Regulierungsvorgaben kostengünstig umgesetzt werden?
- In der **Kultur**: Wie geht man in Zeiten der Krise und der Veränderung mit den Mitarbeitern, den Kunden und anderen Stakeholdern angemessen um?
- In der **Technik**: Wie gelingt eine sinnvolle Einbindung von E-Commerce und Sozialen Medien?

Die vorliegende Ausgabe des Jahrbuchs „Insurance & Innovation" behandelt erneut hochaktuelle Branchenthemen und möchte dazu beitragen, dass die Versicherungswirtschaft den genannten Herausforderungen erfolgreich begegnen kann. In ihren Beiträgen widmen sich Experten aus Wirtschaft und Wissenschaft u. a. den Einsatzmöglichkeiten der Neuroökonomie im Versicherungswesen, den Möglichkeiten eines Direktabschlusses per Versicherungs-App sowie der Frage, ob Telematics der richtige Weg zu einem gerechten Kfz-Tarif ist.

Die FOM Hochschule für Oekonomie & Management gibt dieser Veröffentlichung gerne ein wissenschaftliches Geleit. Eine stetig wachsende Zahl von Mitarbeitern aus der Versicherungswirtschaft erwirbt ihren akademischen Abschluss berufsbegleitend an den bundesweiten Studienzentren der FOM. Wir freuen uns sehr, dass unsere Expertise auch in Form konkreter Beiträge unserer Hochschullehrer Eingang in das Jahrbuch „Insurance & Innovation" gefunden hat, und wünschen der Veröffentlichung eine hohe Resonanz.

Prof. Dr. Burghard Hermeier
Rektor der FOM Hochschule

Prof. Dr. Thomas Heupel
Prorektor Forschung der
FOM Hochschule

Geleitwort

Efficiency ist in der heutigen Versicherungsökonomie maßgebend. Somit stellt sich die Frage, wie die Struktur und der architektonische Aufbau vieler Versicherungskonzerne verändert werden müssen, um dem steigenden Wettbewerbsdruck standhalten zu können? Google & Co. betreten mit neuen Herangehensweisen, flexiblen Organisationsstrukturen und -kulturen die Welt der Finanzdienstleistungen. Welche Möglichkeiten haben die großen Player der Versicherungswirtschaft, auf dieses veränderte Wettbewerbsumfeld zu reagieren? Es ist anzunehmen, dass sie Produkte in einer neuen Art und Weise entwickeln und in den Markt bringen müssen und die sich bietenden technologischen Möglichkeiten viel stärker ausschöpfen müssen. Hierzu bieten sich einerseits Partnerschaften mit jungen Unternehmen an, die ein weitaus höheres Potenzial an Technologieaffinität und Flexibilität aufweisen und dieses zum Vorteil der Partnerschaft einsetzen können. Andererseits bietet es sich an, u. a. Mobilfunkanbieter, Kfz-Hersteller und Energieversorger als Partner anstatt als Kunden zu gewinnen, damit sie nicht als Konkurrenz auftreten, wie es im Bereich Kfz schon jetzt häufig der Fall ist. Wie schnell ehemals große Player vom Markt verdrängt werden können, wenn sie keine Antworten auf neue Herausforderungen finden, haben die Beispiele von Nokia über Yahoo bis hin zu IBM deutlich gezeigt. Damit diese Probleme in der Versicherungswirtschaft nicht verstärkt auftreten, ist die Zeit zum Um- und Andersdenken gekommen. In diesem Buch werden vielfältige Inspirationen geboten, worauf sich Versicherungsunternehmen einstellen können und sollten. In den einzelnen Kapiteln wird Unternehmern aufgezeigt, welche Trends die Versicherungsbranche beeinflussen können und welche Denkansätze helfen, den Wandel aktiv zu gestalten.

Für mich gilt der Grundsatz: „Mit starken Partnern ist der Weg in die Zukunft eine spannende Reise mit Ziel."

Justus Lüder
Geschäftsführer der WetterProtect GmbH

Inhaltsverzeichnis

Prof. Dr. Burghard Hermeier / Prof. Dr. Thomas Heupel
Geleitwort V

Justus Lüder
Geleitwort VII

Malte Johannes / Olga Mursajew / Henrik Kant
Versicherungen als Unterstützer der Energiewende 1

Dr. Andreas Eckstein / Simona Ravens / Wiltrud Weidner
Telematik – Auf dem Weg zum gerechten Kfz-Tarif? 13

Stephan Meyer
Der Dienstweg ist der Holzweg! 25

Prof. Dr. Marcel Seidel / Axel Liebetrau
Erfolgreiches Veränderungsmanagement heißt
Mitarbeiter mitnehmen 33

Dr. Andreas Grahl / Jörg Heinze
Versicherungen (nicht für das, sondern) mit dem Smartphone 41

Dr. Aly Sabri
Neuroökonomie im Versicherungswesen 57

Prof. Dr. Stefanie Auge-Dickhut / Prof. Dr. Bernhard Koye / Axel Liebetrau
Denkfallen im Umgang mit Versicherungskunden 71

Oliver Joachim Rolofs / Tom Köhler
Deutschlands Chancen als Cybersicherheitsstandort 87

Prof. Dr. Ing. Thomas Abele
Roadmapping in der Versicherungsbranche? 99

Jacob-Christian Klages / Dr. Nadine Guhr / Christoph Schwarzbach
Innovation im Versicherungsvertrieb –
Direktabschluss per Versicherungs-Apps 111

Dr. Michael Hartschen
Innovationsmotor Einfachheit … 125

Lars Georg Volkmann
Versicherungen in der VUCA-Welt: Warum der personale Vertrieb
trotzdem eine Zukunft hat … 141

Prof. Dr. Leif Erik Wollenweber / Stefan Steden
Strategisches IT Outsourcing durch Cloud Computing … 153

Prof. Dr. Thomas Berger / Egle Maksimaite
Der Einfluss von Priming und Framing auf Entscheidungen … 163

Michael Langer
Wie ein Versicherungskonzern mit der Blue Ocean Strategy
einen neuen Markt eroberte … 173

Uwe Rotermund / Kerstin Linnemann
Innovationskraft durch Dynamik und Capabilities
und Vertrauenskultur … 183

Hans-Josef Homscheid
Data Logistics wird zum Kernelement moderner
Versicherungsanwendungslandschaften –
und gleichzeitig erfordern die kommenden Herausforderungen
ein Umdenken der IT-Strategie … 199

Thomas Barsch
GoogleINSURANCE^{TM} … 209

Die Autoren … 221

Malte Johannes / Olga Mursajew / Henrik Kant

Versicherungen als Unterstützer der Energiewende

Einleitung

Energiewende, CO_2-Reduktion, Klimaschutz, Nachhaltigkeit – Schlagworte, die Politik, Wirtschaft und Medien seit langem beherrschen. Auch die aktuelle Umfrage des Umweltministeriums in Zusammenarbeit mit dem Umweltbundesamt aus dem Jahr 2012 zeigt, dass die Deutschen sich dem Thema Umweltbewusstsein zunehmend annehmen. Während im Jahr 2010 lediglich 20 Prozent der befragten Bürger Handlungsbedarf in der Umweltpolitik sahen, stieg der Anteil in den nächsten beiden Jahren auf 35 Prozent und gehört damit neben Themen des Wirtschafts- und Finanzsektors zu den wichtigsten Aufgabenbereichen der Politik.[1] Ebenfalls stark angestiegen ist im gleichen Zeitraum der Anteil der Ökostrombezieher auf 20 Prozent. Die Geldanlagen in Erneuerbare Energien hat sich auf 12 Prozent verdreifacht.[2]

Zunehmend setzen sich auch Versicherungen mit diesen Themenkomplexen auseinander und überprüfen, welche Rolle sie hierbei spielen können und wollen.

---

[1] Vgl. BMU (2012): Umweltbewusstsein in Deutschland 2012, Berlin, Bonifatius GmbH, Druck-Buch-Verlag, S. 18 f.
[2] Vgl. ebd., S. 12

Abbildung 1: Anteil des Stroms aus regenerativen Energiequellen (bezogen auf den Brutto-Inlandsstromverbrauch Deutschlands)

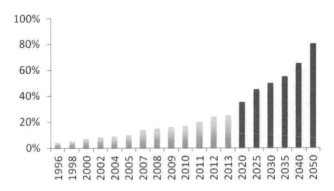

Quelle: bdew[3]

Lange Zeit galt es „nur" aus Corporate-social-responsibility-Gesichtspunkten als sinnvoll, sich auch als Versicherer mit „grünen" Themen zu befassen und zu positionieren. Diverse Themenkomplexe rund um „die Energiewende" zeigen aber zunehmend, dass an verschiedenen Stellen die Leistungen und die Finanzkraft der Versicherer notwendig sind, um die Energiewende zum Erfolg zu führen. Versteht man in dieser Form die Versicherungswirtschaft als „Enabler", dann darf, kann und muss sie durch Risikotragung und Investment in diesem Bereich auch Geld verdienen können.

Dabei ist gerade der Bereich der Risikotragung sehr komplex. Wenig Erfahrungswerte, neue Technologien und sich schnell ändernde Rahmenparameter stellen die Versicherer vor Herausforderungen.

Die nachstehenden Ausführungen sollen einen kurzen Überblick verschaffen. Sie sollen alle Beteiligten einladen, an den verschiedenen Stellen weiter zu denken und in eine Diskussion einzutreten.

---

[3] Vgl. http://www.bdew.de/internet.nsf/id/3B56E4ECEB91FAF1C12579F4004A3D96/$file/EE-Anteil%20an%20Brutto-Inlandsstromverbrauch%20Entwicklung%201996_2050_07Jan2014_o_jaehrlich_Ki_neu.pdf [Stand: 10.4.2014].

Denn, wie sagte Mark Twain: „Natürlich interessiert mich die Umwelt, schließlich will ich den Rest meines Lebens darin verbringen."

Die bisherige Rolle der Versicherungen in der Energiewende

Die bisherige Rolle der Versicherungswirtschaft in Zusammenhang mit der Energiewende lässt sich in zwei Haupt-Bereiche untergliedern:

a. Anbieter von Versicherungslösungen im Bereich der Energieerzeugung aus erneuerbaren Energiequellen
b. Investor/Kapitalgeber

a. Versicherungsprodukte

Seit fast einem Jahrzehnt haben sich Biogas-, Windenergie- und Photovoltaikanlagen einen festen Platz in der Realwirtschaft gesichert. Die Anzahl von Biogasanlagen stieg von 1992 mit 139 Anlagen auf über 7000 Anlagen in 2012 mit einer Gesamtleistung von ca. 2850 MWel.[4] Im gleichen Zeitraum wuchs die Anzahl von Onshore-Windenergieanlagen von ca. 1500 auf über 23.000 Anlagen.[5]

---

[4] Vgl. Deutsche Biomasseforschungszentrum GmbH (2014).
[5] Vgl. WES/IWET, Windmonitor.de [Stand: 15.2.2014].

Abbildung 2: Entwicklung der Anzahl von Onshore-Windkraftanlagen und deren gesamter installierten elektrischen Leistung in Megawatt (MW) in Deutschland

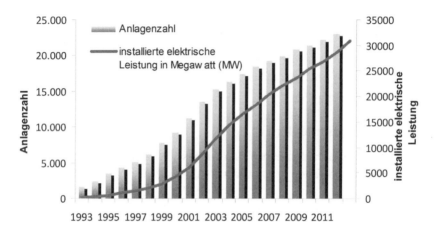

Quelle: Fraunhofer Windenergie Report 2011 und 201/windmonitor.de

Entsprechend hat auch die Versicherungswirtschaft reagiert. Es findet sich von verschiedenen Anbietern ein breites Spektrum an Angeboten. Dabei wurden vornehmlich bestehende Produkte angepasst und auf die Besonderheiten der „Erneuerbaren Energien" zugeschnitten. So befindet sich heute am Markt unter anderem eine Montage- und Bauleistungsversicherung verknüpft mit der Absicherung einer verspäteten Inbetriebnahme, Transportversicherung, Sachwerteversicherung, Gebäudeversicherung, Bauherren- und Betriebshaftpflichtversicherung, Umwelthaftpflichtversicherung, Umweltschadenversicherung und Ertragsausfallversicherung.[6]

Als besondere Ausprägung der Ertragsausfallversicherung soll an dieser Stelle ein kurzer Blick auf eine „Minderertragsdeckung" aus dem Photovoltaik-Bereich geworfen werden. Diese ist insofern besonders, da die

---

[6] Vgl. http://www.gothaer.de/geschaeftskunden/erneuerbare-energien/ [Stand: 6.4.2014].

tatsächliche Performance einer Anlage abgesichert wird. Anders als bei einer „klassischen" Ertragsausfallversicherung (Betriebsunterbrechungsversicherung), ist für den Versicherungsschutz kein vorangegangener Sachschaden notwendig. Äußere Faktoren wie Unterbrechung des Stromversorgungsnetzes oder sogar fehlender Sonnenschein führen hier zu einem Greifen des Versicherungsschutzes.

Solche Performance-Deckungen bringen Betreibern und Investoren ein besonderes Maß an Sicherheit, da zumindest in Höhe des versicherten Ertrages ein Kapitalrückfluss aus dem Investment garantiert ist.

b. Die Rolle als Investor

Mit einem Kapitalanlagebestand von 1.355 Milliarden Euro sind Versicherungsunternehmen die größten institutionellen Investoren in Deutschland.[7] Dabei liegt es nicht nur in der Natur der Sache, sondern auch an gesetzlichen Rahmenbedingungen, dass Versicherungen ein besonderes Interesse an sicheren, beständigen und lange laufenden Kapitalflüssen haben. Nicht nur das Ergebnis des jeweiligen Versicherungsunternehmens hängt von einer soliden Anlagestrategie ab, auch die Ausschüttungen insbesondere im Bereich der Lebensversicherung sind hiervon abhängig. Nur wer seinen Kunden gute Renditen bietet, kann auch zukünftig mit seinen Angeboten im Markt bestehen.

Problematisch stellt sich das niedrige Zinsniveau dar, sodass die Versicherer verstärkt nach neuen Investmentstrategien und -klassen suchen.

Wenig verwunderlich ist, dass dabei auch der Bereich der Erneuerbaren Energien in das Blickfeld geraten ist. Diese bieten gut kalkulierbare Erträge. Die Leistungen von Biogas-, Wind- und Photovoltaikanlagen sind dank technischen Fortschritts und verbesserter Vorhersage-Modelle gut prognostizierbar. Die Abgabepreise in Deutschland und vielen anderen europäischen Ländern sind dank staatlich garantierter Mindestpreise („s.g. Feed-in tariffs – FITs") für einen langen Zeitraum gesichert. So gewährt das Erneuerbare-Energien-Gesetz (EEG) 2012 in Deutschland eine garantierte

---

[7] Vgl. Bafin [Stand: 31.12.2012].

Vergütung und Abnahme des durch Erneuerbare Energien produzierten Stroms für 20 Jahre.

Als Spitzenreiter der Investoren in diesem Bereich gelten dabei die Allianz und Munich RE. So hat die Allianz bislang über 1,75 Milliarden Euro in erneuerbare Energien investiert – davon allein in 2013 über 400 Millionen Euro in 9 Windparks in 4 europäischen Märkten.[8]

Im Rahmen des seit 2010 bestehenden Projekts „RENT (renewable energies and new technologies)" hat die Munich RE bislang ca. 1 Milliarde Euro investiert. Die Investition erfolgte dabei in verschiedene internationale Projekte, beispielsweise Solarparks in Spanien und Italien oder auch Windparks in Deutschland, Frankreich und Großbritannien. Für die nächsten Jahre sind hier weitere Investitionen von bis zu 2,5 Milliarden Euro geplant.[9]

Trotz alledem investieren Versicherer derzeit weniger als 1 Prozent in Infrastruktur und Erneuerbare Energien. Sie sind jedoch unter bestimmten Bedingungen bereit, ihre Investitionen um ein Vielfaches zu erhöhen. Notwendig hierfür sind aber nach Angaben der Versicherer angepasste Rahmenbedingungen. So unterliegen nach den Vorgaben von Solvency II Investitionen in Infrastrukturanlagen und Erneuerbare Energien einem erheblichen Risiko und müssen damit mit vielen Eigenmitteln unterlegt werden. Investitionen in Infrastrukturanlagen und Erneuerbare Energien werden unter „sonstige Aktienrisiken" klassifiziert – und werden dadurch in der gleichen Risikoklasse wie Investitionen in Hedge-Fonds und Private Equity geführt.[10]

---

[8] Vgl. https://www.allianz.com/de/presse/news/engagement/umwelt/news_2014-01-20.html [Stand: 21.1.2014].

[9] Vgl. http://www.munichre.com/corporate-responsibility/de/management/sustainable-assets/RENT/index.html [Stand: 6.4.2014].

[10] Vgl. GDV (2013): Positionspapier – Zur Verbesserung der Bedingungen für Investitionen in Infrastruktur und Erneuerbare Energien, Berlin, S. 5 f.

Problemfeld „Energieeffizienz"

Bei allen Diskussionen um den Umgang mit der Energieerzeugung aus erneuerbaren Quellen, besteht lediglich in einem Punkt Einigkeit: die beste Energie ist die, die gar nicht verbraucht und entsprechend nicht erzeugt und transportiert werden muss.

Eine aktuelle Umfrage der Deutschen Energie-Agentur (dena) belegt, dass das Thema Energieeffizienz in deutschen Betrieben eine hohe Relevanz besitzt: „Insbesondere große Unternehmen mit hohen Energiekosten führen Energieeffizienzmaßnahmen durch. Im Gegensatz dazu scheuen kleine und mittlere Unternehmen häufig die Kosten solcher Investitionen, obwohl sich diese in der Regel innerhalb weniger Jahre rechnen. Dabei sind die Energieeinsparpotenziale enorm: So können beispielsweise bis zu 50 Prozent der Energie bei Druckluft- und Pumpenanwendungen wirtschaftlich eingespart werden. Energieeinsparpotenziale in ähnlicher Größenordnung gibt es auch in den Bereichen Beleuchtung sowie Einsatz von Informations- und Kommunikationstechnik."[11]

Trotzdem werden leicht umsetzbare, wirtschaftlich rentable Maßnahmen im Bereich der Energie-Effizienz und nachhaltigen Energieerzeugung nicht umgesetzt. Die entscheidende Frage hierbei lautet: Warum ist dieses so und welche Anreize/Mechanismen können eine Investitionsbereitschaft erhöhen?

---

[11] Im Auftrag der Initiative EnergieEffizienz der dena befragte die mindline energy GmbH im November 2013 insgesamt 251 technische und wirtschaftliche Entscheidungsträger aus den Bereichen Industrie und produzierendes Gewerbe zur Bedeutung von Energieeffizienz.

Lösungsansatz

Auf die Frage nach dem „Warum" nicht mehr Energieeffizienz-Maßnahmen umgesetzt werden, gibt es nach hier vertretener Auffassung zwei Hauptgründe:

- Der ROI / die Amortisationszeit der Maßnahme ist uninteressant. In diesem Fall fällt eine Lösung schwer. Zum einen könnten politische Entscheidungen (Steuererleichterungen, Subventionen etc.) helfen, in bestimmten Bereichen die Amortisationszeit zu verkürzen. Gleiches gilt, wenn die Energiekosten weiter steigen oder die aktuell noch recht teure Technik im Laufe der Zeit günstiger wird. Dies sind Faktoren, die allesamt kaum beeinflussbar sind.

- Hat eine Maßnahme nun die „Hürde" der uninteressanten Amortisationszeit überwunden, gibt es gleich eine zweite: das Kundenvertrauen in die Effizienzmaßnahme. Für viele Entscheider ist das Thema Energieeffizienz noch relativ neu. Es gibt wenig Erfahrung, auf die man sich stützen kann. Auf der anderen Seite gibt es mittlerweile eine ganze Menge an Anbietern und Maßnahmen, die teilweise mit erheblichen, sicherlich teils auch „vertrieblich motivierten" Einsparpotenzialen und Berechnungen um die Gunst der Entscheider werben. In dieser Gemengelage wird eine Entscheidungsfindung schwierig.

- Die Entscheidungsfindung führt häufig – im besten Fall lediglich – zu einer zeitlichen Verschiebung der Entscheidung. Eine Entscheidung, die, wenn sie richtig getroffen wurde, dem Kunden zukünftig aber viel Geld hätte sparen können.

Genau an dieser „Entscheidungsstelle" ist der Ansatz der neuartigen Absicherungslösung „Energie Einspar Protect (EEP)". Mit dem neuen Versicherungsprodukt soll das dringend benötigte Vertrauen der Unternehmen in Investitionen in Energieeffizienz-Maßnahmen erhöht werden. EEP bildet eine Brücke des Vertrauens zwischen Anbietern von Energieeffizienz-Maßnahmen und ihren Kunden.

Energie Einspar Protect (EEP) – ein Weg für mehr Effizienzmaßnahmen?

Ansatz & Entwicklung

Die Produktidee basiert auf einer von der Hannover Rück SE mitentwickelten Garantieversicherung aus den USA und wurde in enger Zusammenarbeit mit KlimaProtect auf die Bedürfnisse deutscher Unternehmen angepasst. Wichtig bei der Überführung für den deutschen Markt war ein unmittelbares Feedback der potenziellen Versicherungsnehmer, um ein auf die tatsächlichen Marktbedürfnisse zugeschnittenes Produkt zu entwickeln. Punkte wie geringer administrativer Aufwand für die Unternehmen und eine leichte Umsetzung in die bestehenden Prozesse fanden so Einzug in das neue Versicherungsprodukt.

Abbildung 3: EEP

Mit EEP ist es **Anbietern von Energieeffizienz-Maßnahmen** möglich, eine Garantie auf die Performance ihrer geplanten Maßnahmen zu geben und diese Performancegarantie abzusichern.

Basis der Absicherung ist hierbei stets eine Garantieerklärung des Anbieters, dass die Durchführung einer Maßnahme zu einer bestimmten Energieeinsparung führen wird.

Das Risiko aus der Garantieerklärung wird durch EEP abgesichert. Im Falle, dass die zugesagte Energieeinsparung nicht erreicht wird, erhält das betroffene Unternehmen eine Ausgleichszahlung der Versicherung.

Vorteile

Eine durch EEP abgesicherte Garantieerklärung bietet Anbietern und Kunden erhebliche Vorteile:

- Durch Abgabe einer Garantie wird Vertrauen auf Kundenseite gewonnen und so die Investitionsbereitschaft erhöht sowie der Prozess der Entscheidungsfindung beschleunigt.
- Der Kunde kann sein Risiko und auch eine mit der Maßnahme einhergehende Finanzierung sicher planen.
- Durch die Übernahme des Risikos durch eine Versicherung entfällt zusätzlich ein potenzielles Ausfallrisiko des Anbieters. Der Kunde darf darauf vertrauen, dass ein namhafter Versicherer auch in einigen Jahren im Schadensfall voll zahlungsfähig ist.
- Der Anbieter von Energieeffizienz-Maßnahmen sichert sich damit ein Alleinstellungsmerkmal und differenziert sich vom Wettbewerb. Außerdem vermeidet er bilanzielle Auswirkungen, die ansonsten durch eine Garantieerklärung entstehen würden.

Einsatzmöglichkeiten

Die offene Struktur von EEP ermöglicht ein sehr breites Einsatzspektrum. Damit richtet sich EEP an sämtliche Unternehmen, die Maßnahmen im Bereich der Energieeffizienz anbieten.

Für nahezu alle Maßnahmen kann entsprechender Schutz für Garantieerklärungen erteilt werden. Bauleistungen, energetische Fassadensanierungen, LED-Technik, Energiemanagement-Software, effiziente Heiztechnik und KWK-Anlage sind hier nur einige Beispiele, in denen EEP erfolgreich eingesetzt werden kann.

Gleiches gilt auch für die Größe der mit EEP abzusichernden Projekte. Ob eine jährliche Einsparung von 25.000 KWh oder 25.000.000 KWh ist unerheblich, es gilt, je mehr desto besser, denn nur so können wir uns dem Ziel der Energiewende nähern.

Umsetzungsprozess

Damit ein Anbieter seine Garantieerklärungen mit EEP absichern kann, wird im Vorfeld im Rahmen eines Zertifizierungsprozesses durch Klima-Protect die geplante Effizienzmaßnahme auf technischer und wirtschaftlicher Seite eingehend überprüft.

Neben der technischen Seite der geplanten Effizienz-Maßnahmen, wird im Rahmen der Zertifizierung besonders auch auf die Wirtschaftlichkeitsberechnungen des jeweiligen Anbieters geachtet.

Fazit und Ausblick

Für ein endgültiges Fazit über Wirkungsweise und Erfolg von Energie Einspar Protect (EEP) ist es sicherlich noch zu früh. Das Produkt ist jung am Markt und muss nun beweisen, dass es die in es gesetzten Erwartungen erfüllen kann. Was sicher gesagt werden kann, ist, dass EEP viel positive Resonanz erzeugt. Die ersten Rückmeldungen von Anbietern, die EEP nutzen, sind durchweg positiv. Vor allem ein vereinfachter und damit schnellerer Beauftragungsprozess wird hier nach vorne gestellt.

Aktuell wird an einer englischen Version der EEP-Police gearbeitet, um die Lösung ab Quartal 2–3/14 auch in weiteren europäischen Ländern anbieten zu können. Dieser Schritt der Internationalisierung kommt früher als erwartet, aber Rückmeldungen aus den jeweiligen Märkten zeigen auch dort ein sehr starkes Interesse dieser neuen Absicherungslösung.

Sicher ist, dass EEP sich weiterentwickeln wird. Ohne an dieser Stelle auf Details eingehen zu können, lässt sich das Konzept auf die unterschiedlichsten Bereiche zuschneiden, in denen es um die Absicherung von Performance, Wirkungsgraden oder ähnlichem geht.

Wie stark EEP die Umsetzung von Energieeffizienz-Maßnahmen fördert und damit ein Beitrag der Versicherungswirtschaft zur Energiewende sein kann, wird die Zukunft beweisen. Wir freuen uns darauf!

Dr. Andreas Eckstein / Simona Ravens / Wiltrud Weidner

Telematik – Auf dem Weg zum gerechten Kfz-Tarif?

Einleitung

Telekommunikations- und Informationstechnologien sind in vielen alltäglichen Gegenständen enthalten, so auch in Kraftfahrzeugen.[12] Die Europäische (EU) Kommission schreibt telematische Lösungen ab 2015 als verpflichtendes Unfallnotrufsystem (e-call) vor und in manchen Ländern, wie bspw. Italien, sind Versicherer verpflichtet, den Kunden einen Telematik-Tarif anzubieten.[13]

Während in Deutschland nur einige Versicherer Piloten zu Telematik starten, nutzen im Ausland bereits viele Versicherungsunternehmen die technischen Möglichkeiten und bieten ihren Kunden Telematik-Policen in der Kfz-Versicherung an. Beispielsweise können in den USA und England Fahranfänger bis zu 30 Prozent Rabatt erhalten, wenn sie ihr Fahrverhalten über ein Telematiksystem analysieren und ggf. optimieren lassen.[14] Zusätzlich werden den Kunden telematische Services geboten, die den Verkehrsalltag erleichtern, wie beispielsweise Parkplatzfinder und -Bezahlsysteme[15]. Aktuell werden die sich bietenden Vor- und Nachteile von deutschen Versicherern kontrovers und nicht immer emotionslos diskutiert, da sich durch Telematik und e-call die Rolle der Versicherungen verändern kann.[16] Ziel dieses Beitrags ist es, die sich bietenden Chancen und Risiken eingehender zu analysieren.

---

[12] Vgl. J. Friedrichs (2013): Blackbox mit Durchblick, in Topics Magazin, Heft 1, S. 41.
[13] Vgl. http://ec.europa.eu/commission_2010-2014/kallas/headlines/news/2013/06/ecall_de.htm [Stand: 23.11.2013].
[14] Vgl. http://www.insurethebox.com/insurethebox-in-numbers [Stand: 29.11.2013].
[15] Vgl. J. Friedrichs (2013): Blackbox mit Durchblick, in Topics Magazin, Heft 1,S. 43–44.
[16] Vgl. U. Münch (2012): Telematik in der Kraftfahrtversicherung – Wohin geht die Reise?, in: Versicherungsforen – Themendossier, Heft 8, S. 2.

Einsatzmöglichkeiten in der Versicherungswirtschaft

Telematik eröffnet den Versicherungsunternehmen die Möglichkeit einer nutzenbasierten Kalkulation der Kfz-Versicherungsprämie. Anhand der übermittelten Daten lassen sich das Fahrverhalten der Versicherungsnehmer und die Fahrzeugnutzung analysieren und individuelle Risikoprofile erstellen, welche die Höhe der zu zahlenden Prämie bestimmen. Innovative Versicherungslösungen, die auf die genaue Betrachtung der Fahrzeugnutzung abzielen, werden als Pay-As-You-Drive (PAYD) Tarife tituliert. Telematikmodelle, die bei der Kalkulation zusätzlich den Fahrstil berücksichtigen, werden als Pay-How-You-Drive (PHYD) Tarife bezeichnet.[17]

Eine im Fahrzeug festeingebaute Blackbox, in Kombination mit einem GPS Modul und den ohnehin ab Werk installierten Sensoren am Fahrzeug, speichert bestimmte Rohdaten zum Fahrverhalten. Die Blackbox kann eine große Bandbreite an Risikomerkmalen messen, z. B. Uhrzeit der Fahrt, Bremsverhalten, Beschleunigung, Durchschnittstempo und die Fahrweise in Kurven.[18] Anstelle der Blackbox kann auch ein Smartphone mit entsprechenden Applikationen eingesetzt werden. Es existieren zwei technologische Varianten zur Anwendung eines Telematik-Tarifes. Zum einen die laufende Fahrdatenübertragung und zum anderen die Offline-Übermittlung. Bei der laufenden Fahrdatenübermittlung werden die Echtzeitdaten in kurzen Zeitabständen direkt an eine fahrzeugexterne Telematikzentrale überliefert und analysiert. Diese leitet die aufbereiteten Mobilitätsinformationen – dann zumeist aggregiert – an den Versicherer weiter. Das Offline-System sammelt und wertet die Daten am Ende eines Abrechnungszeitraumes unmittelbar in der On-Board-Unit (OBU) aus. Die Weiterleitung an das Versicherungsunternehmen oder einen externen Daten-

---

[17] Vgl. M. Iqbal / S. Lim (2006): A Privacy Preserving GPS-based Pay-as-You-Drive Insurance Scheme, Australien, International Global Satellite Systems Society IGSS Symposium 2006, S. 3; R. Pletziger (2012): Komposit: Technologieschub als Bedrohung, in: Versicherungswirtschaft, 67. Jg., Heft 12, S. 871.

[18] Vgl. T. Gerpott / S. Berg (2011a): Präferenzen für Pay-As-You-Drive-Versicherungsmerkmale bei Privatkunden – Eine conjoint-analytische Untersuchung, in: Zeitschrift für betriebswirtschaftliche Forschung, 64. Jg., Heft 6, S. 459; TomTom (o. J.): http://business.tomtom.com/de_de/industries/insurance-telematics/products/#driver-behaviour-data [Stand: 30.11.2013].

dienst erfolgt entweder manuell vom Versicherten oder automatisch per Funk.[19]

Grundkonzepte eines PHYD-Modells

Die Idee besteht darin, dass ein sicherer und risikoaverser Fahrstil mit einem Prämiennachlass belohnt und eine risikofreudige Fahrweise bestraft wird. Die Kfz-Haftpflichtprämie kann der Versicherungsnehmer mit einer defensiven Fahrweise unmittelbar beeinflussen und bekommt Anreize für ein umsichtiges sowie spritsparendes Fahrverhalten.[20] Um individualisierte Risikoprofile zu erstellen, benötigt der Versicherer verschiedene Daten, die er mit Hilfe der Telematik aufzeichnet und analysiert. Die mobile oder festinstallierte OBU kann diverse Risikoprofilindikatoren messen, die letztendlich das Fahrerprofil ergeben.[21] Die Auswahl der Indikatoren orientiert sich an der Korrelation zwischen Fahrverhalten und der daraus abgeleiteten Unfallwahrscheinlichkeit und Schadenhöhe.[22] Je nach Umfang des PHYD-Modells variieren diese Risikomerkmale. Wichtig bei der Auswahl ist, dass der Fahrer die Indikatoren beeinflussen kann, damit die PHYD-Police Anreize für einen vorsichtigen Fahrstil schafft.[23]

Aufgrund der Vielfalt der erfassbaren Risikomerkmale ist die Gestaltung einer Telematik-Police für jeden Anbieter individuell möglich. Grundsätzlich lassen sich bis dato drei Ausprägungen in der Praxis unterscheiden. Erstens besteht die Möglichkeit, die Prämie lediglich anhand der erfolgten Kilometerleistung zu kalkulieren. Hierzu wird am Ende eines Geschäftsjahres der Tachostand von einem Dienstleister oder vom Kunden selbst

---

[19] Vgl. T. Gerpott / S. Berg (2011a): Präferenzen für Pay-As-You-Drive-Versicherungsmerkmale bei Privatkunden – Eine conjoint-analytische Untersuchung, in: Zeitschrift für betriebswirtschaftliche Forschung, 64. Jg., Heft 6, S. 459–460.

[20] Vgl. o. V. (2013a): Bald Blackbox im Auto, Motor-Informations-Dienst (Hrsg.), Düsseldorf, S.1; C. Troncoso / G. Danezis / E. Kosta et al. (2011): PriPAYD: Privacy-Friendly Pay-As-You-Drive Insurance, in: IEEE Transactions on dependable and secure computing, 8. Jg., Heft 5, S. 742.

[21] Vgl. o. V. (2013a): Bald Blackbox im Auto, Motor-Informations-Dienst (Hrsg.), Düsseldorf, S. 1.

[22] Vgl. M. Oberholzer (2003), Strategische Implikationen des Ubiquitous Computing für das Nichtleben-Geschäft im Privatkundensegment der Assekuranz, in: G. Koch / T. Köhne / F. Wagner (Hrsg.), Karlsruhe, in: Leipziger Schriften zur Versicherungswissenschaft, Band. 5, S. 434.

[23] Vgl. T. Gerpott / S. Berg (2011b): Pay-As-You-Drive – Kontextsensitive Pkw-Haftpflichtversicherungen Teil 1, in: N. Berthold / M. Lingenfelder (Hrsg.),Wirtschaftswissenschaftliches Studium, 40. Jg., Heft 7, S. 335.

dem Versicherer mitgeteilt, der die Prämie dementsprechend anpasst. Der Vorteil dieses Systems liegt in dem Schutz der persönlichen Daten. Ein komplexeres Modell dokumentiert die Kilometerleistung sowie das Fahrverhalten. Hierzu wird zum Beispiel aus der Geschwindigkeit, der Uhrzeit und dem Bremsverhalten ein prämienbestimmendes Risikoprofil erstellt, jedoch wird auf den Einsatz des GPS zur Fahrzeugortung verzichtet. Die dritte Variante ist GPS-basiert und erfasst alle notwendigen Daten in Echtzeit, demnach bildet dieses Sytem das Risiko am genauesten ab. Jedoch wird der Datenschutz bei dieser Variante oft infrage gestellt, da der Versicherer bspw. die Möglichkeit erhält, auch den Standort des Kunden zu analysieren und beispielsweise im Schadensfall nachprüfen könnte, ob der Kunde zu schnell oder über eine rote Ampel gefahren ist.[24]

Prämien und Kundenstruktur

Das PHYD-Modell nähert sich durch die Berücksichtigung des Fahrverhaltens eher der fairen Prämie an und ermöglicht dem Versicherer, den Risikotyp exakter zu identifizieren. Wenigfahrer sowie risikoaverse Fahrer verspüren durch die risikoadäquate Kalkulation einen monetären Anreiz, in das PHYD-Segment zu wechseln.[25]

Jedoch werden in traditionellen Policen sowohl Rabatte für Wenigfahrer eingeräumt als auch unfallfreie Fahrer mit einem Schadenfreiheitsrabatt belohnt.[26] Als attraktivste Zielgruppe werden die Fahranfänger eingeschätzt, da diese in der höchsten Schadenfreiheitsklasse mit einem Prämiensatz von 230 Prozent eingestuft werden und mit der PHYD-Tarifierung die

---

[24] Vgl. M. Iqbal / S. Lim (2006): A Privacy Preserving GPS-based Pay-as-You-Drive Insurance Scheme, Australien, International Global Satellite Systems Society IGSS Symposium 2006, S. 5–6.

[25] Vgl. J. Sauer / J. Thiele (2006): Pay-as-you-drive – Top oder Flop?, in: Versicherungswirtschaft, 61. Jg., Heft 14, S. 1153.

[26] Vgl. J. Sauer / J. Thiele (2006): Pay-as-you-drive – Top oder Flop?, in: Versicherungswirtschaft, 61. Jg., Heft 14, S. 1153; M. Lier (2012), Komposit „Ich kann derzeit keinen echten Nutzen für den Kunden erkennen", in: Versicherungswirtschaft, 67. Jg., Heft 11, S. 813.

größten Ersparnisse sowie persönlichen Vorteile durch die Tipps zum Fahrstil zu verzeichnen hätten.[27]

Indem für die guten Risiken ein Wechsel in das PHYD-Segment attraktiv wird, während riskante Fahrer in den klassischen Policen verweilen, könnte im Versichertenpool ein Selbstselektionsprozess stattfinden. Folglich würde sich die Qualität des Komplementärsegments verschlechtern und die Kosten steigen, was eine höhere Prämie der klassischen Verträge impliziert. Zusätzlich entfällt die vorhandene Subventionierung der schlechten Risiken.[28]

Dies führt dazu, dass die risikofreudigen Autofahrer entweder zu einem Wettbewerber ohne PHYD abwandern oder es als Anreiz zum umsichtigeren Autofahren sehen. Inwieweit die Angst der Kunden vor einer Überwachung ihrer Daten sie dazu bewegt, mehr für eine „No-Spy-Versicherung" zu zahlen, ist schwer zu sagen.[29] Insbesondere die Zielgruppe der unter 30-Jährigen hat wenig Sorge, ihre Daten preiszugeben.

Andererseits könnten Kunden, die sich für die PHYD-Tarifierung entscheiden, längere Zeit bei einem Anbieter bleiben, sobald das Vertrauen bezüglich des sensiblen Datenmaterials aufgebaut wurde und mit Hilfe der Telematik eine bessere Kundeninteraktion erfolgt. Der positive Effekt der Kundenbindung, der beispielsweise durch Tipps und Tricks rund ums Fahren und um Versicherung entstehen könnte, könnte einen Wettbewerbsvorteil ermöglichen.[30] Zudem könnten Kunden gehalten werden, wenn der Rabatt auf die Prämie des Folgejahres angerechnet wird. Zeitgleich wird das Wechselverhalten risikoaverser Fahrer in das PHYD-Segment stimu-

---

[27] Vgl. A. Wieser (2013): Die totale Überwachung, in: Omnibus Revue, Heft 11, S. 14; helvetia (Hrsg.) (2009): Allgemeine Bedingungen für die Kfz-Versicherung (AKB) – Stand 1.1.2009, Frankfurt am Main, S. 28.

[28] Vgl. T. Ippisch / F. Thiesse (2007): Das Pay-as-you-drive (PAYD)-Konzept in der Versicherungswirtschaft, St. Gallen, in: M-Lab Arbeitsbericht 34, Version 1.0, S. 19; T. Gerpott / S. Berg (2012): Pay-As-You-Drive Angebote von Erstversicherern für Privatkunden – Eine betriebswirtschaftliche Analyse, in: Zeitschrift für die gesamte Versicherungswissenschaft, Heft 101, S. 13.

[29] Vgl. T. Gerpott / S. Berg (2012): Pay-As-You-Drive Angebote von Erstversicherern für Privatkunden – Eine betriebswirtschaftliche Analyse, in: Zeitschrift für die gesamte Versicherungswissenschaft, Heft 101, S. 13.

[30] Vgl. E. Pohl (2013), Leistung sichtbar machen, in: Versicherungswirtschaft, 68. Jg., Heft 9, S. 75.

liert, solange telematische Versicherungslösungen Exklusivität genießen.[31] Somit lassen sich neben der Neukundengewinnung parallel die Qualität der versicherten Risiken verbessern und die Kunden längerfristig binden, andererseits fallen die Abwanderungen der Bestandskunden, die sich gegen ein Telematik-Produkt entscheiden, ebenfalls ins Gewicht.

Neue Möglichkeiten der Produktgestaltung

Im Hinblick auf die Einführung des europaweiten e-call eröffnet sich ein neues Feld der Assistance-Dienstleistungen, da die technischen Voraussetzungen ohnehin eingeführt werden. Die Gestaltungsmöglichkeiten telematischer Zusatzleistungen sind vielfältig und werden im Ausland sowie in deutschen Pilotprojekten bereits praktiziert. Neben der e-call Bereitstellung können zum einen Carfinder zur Diebstahlortung, ein Get-In-Service bei verschlossenen Türen oder auch eine satellitenbasierte Pannenhilfe angeboten werden.[32] Das Telematiksystem lässt sich auf Beratungsdienstleistungen ausweiten, um auch im Nichtschadenfall mit den Kunden zu kommunizieren. Insbesondere bei Fahranfängern sind Fahrempfehlungen und Warnungen vor ungewöhnlichen Vorkommnissen, wie bspw. Eis oder Unfällen, eine Variante, dieses Zielsegment für sich zu begeistern.[33] Darüber hinaus können die sozialen Netzwerke für Emotionen sorgen und die erreichten Fahrleistungsbewertungen mit Freunden geteilt werden sowie Wettbewerbe gegen Freunde, Kollegen, etc. ausgestaltet werden. Besorgte Eltern könnten zudem über einen Family Link die Route der Kinder einsehen.[34] Die besten Autofahrer mit Preisen auszuzeichnen, bietet weitere Anreize, in das Telematik-Segment zu wechseln.[35]

---

[31] Vgl. J. Sauer / J. Thiele (2006): Pay-as-you-drive –Top oder Flop?, in: Versicherungswirtschaft, 61. Jg., Heft 14, S. 1154.
[32] Vgl. Onstar (2013): https://www.onstar.com/web/portal/home?g=1 [Stand: 23.11.2013].
[33] Vgl. J. Thiele / H. Focke / V. Sieg (2009): „Connected Cars" bald außer Reichweite?, in: Versicherungswirtschaft, 64. Jg., Heft 22, S. 1768.
[34] Vgl. Onstar (2013): https://www.onstar.com/web/portal/home?g=1 [Stand: 23.11.2013].
[35] Vgl. U. Münch (2013), Telematik in der Kraftfahrtversicherung – Wohin geht die Reise?, in: Versicherungsforen – Themendossier, Heft 8, S. 4; J. Friedrichs (2013): Blackbox mit Durchblick, in Topics Magazin, Heft 1, S. 42.

Schadenmanagement

PHYD-Policen haben in Großbritannien nachweislich die Unfallquoten um über 35 Prozent gesenkt. Im Fahranfängersegment konnte sogar ein Rückgang von 75 Prozent festgestellt werden. Zudem nahm die Höhe der Schäden deutlich ab.[36] Die statistisch bewiesene Unfallreduktion und die Telematik-basierten Schadenpräventionsmaßnahmen, wie Fahrempfehlungen oder detaillierte Verkehrswarnungen, senken die Schadenkosten und haben einen positiven Effekt auf das Schadenmanagement.

Des Weiteren beschleunigt die Unfallmeldung in Echtzeit den Schadenbearbeitungsprozess, da über das GPS und die OBU genaue Informationen zum Unfallgeschehen aufgezeichnet und übermittelt werden können. Kurz darauf kann der Versicherer im Optimalfall mit der Abwicklung beginnen und dem Kunden mit Assistance und Service zur Seite stehen. Versicherungsbetrugsanfälligen Bagatellschäden kann durch die Datenerfassung der OBU ebenfalls entgegengewirkt werden, da der Unfallhergang und die Plausibilität kostengünstig überprüft werden können.[37] Die Aufklärung der Schuldfrage sowie der Unfallursache sind für den Versicherer ebenfalls von Interesse und es scheint nur eine Frage der Zeit zu sein, bis die Versicherer hierfür die Telematik-Daten nutzen.

Zusatzkosten auf Seiten des Versicherers

Bei der Einführung von telematikbasierten Policen ist wie bei jedem neuen Produkt mit einem Mehraufwand an Zeit und Kosten zu rechnen. Zunächst erfolgt der Aufbau der technischen Basis. Jeder Pkw muss zumindest mit einer OBU – und bei Wahl der laufenden Übermittlung zusätzlich mit einem GPS Modul – ausgestattet werden. Obgleich in der Zukunft ein Preisrückgang erwartet wird, fallen derzeit je Vertrag rund 75 Euro für die Basisausstattung an. Hinzu kommen die Kosten für den Einbau.[38] Je nach Tarifumfang sind Kosten für die Übertragung der Daten zu bezahlen. Bei

---

[36] Vgl. Insure the box (2012): http://www.insurethebox.com/docs/press/accident-reductions-in-young-drivers.pdf [Stand: 30.11.2013].

[37] Vgl. Jara (2002), S. 202–203, 208.

[38] Vgl. J. Thiele / H. Focke / V. Sieg (2009): „Connected Cars" bald außer Reichweite?, in: Versicherungswirtschaft, 64. Jg., Heft 22, S. 1768.

zusätzlichem Abschluss von Assistance-Leistungen fallen in Folge der vermehrten Datenübermittlung höhere Kosten an.[39]

Erschwerend kommt hinzu, dass in Deutschland voraussichtlich neben der Telematik-Police immer auch konventionelle Verträge angeboten werden müssen, sodass die Versicherungsunternehmen der Herausforderung von zwei parallelen Kfz-Tarifen gegenüber stehen.[40] Zum einen verursacht es einen größeren Personalbedarf und steigende Verwaltungskosten, zum anderen muss das EDV-System angepasst oder gegebenenfalls ausgebaut werden. Darüber hinaus muss in die IT investiert werden, um die Daten adäquat analysieren zu können und die Datensicherheit zu gewährleisten. Dies stellt einige Versicherer vor große Herausforderungen, da ihre IT-Landschaft über 20 Jahre alt ist.[41]

Kosten und Akzeptanz auf Seiten des Versicherungsnehmers

Die Versicherungsunternehmen müssen eine Lösung finden, die Kosten der technischen Ausstattung zu finanzieren. Daher ist die Möglichkeit, die Technikkosten über eine längere Vertragslaufzeit durch den Kunden zu amortisieren, naheliegend. Letztendlich bezahlt der Kunde einen zusätzlichen Beitrag, um die notwendige OBU zu finanzieren. Des Weiteren muss festgelegt werden, wer bei Vertragskündigung und beim Fahrzeugwechsel den Ausbau der festinstallierten OBU zu bezahlen hat.[42] Aus diesem Grund kann eine mobile OBU, wie ein Smartphone, die vorteilhaftere Variante bilden.

In einer Studie des Marktforschungsinstituts YouGov Deutschland wurde festgestellt, dass sich immerhin 40 Prozent der befragten deutschen Kfz-

---

[39] Vgl. T. Ippisch / F. Thiesse (2007): Das Pay-as-you-drive (PAYD)-Konzept in der Versicherungswirtschaft, St. Gallen, in: M-Lab Arbeitsbericht 34, Version 1.0, S. 20.

[40] Vgl. J. Sauer / J. Thiele (2006): Pay-as-you-drive -Top oder Flop?, in: Versicherungswirtschaft, 61. Jg., Heft 14, S. 1154-1155; Lier, M. (2012), S. 813.

[41] Vgl. T. Gerpott / S. Berg (2012): Pay-As-You-Drive Angebote von Erstversicherern für Privatkunden - Eine betriebswirtschaftliche Analyse, in: Zeitschrift für die gesamte Versicherungswissenschaft, Heft 101, S. 19; J. Sauer / J. Thiele (2006): Pay-as-you-drive – Top oder Flop?, in: Versicherungswirtschaft, 61. Jg., Heft 14, S. 1154–1155.

[42] Vgl. T. Ippisch / F. Thiesse (2007): Das Pay-as-you-drive (PAYD)-Konzept in der Versicherungswirtschaft, St. Gallen, in: M-Lab Arbeitsbericht 34, Version 1.0, S. 20.

Versicherungsnehmer einen Wechsel in das Telematik-Segment vorstellen können. Reizvoll empfanden sie die Möglichkeit, die Kfz-Prämie aktiv beeinflussen zu können und sich einen spritsparenden und defensiveren Fahrstil anzueignen. Jedoch verweigerten 47 Prozent der Befragten eine Überwachung der Fahrweise, 28 Prozent befürchten sogar einen Missbrauch der Daten.[43] Auch eine aktuelle Studie von Towers Watson hat bei der Mehrheit der Befragten ein Interesse an Telematik-Tarifen ergeben.[44] Für den Kunden scheinen die Verträge durchaus attraktiv zu sein, jedoch stellt der Eingriff in die Privatsphäre in Deutschland teilweise eine große Hürde bei der Akzeptanz durch die Versicherungsnehmer dar.

Gewährleistung des Datenschutzes

Um den gesetzlichen Datenschutzanforderungen zu genügen, muss der Versicherer bei der Implementierung telematischer Policen neben IT-Systemen auch die Informationsblätter und Vertragsbedingungen neu gestalten. Für eine stärkere Vertrauensbasis kann der Versicherer bei der Einwilligung auch schriftlich darüber informieren, wie und von wem die Daten erfasst werden, wer mit welchen Merkmalen das Risikoprofil bestimmt, wie sich daraus die Prämienhöhe ableitet und wer mit den Daten arbeitet bzw. sie zu sehen bekommt.[45]

Verschlüsselungstechniken ermöglichen die Einhaltung der Zugangs-, Zugriffs- und Weitergabekontrolle, womit die Kommunikationswege von einem Telematikelement zum anderen vor unbefugten (Lausch-)Angriffen geschützt werden können. Im Versicherungsunternehmen selbst werden mit Authentifizierungs- und Autorisierungsverfahren die Daten nur für berechtigte Mitarbeiter zugänglich gemacht. Vor allem der Missbrauch wird durch sichere Kommunikationswege verhindert. Jedoch hat besonders die Facebook-Generation sowieso wenig Bedenken mit der Weitergabe ihrer Daten.

---

[43] Vgl. A. Wieser (2013): Die totale Überwachung, in: Omnibus Revue, Heft 11, S. 14.
[44] Vgl. http://www.towerswatson.com/de-DE/Press/2013/09/Towers-Watson-Studie-zur-Kfz-Versicherung [Stand: 1.12.2013].
[45] Vgl. M. Langheinrich (2010): Privacy in ubiquitous computing, in: Krumm, J. (Hrsg.), Ubiquitous Computing Fundamentals, New York, S. 273–291.

Ein Online-Portal, auf dem der Versicherte seine Daten und das Risikoprofil jederzeit aufrufen kann, erzeugt weiteres Vertrauen.[46]

Europäischer Vergleich

Deutschland ist im Vergleich zu anderen europäischen Ländern noch zurückhaltend bei der Implementierung von Telematik-Versicherungen. Großbritannien und Italien zählen in Europa zu den Vorreitern von PHYD und PAYD. Diese Zurückhaltung liegt neben der Unsicherheit bezüglich der Profitabilität und Datenschutzbedenken auch daran, dass vielen Versicherern noch kein Modell eingefallen ist, wie sie den Kunden mit Hilfe von Telematik einen Mehrwert bieten können, der über reine Prämiennachlässe hinausgeht.

In Großbritannien sind telematische Versicherungslösungen bereits seit einigen Jahren gängig und konzentrieren sich auf die Emotionalisierung. Der Internetversicherer Insure the box brachte 2010 als erster reiner Telematikversicherer ein Produkt für junge Fahrer (17–25 Jahre) auf den Markt.[47] Das PAYD-Konzept ist als ein Meilenkontingent gestaltet. Der Versicherte legt ein jährliches Meilenkontingent fest und kann durch eine sicherere Fahrweise Bonusmeilen erfahren, welche bei der nächsten Prämienkalkulation berücksichtigt werden. Zudem schafft das Unternehmen durch Wettbewerbe und Shopping-Gutscheine zusätzliche Anreize für Fahrer zum Telematik-Tarif zu wechseln.[48]

Die Co-operative Insurance bietet ein PHYD-Modell ebenfalls speziell für Fahranfänger an. Die Blackbox bewertet das Fahrverhalten, sodass alle drei Monate die Prämie nach oben oder unten adjustiert wird. Der persönliche Fahrstil kann jederzeit im Internet eingesehen werden und der Versicherer gibt zusätzlich Hinweise für eine bessere Fahrweise. Darüber hinaus

---

[46] Vgl. H. Haller (2013): Vom Vertrauen hängt alles ab, in: Versicherungswirtschaft, 68. Jg., Heft 2, S. 51–52.; Bundesdatenschutzgesetz (2009), Anlage § 9 Satz 1 Nr. 2–4.

[47] Vgl. R. Pletziger (2012): Komposit: Technologieschub als Bedrohung, in: Versicherungswirtschaft, 67. Jg., Heft 12, S. 872.

[48] Vgl. http://www.insurethebox.com/miles [Stand: 1.12.2013].

kann der Versicherte Schadenfreiheitsjahre sammeln, welche sich wie in Deutschland positiv auf die Prämie auswirken.[49]

Bis dato hat Italien mit einer Million Telematik-Policen den größten Versicherungstelematikmarkt.[50] Mit 75 Prozent Zustimmung in der Bevölkerung liegt ein deutlich höheres Interesse an Telematik-Policen zugrunde.[51]

Im Jahr 2012 wurde zudem ein Gesetz erlassen, das die Versicherungsunternehmen verpflichtet, Telematik-basierte Verträge neben den konventionellen Policen anzubieten.[52]

Fazit und Ausblick

Durch die Einführung des EU-weiten e-calls befassen sich deutsche Versicherungsunternehmen vermehrt mit telematischen Versicherungskonzepten. Die Auswirkungen auf das Geschäftsmodell sind jedoch zwiegespalten. Einerseits reduziert die Anwendung der Telematik in der Kfz-Versicherung das Unfallrisiko, wodurch die Schadenkosten sinken. Der stattfindende Selbstselektionsprozess erhöht die Qualität des Versichertenpools und bindet zusätzlich die guten Risiken beziehungsweise zieht neue Kunden an. Telematische Assistance-Leistungen liefern einen Wettbewerbsvorteil und verstärken die Kundenbindung. Andererseits muss ein Versicherungsunternehmen Investitionen tätigen, um Telematik zu implementieren, datenschutzrechtliche Rahmenbedingungen zu gewährleisten und es muss sich ganz neue Konzepte überlegen, um die sich bietenden Möglichkeiten der Kundenkommunikation zu nutzen.

PHYD-Modelle werden sich voraussichtlich in Deutschland nur an bestimmte Zielgruppen richten. Insbesondere Fahranfänger gelten hier als eine attraktive Zielgruppe, da diese aufgrund des hohen Fahrerrisikos hohe

---

[49] Vgl. http://www.co-operativeinsurance.co.uk/youngdriverinsurance [Stand: 30.11.2013].

[50] Vgl. J. Paefgen / E. Fleisch / L. Ackermann et al. (2013): Telematics Strategy for Automobile Insurers, St. Gallen, in: I-Lab Whitepaper, S. 20.

[51] Vgl. http://www.towerswatson.com/de-DE/Press/2013/09/Towers-Watson-Studie-zur-Kfz-Versicherung [Stand: 1.12.2013].

[52] Vgl. J. Royer Ocken (2013): Insurance telematics business models: Beyond the discount, URL: http://analysis.telematicsupdate.com/insurance-telematics/insurance-telematics-business-models-beyond-discount [Stand 3.12.2013]; R. Müller (2013): Das autonome Auto überrollt die Versicherer, in: Versicherungswirtschaft, 68. Jg. Heft 19, S. 13.

Prämiensätze zahlen und das Prämieneinsparpotenzial am höchsten ist. Außerdem hegt diese Generation die wenigsten Datenschutzbedenken und sieht in Add-ons, wie bspw. Gutscheine für gutes Fahren, einen Mehrwert.

Jüngst haben einige Versicherer Pilotprojekte am deutschen Markt veröffentlicht und bieten den Kunden die Möglichkeit, durch umsichtiges Autofahren die Prämie um fünf Prozent zu verringern. Als Zusatzleistung sind Diebstahlortung des Fahrzeuges sowie ein Unfallnotrufsystem integriert.[53] Dem Kunden wird für die Blackbox eine Leihgebühr von ca. 70 Euro pro Jahr berechnet, sodass fraglich ist, wie viele Versicherungsnehmer von den Einsparungen profitieren können, da sie eine außergewöhnlich hohe Prämie zahlen müssen, um überhaupt in den Genuss der Ersparnis zu kommen.[54] Hier müssen neue sinnvolle Modelle gefunden werden.

Nicht nur Datenschützer schlagen Alarm und kritisieren den gläsernen Autofahrer; auch die Auswirkungen auf den Kfz-Versicherungssektor sind umstritten.[55] Aktuell haben viele Kfz-Versicherer Angst, dass es zu einer positiven Risikoselektion kommen könnte und sie das Nachsehen haben, wenn sie aus verschiedenen Gründen nicht mithalten können. Jedoch haben alle größeren Kfz-Versicherer Pilotprojekte gestartet. Dabei zeigt sich, dass eine Kooperation mit branchenfremden Unternehmen dabei helfen kann, die Nachteile klassischer Versicherer, wie bspw. umständliche Prozesse, geringe Kundenorientierung, fehlende IT-Anbindung und Schnittstellen zu umgehen. Derjenige, der nicht nur die Versicherungsbrille auf hat, sondern aus Kundensicht überlegt, welche Telematik-Dienste dem Kunden einen Mehrwert bieten, wie bspw. ein automatisches Fahrtenbuch, (Spritspar-) Wettbewerbe innerhalb des Unternehmens und mit Freunden, Verknüpfung mit Schlechtwetter- und Stauwarnungen, hat die Möglichkeit, ein sehr großes und unheimlich dynamisches Wachstumspotenzial zu erschließen.

---

[53] Vgl. o. V. (2013b): Kfz-Versicherung: Blackbox als Sparschwein, Düsseldorf, Motor-Informations-Dienst (Hrsg.), S. 1; Sparkassen DirektVersicherung (2013): Vereinbarung zum Telematik-Sicherheits-Service (S-Drive-Service), Düsseldorf, § 1b.
[54] Vgl. Sparkassen DirektVersicherung (2013): Vereinbarung zum Telematik-Sicherheits-Service (S-Drive-Service), Düsseldorf, § 3a.
[55] Vgl. C. Henn / T. Paulsen (2013): Achtung: Spion fährt mit, in: ADAC-Motorwelt, Heft 8, S. 39; J. Friedrichs (2013): Blackbox mit Durchblick, in: Topics Magazin, Heft 1, S. 41.

Stephan Meyer

Der Dienstweg ist der Holzweg!
Wie man die lähmende Schicht des mittleren Managements durchbricht

„Manche halten das für Erfahrung, was sie 20 Jahre lang falsch gemacht haben."
George Bernard Shaw

Er kratzt sich am Kinn

Oberhuber kratzt sich am Kinn. Irgendetwas stimmt da nicht! Der Unternehmensbereich, für den Oberhuber zuständig ist, müsste eigentlich besser dastehen. Da war irgendwo der Wurm drin. Wenn er nur wüsste, wo! Dabei haben die Mitarbeiter, die ihm unterstellt sind, wie immer berichtet, dass – abgesehen von ein paar Kleinigkeiten – alles im grünen Bereich sei. Insbesondere Mittelhuber hat sich wieder überschlagen mit seinen zahlreichen „grünen Ampeln" in seiner Präsentation. Die Berichte seiner Mitarbeiter sind vollgestopft mit Information; und doch hat Oberhuber das seltsame Gefühl, dass das eigentlich Relevante nur selten zu ihm durchdringt.

Unterhuber kratzt sich am Kinn. Warum reagiert da oben in der Hierarchie eigentlich keiner? Schon vor Monaten hatte Unterhuber einen schwerwiegenden Fehler in den Unternehmensprozessen bemerkt. Wenn man nicht bald den Fehler korrigiert, könnte das dem Unternehmen schweren Schaden zufügen. Unterhuber hatte seinen Verdacht geprüft und nochmal geprüft, hatte ihn mit belastbaren Zahlen unterfüttert und dokumentiert sowie einen Lösungsweg vorgeschlagen. Seinen Chef Mittelhuber hatte er bereits mehrfach darauf hingewiesen, dass hier Handlungsbedarf besteht. Eigentlich hätte diese Information schon längst zu Oberhuber durchgedrungen sein müssen. Doch den Botschaften, die Oberhuber in seinem Unternehmensbereich verbreitet, kann Unterhuber entnehmen, dass Oberhuber keine Ahnung hat von der „Bombe", die im Unternehmen vor sich hin tickt. Wenn er doch nur mit Oberhuber direkt sprechen könnte! Doch das würde gegen den Dienstweg verstoßen. Unterhuber weiß, dass Mittelhuber in dieser Sache keinen Spaß versteht. Ein Kollege von Unterhuber hatte einmal in einem Notfall an Mittelhuber vorbei nach oben kommuniziert. Mittelhuber hatte daraufhin diesem Mitarbeiter Dinge in die Personalakte geschrieben, die seine weitere Karriere im Unternehmen praktisch unmöglich machten.

Einerseits muss Unterhuber offiziell den Dienstweg einhalten. Andererseits ahnt er, dass wichtige Informationen auf diese Weise praktisch nie beim zuständigen Entscheider ankommen. Als Führungskraft im unteren Teil der Hierarchie hat Unterhuber zwar nur sporadisch Kontakt mit dem Kunden. Doch immerhin hat er überhaupt Kontakt! Diese gelegentlichen Kundengespräche, zusammen mit den Berichten seiner unterstellten Mitarbeiter, geben ihm ein recht gutes Bild davon, was der Kunde über sein Unternehmen denkt. Hat der Vorstandsvorsitzende nicht kürzlich auf der Aktionärsversammlung erzählt, dass die Kundenzufriedenheit oberste Priorität im Unternehmen genießt? Und dass davon das Unternehmenswohl abhängt? Wie kommt es, dass die Führungskräfte seines Unternehmens diese Kriterien scheinbar immer mehr aus dem Auge verlieren, je länger sie dort tätig sind?

Mittelhuber kratzt sich am Kinn. Jetzt hat ihn doch der Unterhuber schon wieder auf diesen angeblichen Prozessfehler aufmerksam gemacht. Langsam nervt das! Diese jungen Mitarbeiter mit ihrem Ehrgeiz und ihrem Idealismus. Kundenzufriedenheit! Unternehmenswohl! Papperlapapp! Früher hat Mittelhuber vielleicht auch mal so gedacht. Aber dann hat er auf die harte Tour eines lernen müssen: In diesem Konzern kommt man nur lächelnd nach oben! Im Berichtswesen sollte man nur Positives schildern. Großzügig in den grünen Farbtopf greifen. Und bitteschön das Wort „Handlungsbedarf" vermeiden. Handlungsbedarf klingt so nach Veränderung. Wer Veränderung will, hat seinen Laden nicht im Griff. Wer Veränderung will, fällt negativ auf. Man löst ein Problem nicht dadurch, dass man es nach oben berichtet. Wenn man ein Problem nach oben berichtet, wird nicht das Problem gelöst, sondern der Überbringer der Botschaft geköpft. Mittelhuber weiß genau, warum er die wesentlichen Informationen niemals an Oberhuber berichtet. Es geht nicht um die Zufriedenheit des Kunden. Auch nicht um das Wohl des Unternehmens. Es geht um die Karriere des Mittelhuber. Und die könnte bei unangenehmen Botschaften Schaden nehmen. Das darf auf keinen Fall passieren.

Oberhuber kratzt sich am Kinn. Wie kommt er nur an die relevante Information heran? Vielleicht, wenn er direkt mit einigen Experten seines Unternehmens reden würde? Aber das darf er auf keinen Fall tun! Damit würde er das Signal geben, dass er für jeden ansprechbar ist. Wenn sich das herumspricht, würde er in der Information ertrinken, die von allen Seiten an ihn herangetragen wird. Deshalb ist Oberhuber eigentlich ein Anhänger des Dienstwegs. Sein mittleres Management filtert zuverlässig alles weg, was für ihn nicht relevant ist. Wenn er sich nur darauf verlassen könnte, dass die wirklich wichtige Information trotzdem zu ihm durchdringt. Aber kann er das?

Was spricht für den Dienstweg?

Der Dienstweg wurde ursprünglich mit einer guten Absicht eingerichtet. Deshalb vertrauen Oberhuber und zahlreiche andere Führungskräfte großer Unternehmen auf diese Art der Kommunikation. Eine höhere Führungskraft kann nicht mit jedem seiner unterstellten Mitarbeiter direkt reden. Das ist ein reines Mengenproblem; dazu fehlt schlicht die Zeit. Außerdem ist ein Großteil der Information aus unteren Ebenen für die höhere Führungskraft nicht relevant. Einfache Mitarbeiter wollen auch mal wichtig sein. Sie blasen Nebensächlichkeiten zur existenzbedrohenden Krise auf, nur damit sie etwas zu erzählen haben. Die höhere Führungskraft ist an dieser Stelle überfordert, aus dem Wust an Meldungen jene Information herauszufiltern, die tatsächlich hohe Priorität verdient. Diese Filterfunktion übernimmt im Dienstweg das mittlere Management. So wird im Idealfall von Stufe zu Stufe die Information immer weiter verdichtet, bis ganz oben nur das Relevante ankommt. So ist das jedenfalls in der Theorie.

Was spricht gegen den Dienstweg?

Ziemlich viel! Der Dienstweg ist gut für Regelkommunikation über alles, was operativer Standard ist. Er versagt bei außergewöhnlichen Ereignissen. Er versagt außerdem, wenn Verantwortlichkeiten unklar sind. In der Theorie sollte es zwar für jeden Prozess einen Verantwortlichen geben, aber die Praxis zeigt, dass dies selten konsequent umgesetzt wird. Weit schwerer wiegt jedoch das Versagen des Dienstwegs bei außergewöhnlichen Ereignissen. In Zeiten wachsender Komplexität und anstehender gesellschaftlicher Veränderungen müssen wir davon ausgehen, dass anfallende Information zunehmend außerhalb des operativen Standards liegt. Der Dienstweg ist inzwischen kaum noch geeignet, die Kommunikationsbedürfnisse im Unternehmen abzudecken. Oder bildlich gesprochen: Wenn man auf dem Dienstweg einen Notruf tätigt, ist der Patient bereits tot, bevor der Krankenwagen eintrifft.

Welche alternativen Kommunikationswege gibt es?

Es gibt drei Wege der Kommunikation im Unternehmen. Zum einen gibt es **den hierarchischen Weg**. Dazu zählt vor allem der Dienstweg. Allerdings kann man den Informationsfluss zusätzlich stützen durch ein Berichtswesen, z. B. in Form einer Balanced Scorecard. Noch besser läuft es, wenn der Informationsfluss regelmäßig durch externe Analyse und Audits überprüft wird.

Der zweite Kommunikationsweg ist **die Eskalation**. Im Rahmen des Qualitätsmanagements oder des Risikomanagements werden Eskalationswege im Vorfeld festgelegt. Die müssen sich dann im Fall einer eventuellen Krise bewähren. Wenn der Eskalationsweg identisch mit dem Dienstweg ist, nützt er leider nicht viel. Dann kommt er an denselben Engpässen ins Stocken. Falls man Rückendeckung bei der Aufklärung benötigt, kann man die Revision einschalten und auf einen verstopften Kommunikationskanal aufmerksam machen. Dieser Vorgang ist zuverlässig, aber leider extrem langsam. Wesentlich schneller ist der Weg über einen Whistleblower. Doch Whistleblower leben gefährlich, weil viele Organisationen im Zweifel lieber den Botschafter einen Kopf kürzer machen, als die Botschaft zur Kenntnis zu nehmen.

Der dritte Kommunikationsweg ist **das soziale Netz**. Dies ist die Kommunikation, die parallel zum Dienstweg stattfindet. Es sind die informellen Kanäle über Assistenten und Stabsstellen. Es sind informelle Veranstaltungen, bei denen man hierarchieübergreifend miteinander ins Gespräch kommt. Manche Führungskräfte setzen auch neutrale Beobachter ein mit dem Auftrag: „Sehen Sie sich die Abteilung mal vier Wochen lang an und dann erzählen Sie mir, was Sie davon halten!"

Was kann das obere Management tun?

Oberhuber fehlt die Zeit, sich mit jedem seiner unterstellten Mitarbeiter zu unterhalten. Dafür ist sein Unternehmen einfach zu groß. Aber er hat ein paar andere Möglichkeiten, an die relevante Information zu kommen:

1. Über **den hierarchischen Weg** kann Oberhuber den Dienstweg stützen, indem er auf Ebene des unteren Managements relevante Kennzahlen in ein Berichtssystem eingeben lässt. So kann er sich bei Bedarf punktuell einzelne Kennzahlen ansehen und erfahren, welche Themen er im Auge behalten sollte.

2. Für das mittlere Management ist meist der Anreiz größer, eine Gefahr zu vertuschen, als über sie zu berichten. Das kann man ändern. Dazu muss das Berichtssystem so gestaltet sein, dass auch unterhalb des mittleren Managements Gefahren dokumentiert werden können und bei mangelnder Risikokontrolle das mittlere Management mit zur Verantwortung gezogen wird.

3. Im Rahmen eines Audits kann Oberhuber an simulierten Fallbeispielen ermitteln, an welcher Stelle der hierarchische Kommunikationsweg Engpässe hat.

4. Wenn **der Eskalationsweg** funktionieren soll, muss Oberhuber die nötigen Rahmenbedingungen dafür schaffen. Dazu gehört in erster Linie eine Unternehmenskultur, in der es erlaubt ist, auf Fehler hinzuweisen. Ein potenzieller Whistleblower wird nur dann auf eine Gefahr aufmerksam machen, wenn er nicht befürchten muss, danach seinen Job zu verlieren oder ins Ausland flüchten zu müssen. Im Zweifel gilt: Lieber einmal zu viel als einmal zu wenig „Alarm!" gerufen.

5. Die Kommunikation über **das soziale Netz** kann Oberhuber fördern, indem er dafür sorgt, dass es gelegentliche informelle Veranstaltungen gibt (z. B. ein Grillfest), bei dem die Mitarbeiter miteinander ins Gespräch kommen.

6. Oberhuber sollte es begrüßen, wenn seine Mitarbeiter informelle Informationskanäle nutzen. Andererseits sollte er eingreifen, wenn Mittelhuber Oberhubers Sekretärin anordnet, dass sie nicht mit

Unterhuber reden darf (ein reales Beispiel aus dem Leben des Autors).

7. Oberhuber kann einen neutralen Beobachter, zum Beispiel einen externen Berater, damit beauftragen, Schwachstellen im Prozess und Gefahrenherde im Unternehmen aufzudecken.

8. Über eine offene Unternehmenskultur kann Oberhuber signalisieren, dass Änderungen – wo sinnvoll – erwünscht sind. Kein Unternehmen war in den letzten 100 Jahren erfolgreich mit einem „Weiter so!"

Was kann das untere Management tun?

Unterhuber hat ein paar Dinge gelernt:

1. Er sollte sich ein internes Netzwerk aufbauen. Dann hat er parallel zur offiziellen Hierarchie eine soziale Hierarchie. Wenn er das nächste Mal die Botschaft hat: „Diese Sache ist gefährlich für das Unternehmen", dann hat er eine Stelle, wo er das prominent platzieren kann.

2. Ein Manager ist kein Unternehmer. Das gilt auch für seinen Chef. Unternehmenswohl und Kundenzufriedenheit spielen für Mittelhuber eine geringe Rolle. Er will seine Position absichern. Er will gut dastehen und vielleicht auch noch Karriere machen. So mancher Mittelhuber wäre gern ein Oberhuber. Egal wo. Ob sein jetziges Unternehmen in zehn Jahren noch auf dem Markt ist, ist ihm egal.

3. Manchmal glaubt nicht einmal der Vorstandsvorsitzende selbst an das, was er in der Aktionärsversammlung verkündet. „Wir wollen führend sein in ..." schwärmt er in die Kameras hinein, oder: „Wir wollen Benchmarks setzen!" Das sind Marketing-Formulierungen, bestimmt für die Öffentlichkeit, für die Presse, die Aktionäre und die Kunden. Im Unternehmensalltag muss das nicht unbedingt eine Rolle spielen. Sonst würde man es ja messen und die Messergebnisse allen Mitarbeitern transparent machen.

4. Es reicht nicht, Recht zu haben. Es kommt auch darauf an, wie man die Information vermittelt. Falls es Unterhuber gelingt, die Gefahr so darzustellen, dass Mittelhuber sich als Held und Retter in der Not positionieren kann, kann er mit dessen Unterstützung sogar bis zu Oberhuber durchstoßen.

Fazit

Der Dienstweg hat ausgedient als Rückgrat der Kommunikation im Unternehmen. Wer auf den Dienstweg als alleinige Informationsquelle vertraut, der wird die relevanten Dinge stets als Letzter erfahren. Übrigens, was macht eigentlich Mittelhuber?

Mittelhuber kichert. Da hat ihm doch ein Kollege so einen albernen Witz per E-Mail geschickt: Ein Unternehmer, ein unternehmerisch denkender Manager und ein Weihnachtsmann fallen vom Turm. Wer schlägt als erster unten auf? Der Unternehmer. Den gibt es nämlich wirklich. Die beiden anderen sind Fabelwesen.

Prof. Dr. Marcel Seidel / Axel Liebetrau

Erfolgreiches Veränderungsmanagement heißt Mitarbeiter mitnehmen

Die Versicherungswirtschaft ist, wie andere Branchen auch, ständig Veränderungen ausgesetzt. Permanent gilt es, die Anforderungen des Marktes oder der Regulierungsbehörden effizient umzusetzen. In vielen Fällen bleibt den Versicherungen und damit auch den Mitarbeitern keine Wahl, die Maßnahme muss sein. Die Frage nach dem „Was" und „Warum" stellt sich nicht. Die Mitarbeiter sind gefordert, ihre Kraft und Energie zielorientiert und schnell einzubringen. Aufgrund der Fülle von erforderlichen Maßnahmen kann das für den Einzelnen eine große Belastung darstellen. Um Mitarbeiter nicht zu überfordern, sollten die Verantwortlichen eine gute Umsetzungsstrategie anwenden und ein konsequentes Veränderungsmanagement betreiben.

Die Erfahrung zeigt: Mit dem Grad der Betroffenheit nimmt die Bedeutung des Veränderungsmanagements zu. Allerdings liegt in den meisten Fällen die Schwierigkeit nicht darin, eine Veränderung kurzfristig fachlich-sachlich vorzunehmen, das ist eine verhältnismäßig einfache Sache. Schwierig wird es, wenn es darum geht Mitarbeiter emotional-menschlich so einzubinden, dass die Veränderung von ihnen positiv in Wirkung gebracht wird. Auf den folgenden Seiten wird hierfür ein praktikabler Weg aufgezeigt.

Ausgangslage

Der Mensch ist ein Gewohnheitstier und jeder weiß selbst, wie schwer es ist, eingefahrene Wege und liebgewordene Gewohnheiten zu verändern. Manchmal geht es nicht anders und neue Prozesse und Verhaltensweisen müssen ausgeführt und gelebt werden, ob man will oder nicht. Es gibt Unternehmenskulturen, in denen auf etwaige Befindlichkeiten gegenüber Neuerungen nicht eingegangen wird, im Gegenteil: „Augen zu und durch" scheint dabei die Devise zu lauten. Manchmal geht das gut, doch in der

Mehrzahl der Fälle wird sich eine solch unsensible Haltung gegenüber den Mitarbeitern langfristig negativ auswirken. Demgegenüber haben Untersuchungen gezeigt, dass Unternehmen, die bei Veränderungen gezielt auf Mitarbeiter eingehen, deutlich höhere Erfolgsquoten haben (IBM Global Making Change Work Study, 2008).

Um Menschen Veränderungen leicht zu machen, gilt es, Akzeptanz zu schaffen. Erst wenn Mitarbeiter die Veränderung emotional akzeptieren, ist es geschafft. Akzeptanz herzustellen ist jedoch eine relativ komplexe Aufgabe und alles andere als einfach.

Komplexität entsteht durch die vier Stellgrößen der Akzeptanz: Kennen, Können, Wollen, Dürfen (Abb. 1). Aufgabe des Veränderungsmanagements ist es, diese vier Parameter bei den von Veränderungen betroffenen Mitarbeitern unter Einhaltung zeitlicher Vorgaben in die richtige Balance zu bringen. Je nach Ausgangslage und Mitarbeitersituation braucht es mal hier mal dort stärkere Akzente.

In jedem Fall ist eine schrittweise Vorgehensweise angebracht. So behalten alle Beteiligten und Betroffenen den Überblick. Außerdem wird die Gefahr einer Überforderung reduziert.

Schritt 1: Ausgangslage beurteilen

Unabhängig von Größe und Art der Veränderung sollten die sich daraus ergebenden Herausforderungen bekannt sein. Diese sind nicht immer sofort transparent. Oft werden Veränderungen gestartet, ohne zu wissen, was das Ziel ist. Dies gleicht einem Blindflug in bergigem Gelände. Die daraus resultierenden Gefahren werden ignoriert, bestenfalls unterschätzt.

Soll auf fachlich-sachlicher Ebene Transparenz hergestellt werden, stehen je nach Thema, Zweck und Budget vielfältige Analysen zur Verfügung.

Um emotional-menschliche Herausforderungen zu verstehen, bietet es sich an, mit Betroffenen ins Gespräch zu kommen. Mit Betroffenen sind alle Anspruchsgruppen der Veränderung gemeint. Das können neben Mitarbeitern, beispielsweise auch Lieferanten, Kommunen oder auch Kunden sein. Um die Denkweise der Anspruchsgruppen zu ergründen, kann eine Stakeholderanalyse (Stakeholder = Anspruchsgruppe) durchgeführt werden.

Aufgrund ihrer hohen Bedeutung werden hier Mitarbeiter gesondert betrachtet. Kernfrage: Was bewegt Mitarbeiter im Zusammenhang mit der Veränderung? Die Beurteilung der Ausgangslage kann unterschiedlich angegangen werden.

Typische Instrumente sind Einzel- oder Gruppeninterviews mit Betroffenen und Beteiligten (Mitarbeitern und Führungskräften) in getrennten oder gemeinsamen Sitzungen. Mitarbeiterbefragungen in elektronischer oder schriftlicher Form werden ebenfalls häufig eingesetzt.

Abbildung 1: Akzeptanzfaktoren erfolgreicher Veränderung

Unabhängig von der Analyseform sind zwei Dinge besonders wichtig. Zum einen muss für eine realistische Beurteilung der emotional-menschlichen Ausgangslage in jedem Fall Vertraulichkeit sichergestellt werden. Außerdem ist ein neutraler und möglichst objektiver Blick auf die Dinge wichtig. Idealerweise wird die Beurteilung von externen Beratern durchgeführt – neutral, objektiv, professionell. Ziel ist, auf diese Weise

Stolpersteine der Veränderung zu erkennen. Sind diese bekannt, können sie beiseite geräumt werden.

Die emotional-menschliche Basisanalyse ist von grundlegender Bedeutung für alle Akzeptanzfaktoren.

- **Kennen:** Ist bekannt, was Mitarbeiter bewegt, ist auch erkennbar, was Mitarbeiter wissen müssen, um die Veränderung akzeptieren zu können. Dies wiederum ist Grundlage für ein entsprechendes Informations- und Kommunikationskonzept.

- **Können:** Im Zuge der Mitarbeiteranalyse können Ängste vor künftigen fachlichen Anforderungen deutlich werden. Dabei spielt es keine Rolle, ob die Befürchtungen begründet sind oder nicht, allein die Angst kann lähmend wirken. Sind Ängste transparent, können betroffene Mitarbeiter mit individuellen Schulungskonzepten unterstützt werden.

- **Wollen:** Die Motivationslage bzw. was es braucht, um Mitarbeiter zu begeistern, kann ebenfalls ein Ergebnis der Basisanalyse sein. Hier sind jedoch Sensibilität und Interpretationsfähigkeit von den Analysespezialisten gefragt, da vor allem die hintergründigen Motivationsfaktoren interessant sind und diese Faktoren oft selbst den Betroffenen nicht bewusst sind.

- **Dürfen:** Ist Transparenz über die Wünsche und Bedürfnisse der betroffenen Mitarbeiter hergestellt, können diese Informationen helfen, Strukturen (z. B. Aufbau- und Ablauforganisation) und Systeme (z. B. Informations- und Kommunikationssysteme) passgenau zu gestalten.

Schritt 2: Veränderungsweg definieren

Ist die Ausgangslage bekannt, kann über geeignete Wege, die betroffenen Mitarbeiter zu verändern, nachgedacht werden. Bei der Entscheidung, was getan werden kann und schließlich auch getan wird, sollten neben dem Management und Fachleuten des Unternehmens (Personalabteilung) auch die Betroffenen bzw. deren Interessenvertreter eingebunden werden.

Klassisch lässt sich der Veränderungsaufwand an Budget und Zeitbedarf fest machen. Dabei gilt die einfache Regel: Je schwieriger und komplexer die fachlich-sachliche Ausgangslage des Veränderungsthemas, desto aufwendiger werden die Veränderungsmaßnahmen sein. Gleiches gilt für die emotional-menschliche Mitarbeitersituation, auch hier nimmt der Veränderungsaufwand mit dem Schwierigkeitsgrad zu.

Wichtig ist: Egal wie die Entscheidung ausfällt, grundsätzlich ist die komplette Klaviatur des Veränderungsmanagements (Kennen, Können, Wollen, Dürfen) zu bedienen oder zumindest zu durchdenken, ansonsten kann es zu Misstönen und Schieflagen kommen.

Die Intensität, mit der die einzelnen Dimensionen bearbeitet werden, ist abhängig vom zur Verfügung stehenden Budget und der zur Verfügung stehenden Zeit. Auch hierfür empfiehlt es sich, sich eines Profis zu bedienen, der alle Instrumente virtuos bedienen bzw. koordinieren kann – das spart letztlich Zeit, Energie und Geld.

Ein typischer Veränderungsprozess besteht aus den Phasen (1) Analyse, (2) Zielbild erstellen, (3) Werte abgleichen, (4) Anpassung von Strukturen und Systemen, (5) Vermittlung von notwendigen Kompetenzen und Verhaltensweisen und (6) Kontrolle.

Abbildung 2: Phasen des Veränderungsmanagement

- **Wirkung** vor Ort überprüfen (6)
- **Ausgangslage** feststellen (1)
- **Kompetenzen und Verhaltensweisen** vermitteln (5)
- Veränderungsthema
- **Gemeinsames Zielbild** erstellen (2)
- **Struktur und Technik** an die definierten Ziele angleichen (4)
- **Werte** abgleichen (3)

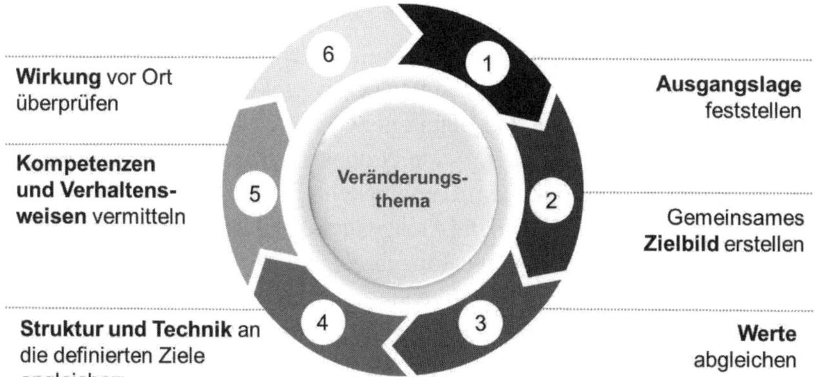

Schritt 3: Veränderungsweg konsequent gehen

Ist die Entscheidung über Art und Weise des Veränderungsweges erst einmal getroffen, kann begonnen werden. Doch Achtung: Sobald der erste Schritt getan ist, sollte der Weg auch konsequent weiterverfolgt werden. Leichtfertige Unterbrechungen, undurchsichtige Verzögerungen oder gar ein Abbruch können nämlich bei den Betroffenen schnell Misstrauen oder Ängste hervorrufen – egal ob berechtigt oder unberechtigt.

Zur konsequenten Verfolgung des Veränderungsweges empfiehlt sich eine zweigleisige Steuerung.

- **Projektmanagement:** Auf fachlich-sachlicher Ebene dient ein professionelles Projektmanagement der effizienten Bearbeitung des Veränderungsthemas. Orientiert an den Erfolgsfaktoren Qualität, Kosten und Zeit kann die Veränderung entwickelt und umgesetzt werden. Mit Unterstützung des Projektmanagements kennen die Verantwortlichen jederzeit Status und Fortschritt des Veränderungsvorhabens. Durch entsprechende Informations- und Kommunikationsunterstützung haben auch die Betroffenen die Möglichkeit den Veränderungsprozess nachzuvollziehen (Akzeptanzfaktor: Kennen). Außerdem unterstützt die Projektmanagementorganisation mit den dazugehörigen Strukturen und Systemen Betroffene und Beteiligte bei der Umsetzung (Akzeptanzfaktor: Dürfen).

- **Veränderungsmanagement:** Parallel zum Projektmanagement sollte mit Hilfe eines professionellen Veränderungsmanagements die emotional-menschliche Perspektive fokussiert werden. Das bedeutet, Betroffene und Beteiligte werden in den Phase 1 bis 6 der Veränderung begleitet. Beide Gruppen werden unterstützt Fähigkeiten und Fertigkeiten zu entwickeln, die die Bearbeitung der Veränderung erleichtern (Akzeptanzfaktor: Können). Außerdem werden beide Gruppen dahingehend unterstützt, dass sie einen positiven Blick auf das Veränderungsvorhaben bekommen und bereit sind, das Vorhaben nachhaltig zu unterstützen (Akzeptanzfaktor: Wollen).

Schritt 4: Veränderungsfortschritt kontrollieren

Ein altes Sprichwort lautet: Vertrauen ist gut, Kontrolle ist besser. Kontrolle sollte immer fester Bestandteil eines Veränderungsprozesses sein und muss geplant werden. Ansonsten besteht Gefahr, dass Ziele aus den Augen verloren werden oder versanden. Je nach Größe und Umfang einer Veränderung, wird sich der Erfolg nicht immer sofort einstellen. Dann ist es umso wichtiger, die avisierten Ziele nachzuvollziehen und zu kontrollieren. Kontrolle sollte für fachlich-sachliche Aspekte der Veränderung gelten, genauso wie für emotional-menschliche Aspekte. Wenn bekannt ist, dass der Veränderungsfortschritt überprüft wird und dies einer priorisierten Managementattention unterliegt, ist das auch ein positives Zeichen für die Bedeutung, die dem Vorhaben beigemessen wird. Dies wiederum kann die Motivation im Projekt stärken.

Fazit

Grundvoraussetzung für eine nachhaltige Wirkung von Veränderungsvorhaben ist, neben fachlich-sachlichen Inhaltsaspekten emotional-menschliche Faktoren der Betroffenen zu berücksichtigen. Menschen mitzunehmen gelingt, wenn die Akzeptanzfaktoren „Kennen – Können – Wollen – Dürfen", beachtet werden.

Zusammenfassung

Versicherung müssen, wie andere Branchen auch, permanent Veränderungen vornehmen, um erfolgreich zu bleiben. Möchte man die Wirkung von Veränderungen sicherstellen, sind zahlreiche Dinge zu beachten. Immer dann, wenn (mehrere) Menschen involviert sind, werden selbst vermeintlich einfache Vorhaben schnell komplex. Daher braucht jede Veränderung zunächst einen erfolgreichen Plan. Getreu dem Motto Erkennen – Entscheiden – Handeln sollte man das Vorhaben mit einer tiefgehenden Analyse aller relevanten fachlich-sachlichen und emotional-menschlichen Faktoren beginnen. Danach wird der Veränderungsweg festgelegt. Dies beinhaltet in erster Linie die Definition der notwendigen Umsetzungsphasen. Außerdem sollten sich die Umsetzungsverantwortlichen rechtzeitig darüber Gedanken machen, wie es gelingt, Akzeptanz herzustellen. Spätestens wenn es darum geht, die Veränderung effizient umzusetzen, werden richtig dimensionierte Steuerungsmethoden benötigt. Sollen Veränderungen wirken, braucht es dazu neben dem Projektmanagement auch ein situationsgerechtes Veränderungsmanagement. Definierte Kontrollmechanismen schließlich sind Garant für eine gute Umsetzung. Neben den Mitarbeitern bringt das auch dem Unternehmen Vorteile, da ein gezielt eingesetztes Veränderungsmanagement den Gesamterfolg des Unternehmens deutlich erhöhen kann.

Dr. Andreas Grahl / Jörg Heinze

Versicherungen (nicht für das, sondern) mit dem Smartphone

Smartphones bieten eine Vielzahl von Funktionen und haben sich zu kleinen Computern in der Hosentasche entwickelt. Jeder zweite Versicherungskunde nutzt bereits ein Smartphone, jeder vierte Smartphone-Anwender kauft mit seinem mobilen Device Produkte und Leistungen – künftig auch seine Versicherungen? Welche innovativen kontext- oder lokationsbasierten Versicherungslösungen werden die Kunden zukünftig begeistern?

Always on – moderne Kundenkommunikation

Heute nutzen 85 % der deutschen Haushalte schnelles Internet mit einem Breitbandanschluss.[56] Mehr als 63 Millionen Deutsche nutzen ein Mobiltelefon; in der Altersgruppe über 14 Jahre sind es insgesamt mehr als 90 %, in der jungen und mittleren Altersgruppe hat mit 97 % fast jeder ein Handy und selbst bei den Senioren über 65 Jahre sind 68 % Handynutzer.[57]

Abbildung 1: Handybesitzer[58]

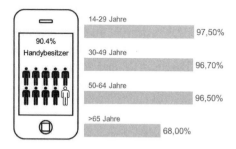

---

[56] Vgl. Bitkom, Bundesverband Informationswirtschaft, Telekommunikation und neue Medien e.V., Januar 2014.

[57] Vgl. Bitkom, Bundesverband Informationswirtschaft, Telekommunikation und neue Medien e.V. August 2013.

[58] Vgl. ebd.

Die Verbreitung von Smartphones – hochwertiger internetfähiger Mobiltelefone, die in der Regel über einen berührungsempfindlichen Bildschirm gesteuert werden – nimmt weiter zu und derzeit steigen auch insbesondere Menschen jenseits der 50 auf die modernen Geräte um. Aktuell besitzen 40 % aller Bundesbürger ab 14 Jahren ein Smartphone.[59]

Smartphones sind ein integraler Bestandteil unseres täglichen Lebens geworden:[60]

- Smartphone-Nutzer sind „always on" und haben das Device immer dabei: 67 % der Nutzer gehen niemals ohne ihr Smartphone aus dem Haus.

- 90 % nutzen das Smartphone zu Hause – also beispielsweise auch, um „mal eben" schnell etwas im Internet zu „googlen" als einfache Alternative zu dem internetfähigen PC.

- 70 % nutzen das Smartphone bei der Arbeit, für die berufliche, vor allem aber die private Kommunikation auch per E-Mail oder Social Media.

- 72 % nutzen das Smartphone beim Einkaufen, auch um beispielsweise direkt vor Ort Preise zu vergleichen.

Smartphones sind für viele Anwender unersetzlich geworden: 28 % von ihnen würden lieber auf das Fernsehen als auf ihr Smartphone verzichten.[61] Einerseits ist für die Konsumenten eine Welt ohne Internet nicht mehr vorstellbar, dieses gilt für 83 % der 14- bis 19-Jährigen und noch für 71 % der über 50 Jahre alten Nutzer. Andererseits bestehen bei allen Anwendergruppen Bedenken zum Datenschutz und zum Schutz der Privatsphäre im Internet.[62]

---

[59] Vgl. Bitkom, Bundesverband Informationswirtschaft, Telekommunikation und neue Medien e.V., Juni 2013.
[60] Vgl. Google; Our Mobile Planet: Germany; Understanding the Mobile Consumer; May 2013.
[61] Vgl. Bitkom, Bundesverband Informationswirtschaft, Telekommunikation und neue Medien e.V., Juni 2013.
[62] Vgl. TNS Infratest Mobile Club 2013, Eine Welt ohne Internet?!.

Abbildung 2: Eine Welt ohne Internet?[63]

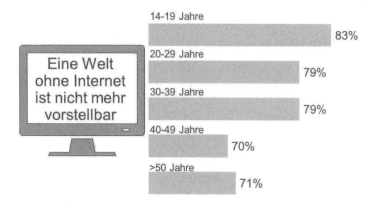

Abbildung 3: Bedenken zum Datenschutz[64]

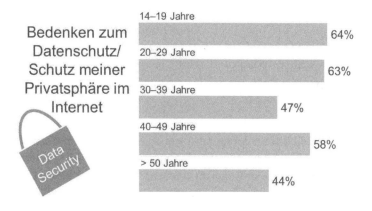

---

[63] ebd.
[64] ebd.

elfältigen Funktionsmöglichkeiten der modernen Smartphones haben das Nutzerverhalten grundlegend verändert[65]:

- Mehr als jeder Dritte der Anwender nutzt sein Smartphone für die Informationssuche im mobilen Internet, z. B. via Google.
- Mehr als die Hälfte suchen nach Produktinformationen, beispielsweise nach zum Thema Restaurants oder Reisen.

Auch in Finanzthemen hat sich das Kundenverhalten durch Internet und Smartphones entscheidend gewandelt:

- Onlinebanking, die Bearbeitung der persönlichen Bankgeschäfte über das Internet, nutzen mit 45 % über 28 Mio. Deutsche: Hier ist noch eine weitere Steigerung zu erwarten, liegt doch die Onlinebanking-Quote in Skandinavien bereits bei über 80 % [66] – dabei nutzt fast jeder zweite Smartphone-Anwender eine Banking-App und managed seine Finanzen mobil.[67]
- Gut 40 % der Internetnutzer informieren sich im Durchschnitt pro Quartal über Versicherungsthemen im Internet. Davon schließen dann drei Viertel ihren Vertrag als ROPO (Research Online Purchase Offline)-Kunden bei einem Versicherungsvermittler ab.[68]
- Vor allem durch die Kraftfahrzeugversicherung steigt die Reichweite der Online-Nutzer im 4. Quartal auf fast 50 % an, da Kraftfahrzeugversicherungsverträge per 30. November des Jahres in der Regel zu einem anderen –günstigeren – Anbieter gewechselt werden können. Hier schließen fast zwei Drittel

---

[65] Vgl. Bitkom, Bundesverband Informationswirtschaft, Telekommunikation und neue Medien e.V., Juni 2013.
[66] Vgl. Bitkom, Bundesverband Informationswirtschaft, Telekommunikation und neue Medien e.V., März 2013.
[67] Vgl. Accenture; Mobile Web Watch 2012.
[68] Vgl. Allianz, Wie verhalten sich Kunden mit Neugeschäft im Internet? Das Informations- und Abschlussverhalten von Versicherungskunden, 2013, GfK Media-Efficiency-Panel, Q2/09–Q1/10; Basis: 25.000 Personen.

aller Kraftfahrzeugversicherungskunden (64,3 %) ihren neuen Vertrag direkt online ab.[69]

Abbildung 4: Abschlussmuster Online- vs. ROPO-Kunden[70]

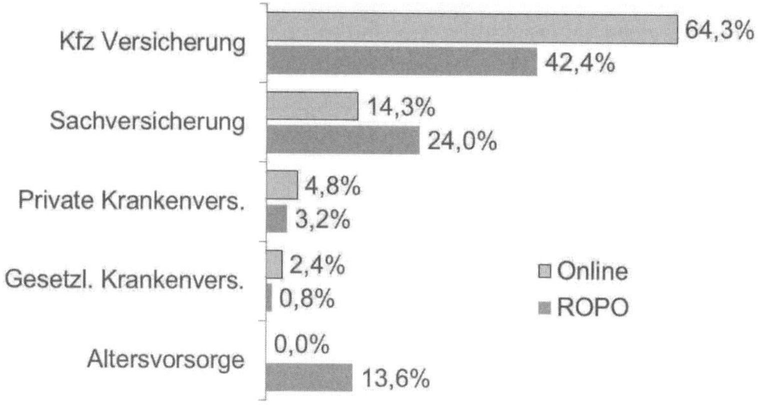

Versicherungsart	Online	ROPO
Kfz Versicherung	64,3%	42,4%
Sachversicherung	14,3%	24,0%
Private Krankenvers.	4,8%	3,2%
Gesetzl. Krankenvers.	2,4%	0,8%
Altersvorsorge	0,0%	13,6%

Die Zielgruppe der Super Connected Consumer

Es stellt sich die Frage, ob schon alle Kunden internetaffin und mit dem Smartphone immer mobil erreichbar sind? Nein, das sicherlich nicht. Es ist aber eine kleine Zielgruppe von voll integrierten Anwendern zu beobachten: die „Super Connected"[71] Consumer.

Super Connected Consumer gelten als "early adopter", Vorreiter, die neue Technologien und Produkte gerne als erste Anwender ausprobieren. Sie organisieren ihr ganzes Leben mit dem Smartphone, darin eingeschlossen ihre sozialen und beruflichen Kontakte, Termine oder die Navigation und optimieren sich durch geo-lokationsbasierte Services und Dienstleistungen.

---

[69] Vgl. ebd.

[70] Vgl. Allianz, Wie verhalten sich Kunden mit Neugeschäft im Internet? Das Informations- und Abschlussverhalten von Versicherungskunden, 2013, GfK Media-Efficiency-Panel, Q2/09-Q1/10; Basis: 25.000 Personen.

[71] Vgl. Super Connected Consumer SCC, Source: GfK Consumer Trends for Allianz, June / Oktober 2013.

Ihre Verhaltensmuster sind der Schlüssel zum besseren Verständnis des globalen Konsumenten der Zukunft: intelligent und gut informiert, eigenmotiviert und rundum vernetzt. Super Connected Consumer bilden mit einem Anteil von 16 % die Avantgarde der Kunden und sind wichtige Meinungsführer. Für sie ist die mobile Internetnutzung mit den neuesten mobilen Devices unverzichtbar. Sie sind mitteilungsfreudige aktive Social-Media-Anwender und aktualisieren regelmäßig ihren Status in sozialen Netzwerken: In ihren Social-Media-Tweets geben sie Feedbacks zu Marken und Produkten und sind damit Meinungsführer für breitere Konsumentenschichten.

Super Connected Consumer sind gut informiert; 40 % von ihnen nutzen regelmäßig Preisvergleichsportale, wobei jeder fünfte von ihnen dann anschließend das gesuchte Produkt auch gleich mit dem Smartphone kauft. Sollten sie jedoch unzufrieden sein, sind 64 % von ihnen auch bereit, das Produkt umgehend wieder zu wechseln.

Dabei sind Super Connected Consumer nicht bedenkenlos technikgläubig. Fast jeder zweite hat Datenschutz- und Sicherheitsbedenken bei der Internetnutzung und fürchtet den Diebstahl seiner digitalen Identität.

Über alle Nutzergruppen hinweg ist der Online-Konsum rasant gestiegen: die durchschnittliche Nutzungsdauer liegt bei 169 Minuten täglich im Jahr 2013, das ist ein Zuwachs von 27 % gegenüber 2012.[72] Diese Online-Nutzung geht einher mit der steigenden Verfügbarkeit neuer mobiler Endgeräte in den deutschen Haushalten. Durchschnittlich stehen in jedem Onlinehaushalt 5,3 internetfähige Endgeräte zur Verfügung, davon wird jedes zweite Gerät regelmäßig für den Internetzugang eingesetzt; 98 % der Haushalte verfügen über einen PC, 56 % haben Smartphones und 19 % der Haushalte verfügen über ein Tablet, 12 % gehen bereits mit dem Fernseher ins Internet.[73]

Super Connected Consumer sind als Zielgruppe für jeden Anbieter mobiler Lösungen eine Chance sowie Herausforderung. Einerseits sind sie neuen mobilen Services gegenüber aufgeschlossen, probieren diese als „early

---

[72] Vgl. ARD ZDF Onlinestudie 2013.
[73] Vgl. ebd.

adopter" zuerst aus und berichten darüber auch gerne in den sozialen Medien. Damit bereiten sie den Markt für möglichst viele Nachahmer und weitere mobile Nutzer. Andererseits sind sie erfahrene und damit auch kritische Anwender: Erfüllt ein neuer Service nicht ihre Erwartungen, berichten sie auch hierüber entsprechend kritisch. Neue mobile Services müssen daher von Beginn an sorgfältig vorbereitet, getestet und in den Markt eingeführt werden.

Der Versicherungskunde von Heute ist nicht nur online, sondern mobil

Smartphones ermöglichen nicht nur den mobilen Internetzugang, sondern auch die einfache Bedienung durch kleine Programmapplikationen, sogenannte „Apps". Wie das klassische Internet über den PC wird auch das Smartphone für die Suche nach Finanzinformationen genutzt. Knapp 30 % der Smartphone-Anwender haben schon über das Smartphone nach Informationen zu Versicherungen gesucht. Jeder zehnte hat sogar eine oder mehrere Apps von Versicherern installiert.[74]

Die Suche nach Apps wird meist aus eigenem Antrieb über App-Stores (56 % suchen hier oft bis sehr oft) oder das Internet (42 %) betrieben. Auch Freunde und Bekannte (48 %) machen auf Apps aufmerksam.[75] Apps werden von mehr als der Hälfte der Anwender überwiegend zu Informationszwecken z. B. Nachrichten, Wetter, Restaurants in der Nähe genutzt. Ein Teil der Nutzer (16 %) führt bereits Buchungen, also mobile Käufe von Hotel, Flug oder Bahntickets über mobile Anwendungen durch.[76]

Trotz dieser ersten Erfahrungen im m-commerce zeigen sich die Anwender in Sachen Versicherungen noch zurückhaltend. Lediglich 19 % haben schon einmal davon gehört, Versicherungen direkt über eine App abzuschließen. Dennoch bewertet jeder zweite Anwender (56 %) solche Ange-

---

[74] Vgl. Versicherungsabschluss via App – ein neuer Vertriebsweg und -trend?! HEUTE UND MORGEN Finanzmarkttrends – April 2013.
[75] ebd.
[76] ebd.

bote als gut oder sehr gut.[77] Hier scheint also noch ein attraktives Kundenpotenzial im Versicherungsmarkt zu bestehen.

Kritische Erfolgsfaktoren mobiler Versicherungsservices

Die Erweiterung der Verkaufswege im Versicherungsgeschäft, wie beispielsweise dem mobilen Verkauf über Smartphones, bietet sowohl für den Kunden als auch die Versicherunternehmen zahlreiche Chancen, die von mannigfaltigen Herausforderungen begleitet werden. Eine besondere Rolle nehmen dabei die aus Kundensicht wahrgenommenen Risiken beim Kauf von Versicherungen ein.

Aus wissenschaftlicher Sicht lassen sich die Risiken im Wesentlichen in fünf relevante Dimensionen einteilen: Das *leistungsbezogene, finanzielle, zeitliche, auf die Privatsphäre bezogene* und *psychologische Risiko*.[78]

Im Folgenden soll kurz erläutert werden, wie sich die verschiedenen Dimensionen auf die Kundenpräferenz beim Kauf von Versicherungen auswirken: Den Ausgangspunkt bildet die Komplexität einer Versicherung. Sie bedingt die Risikobeurteilung des Kunden und damit die Unsicherheit bei der Entscheidungsfindung. Ein erhöhtes Risiko ergibt sich aus der Ungewissheit darüber, ob ein Produkt auch das leistet, für das es vorgesehen ist bzw. das seitens des Kunden erwartet wird. Eine Skiversicherung, die beispielsweise nur für den Fall eines Diebstahls im abgeschlossenen Skikeller in Kraft tritt, birgt das *leistungsbezogene Risiko*, dass man das eigentliche Ziel, sein Skiequipment auf der Skipiste abzusichern, verfehlt.

In weiterer Folge entsteht ein *finanzielles Risiko*, dass sich sowohl aus dem bezahlten Geldeinsatz und der eventuell ausbleibenden oder nicht ausreichenden Kompensation im Versicherungsfall ergibt.

Um dies zu kompensieren, bedarf es aus Kundensicht eines zeitlichen Rechercheaufwandes, der es ermöglicht, bestehende Fehlerquellen vorab auszuschließen, und somit eine folgerichtige Entscheidung zulässt. Der

---

[77] ebd.
[78] Vgl. Crespo, A. H., del Bosque, I. R., & de los Salmones Sanchez, M. M. G. (2009). The influence of perceived risk on Internet shopping behavior: a multidimensional perspective. Journal of Risk Research, 12(2), 259–277.

Kunde entwickelt darauf basierend eine Einschätzung der *zeitlichen Kosten* bzw. des *zeitlichen Risikos*.

Weiterhin ist der Abschluss einer Versicherung mit der Weitergabe von sensiblen Daten verbunden. Die immanente Gefahr von Datenmissbrauch stellt dabei ein *Risiko für die Datensicherheit und Privatsphäre* dar. Abschließend äußern sich diese Risiken in einem Gefühl des Unbehagens und der Unsicherheit bezüglich der Kaufentscheidung. Man spricht vom *psychologischen Risiko*.

Um diesen Risiken beim Kauf von Versicherungen zu entgegnen, sollten daher insbesondere zwei Maßnahmenbereiche beachtet werden:

1. Da das wahrgenommene Risiko maßgeblich von der Komplexität des Produktes beeinflusst wird,[79] ist es in einem ersten Schritt notwendig, das Produkt auf die geringst mögliche Komplexität zu reduzieren. Dazu können verschiedene Maßnahmen genutzt werden, wie das Zusammenfassen von Policen und das Hervorheben von besonders relevanten Informationen. Zudem sollte auf eine leicht verständliche Sprache, wenige Auswahlmöglichkeiten, kurze Vertragslaufzeiten und geringe Kündigungsfristen sowie eine einfache Kostendarstellung geachtet werden.

2. Ein zweiter Maßnahmenbereich besteht in der Anreicherung des Vertriebskanals mit digitalen Service- und Informationsfunktionen. Diese dienen der Reduzierung von Risiken, da sie wichtige Hilfestellungen für den Kaufabschluss liefern und somit das vorherrschende Beratungsdefizit beim Verkauf mobiler Versicherungen kompensieren. In einer Studie erwiesen sich insbesondere das Anbieten von Online-Berateroptionen, Produkt- und Anbieterprüfsiegeln sowie Informationen rund um die Datensicherheit als effiziente Maßnahmen zur Risikoreduktion[80]. Besonders förderlich

---

[79] Vgl. Niederkleine, N. (2014). Versicherungsabschluss per App: Eine empirische Studie über das Zukunftspotential des M-Commerce in der deutschen Versicherungswirtschaft. (Unpublished master's thesis). Technische Universität München.

[80] Vgl. Lederle, P. (2014). Die Rolle von Servicefunktionen beim Abschluss einer Versicherung via mobilen Applikationen: Eine empirische Überprüfung. (Unpublished bachelor's thesis). HTWG Konstanz.

wirken zudem Kundenproduktrezensionen.[81] Wenig effektiv zeigten sich hingegen der Einsatz von FAQs[82] sowie nicht zielführender und überflüssiger Informationen, die sich negativ auf das zeitliche Risiko und somit die Kaufabsicht auswirkten.

Neben diesen Ansatzpunkten sollten zudem weitere allgemeine Grundvoraussetzungen erfüllt sein, die die Nutzungsabsicht erhöhen. Ein Überblick relevanter Faktoren für die Akzeptanz von mobilen Services liefert nachfolgende Abbildung.

Abbildung 5: Akzeptanz Mobiler Services[83]

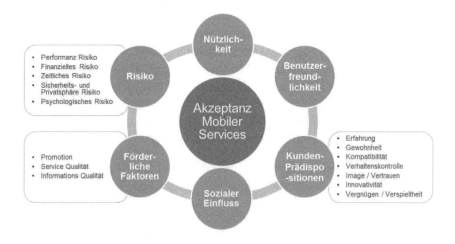

---

[81] Vgl. Fost, M. (2013). E-Commerce Existenzgründung mittels Amazon. Erfolgsfaktoren bei einer E-Commerce Existenzgründung von Handelsunternehmen mittels Amazon® Marketplace unter Berücksichtigung der Chancen und Risiken. Books on Demand, S. 40.

[82] Vgl. FAQ Frequently Asked Questions – eine Liste häufig gestellter Fragen und der zugehörigen Antworten.

[83] Vgl. Rao, S. L. & Troshani I. (2007). A Conceptual Framework and Propositions for the Acceptance of Mobile Services. Journal of Theoretical and Applied Electronic Commerce Research, 2(2), 61–73.

Studien zur Akzeptanz mobiler Technologien zeigen, dass insbesondere der empfundene Nutzen sowie eine einfache und intuitive Handhabung (Benutzerfreundlichkeit) für einen erfolgreichen Einsatz mobiler Versicherungsservices unerlässlich sind.[84] In Übereinstimmung dazu empfehlen Berdak und Carney (2013) folgende Kundenanforderungen zu erfüllen:[85]

1. **Context**: Entwicklung individuell auf den Kunden und seine Bedürfnislage zugeschnittene Services beispielsweise unter Berücksichtigung der Geo-Position des Smartphone-Nutzers, die einfach per GPS[86] bestimmt werden könnte

2. **Simplicity**: die Einfachheit, die intuitive Bedienung einer Smartphone-Applikation, die viele Smartphone-Funktionen wie Kamera und E-Mail integriert und durch eine umfassende Personalisierung eine Vereinfachung der Abläufe wie beispielsweise das Bezahlen mit im Smartphone hinterlegten Bezahldaten ermöglicht

3. **Immediacy**: die Unmittelbarkeit, mit der der Smartphone-Anwender direkt Zugriff auf Informationen hat und bedarfsgerecht in Prozesse eingebunden wird, also den anlassorientierten Kauf von Kurzzeitversicherungen wie z. B. einer Reiseversicherung für das Wochenende oder die Statusnachricht der Versicherung über die Bearbeitung eines gemeldeten Versicherungsschadens

---

[84] Vgl. Davis, F. D., (1989). Perceived Usefulness, perceived ease of use, and user acceptance of information technology. MIS Quaterly, 13(3), 319–349.
[85] Vgl. Forrester Research, Follow Best Practices To Encourage Mobile Insurance Users, Oliwia Berdak und Ellen Carney, 20. Dez 2013.
[86] GPS Global Positioning System – die satellitengestützte Ortungsverfahren, das standardmäßig in viele Smartphones integriert ist.

Blick auf das derzeitige Angebot von mobilen Versicherungsapplikationen

Erste Anbieter folgen dem Trend zu mobilen Versicherungsanwendungen und haben mobile Applikationen für Smartphones entwickelt. Hier sind drei Geschäftsmodelle im Markt zu beobachten:

1. **Service-Apps der Versicherungsanbieter für ihre Kunden**: mobile Applikationen mit Informationen rund um Versicherungsprodukte. Bestehenden Versicherungskunden werden häufig vergleichbar mit einem Online-Kundenportal spezielle Funktionen wie eine Übersicht aller abgeschlossenen Versicherungen oder ein Formular zur Meldung eines Versicherungsschadens z. B. eines Kraftfahrzeugunfalls angeboten. So lassen sich alleine in im deutschen iTunes App Store[87] unter dem Stichwort „Schaden" mehr als 20 Apps von Versicherungen finden.

2. **M-Commerce-Apps**: zielen auf das Angebot und den Verkauf von Versicherungen über Smartphones ab. Hier werden insbesondere „Kurzzeit-Versicherungen", ausgerichtet auf spezielle Absicherungssituationen wie Reiseversicherungen oder Skiunfallversicherungen, angeboten. Diese Versicherungen haben in der Regel nur eine begrenzte Laufzeit und enden nach dieser automatisch. Neben den klassischen Versicherungsanbietern sind hier auch Versicherungsmakler und neue Anbieter wie beispielsweise mobile Dienstanbieter zu finden.

---

[87] Vgl. Apple iTunes App Store, 11. Feb, 2014.

Abbildung 6: Allianz ReiseApp   Abbildung 7: Surenow

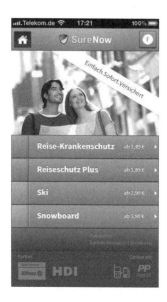

Telematik-Apps: setzen auf die Verknüpfung von lokationsbasierten Services mit Versicherungsangeboten. Einerseits kann der Standort des Smartphones genutzt werden, um den Nutzer zu „triggern", also eine standortbezogene personalisierte Produktempfehlung zu geben. Hier hat die Allianz mit ihrer ReiseApp[88] eine verblüffend einfache Lösung gefunden: Sobald das Smartphone nicht mehr mit dem Mobilfunknetz in Deutschland verbunden ist, sondern mit einem internationalen Mobilfunkanbieter „roamt", generiert die App einen Hinweis und erinnert den Nutzer an den möglichen Kauf einer tagesgenauen Reiseversicherung.

---

[88] Vgl. http://www.allianz-reiseversicherung.de/content/86/de/allianz-reiseapp [Stand: 11.2.2014].

Ein Blick über den Zaun in die bunte Welt der Smartphone-Apps

Die Versicherungsindustrie buhlt nicht alleine um die Gunst des Kunden und um einen attraktiven Platz auf dem Bildschirm des mobilen Begleiters. Durchschnittlich haben Smartphone-Nutzer 28 Apps[89] auf ihrem Gerät installiert, davon wurden aber nur 11 Apps im vergangenen Monat benutzt. Facebook hat in Deutschland mehr als 25 Millionen Nutzer.[90] Mit einer neuen Applikation namens „Paper"[91] launcht Facebook eine neue Nachrichten-App, die zunächst in den USA erscheint – ist es nun nur noch eine Frage der Zeit, bis Facebook seinen Nutzern neben Nachrichten auch passgenaue Versicherungsangebote unterbreiten will? Eine Bezahlfunktion hat Facebook bereits in ihr Funktionsportfolio aufgenommen.

WhatsApp ist eine innovative Nachrichten/Messenger-App, die in Deutschland bereits mehr als 30 Millionen Nutzer gefunden hat, Facebook hat im Februar 2014 die Übernahme von WhatsApp für 19 Mrd US-Dollar angekündigt. Wann wird die erste Versicherung über diese Messenger-App erreichbar sein?

Foursquare[92] hat sich als Location-Based-Service-Anbieter in den USA bereits fest etabliert. Mehr als 45 Millionen Nutzer checken sich bei über 1,6 Millionen Händlern regelmäßig ein. Erste Versicherungsanbieter haben sich bereits registriert.[93]

Der Durchbruch im Mobile Payment, dem Bezahlen mit dem Smartphone, wird schon seit langem als „Killer-Applikation" im Markt erwartet. T-Mobile[94] hat ihren m-Wallet Bezahlservice in Polen bereits im Jahr 2012 gestartet, Vodafone[95] und O2[96] bieten bereits seit 2013 ihre Bezahlfunktio-

---

[89] Vgl. google, Our mobile Planet Germany, May 2013.
[90] Vgl. allfacebook.de/zahlen_fakten/erstmals-ganz-offiziell-facebook-nutzerzahlen-fuer-deutschland [Stand: 11.2.2014].
[91] Vgl. www.zeit.de/digital/2014-02/facebook-paper-app [Stand: 11.2.2014].
[92] Vgl. https://de.foursquare.com/ [Stand 11.2.2014].
[93] Vgl. http://www.as-im-aermel.de/versicherungen-auf-foursquare/ [Stand: 11.2.2014].
[94] Vgl. http://www.telekom.com/medien/konzern/176588 [Stand: 11.2.2014].
[95] Vgl. http://www.vodafone.de/privat/service/vodafone-wallet.html [Stand: 11.2.2014].

nen im Deutschen Markt an. Mit Yapital[97] startet die Otto Gruppe ein neues mobiles Bezahlverfahren. Dieses hat auf den ersten Blick nichts direkt mit dem Versicherungsgeschäft zu tun, aber Versicherungen benötigen attraktive Funktionen, um sich als regelmäßig zu nutzende App beim Smartphone-Nutzer einzuprägen. Bezahl-Apps haben gute Voraussetzungen, sich hier in der Nutzergunst zu positionieren. Zudem wollen Versicherungen, die über das mobile Device mit einer App verkauft werden, schließlich auch bezahlt werden. Hier könnte es in der Zukunft also die eine oder andere Kooperation geben, die innovative Versicherungs- und Bezahllösungen kombiniert.

Die weiteren Entwicklungen in der bunten Welt der SmartphoneApps bleiben also spannend. Versicherungen werden sich zukünftig entscheiden müssen, ob sie als Innovatoren die Welt aktiv mit eigenen mobilen Lösungen gestalten oder ob sie lediglich als Produktlieferant in den von anderen Anbietern besetzten mobilen Distributionskanälen auftreten wollen.

---

[96] Vgl. http://www.o2online.de/more/mobile-services/mobile-payment/wallet/?o2_type=goto&o2_label=nfc [Stand: 11.2.2014].

[97] Vgl. https://beta.yapital.com/de/consumer/index.

Dr. Aly Sabri

Neuroökonomie im Versicherungswesen

„Kunden verstehen, gewinnen und zufrieden stellen"

„Die Neurologie ist die Welle, die in die zukünftige Finanzwelt schwappt."
Daniel Kahnemann

Einleitung

Das Bedürfnis, Kunden besser zu verstehen, sollte ein vorrangiges Ziel aller Unternehmen sein. Behavioral Economics oder Verhaltensökonomie untersucht als Wirtschaftswissenschaft die emotionalen, kognitiven und sozialen Faktoren, die sich auf ökonomische Entscheidungen von Kunden auswirken. In der Neuroökonomie werden die Neurowissenschaften und die Wirtschaftswissenschaften interdisziplinär verbunden mit dem Ziel den Konsumenten in wirtschaftlichen Entscheidungssituationen besser zu verstehen.

Besonders weil diese Konsumenten-Entscheidungen oft von Irrationalität – oder besser Menschlichkeit – geprägt sind, ist das tiefere Verständnis so entscheidend. Wenn eine Ratte für einen Tastendruck Futter erhält, etabliert das Experiment eine Währung: ein Tastendruck entspricht einer bestimmten Menge Futter. Verändert man nun die notwendige Anzahl der Tastendrucke oder die Menge bzw. Qualität des Futters bestätigt die Ratte menschlich ökonomisches Verhalten: Es gibt Grenzen, was die Ratte für ein bestimmtes Ergebnis bereit ist zu „bezahlen".

Solch frühe Versuche im Bereich Behavioral Economics scheinen in den meisten Unternehmen immer noch tief verankert, wenn sie davon ausgehen, dass Preissenkungen, Rabatte oder mehr Produkteigenschaften (mehr Futter) den Umsatz erhöhen werden. Aber oft ist genau das Gegenteil der Fall. Irrational? Vielleicht – aber zumindest ist es vorhersagbar.

Moderne Methoden der Neurowissenschaften erhalten heute tiefe Einblicke in menschliches Verhalten. Einsichten bis zum Neurotransmitter oder bis zu den Genpolymorphismen des Individuums.

Es ist heute besser denn je möglich, zu verstehen, wie der Kunde tatsächlich tickt. Warum wurde der Kunde gewonnen? Warum hat er sich für ein bestimmtes Produkt entschieden? Wie kann der Kunde zufrieden gestellt und gehalten werden? Wie kauft der Kunde weitere Produkte?

Im folgenden Beitrag werden Wege und Möglichkeiten exakten Kundenverstehens gezeigt. Wege, die auf wissenschaftlichen Erkenntnissen und Studien basieren.

Neurowissenschaft heute – ein Einblick

Kann unser Gehirn das Gehirn entschlüsseln? Eine philosophische Frage, auf die wir wohl sehr lange noch keine Antwort finden werden. Es bleibt spannend.

Tatsache ist aber, dass bei der Erforschung der Mechanismen unseres Nervensystems in den vergangen Jahren große Fortschritte erzielt wurden. Beschränkten sich früher die Erkenntnisse nur auf Verhaltensänderungen nach Hirnverletzungen oder Schlaganfällen, so ist es heute möglich, mit modernen Methoden dem Gehirn sozusagen beim Denken zuzusehen.

Mit der funktionellen Magnetresonanztomographie (fMRI) ist es zum Beispiel möglich, der Versuchsperson ein bestimmtes Produkt zu präsentieren und zeitgleich die Reaktionen im Gehirn zu beobachten. Die räumliche Auflösung des fMRI ist recht exakt und so war es möglich, den Hirnstrukturen sehr genau Aufgaben in der Signal- und Prozessverarbeitung zuzuordnen. Ein Nachteil der Methode ist, dass nicht die neuronale Aktivität direkt gemessen wird, sondern „nur" die veränderte Stoffwechsellage bzw. die Durchblutung. Ein weiterer Nachteil ist eine geringe zeitliche Auflösung der Vorgänge. Man könnte sagen, man misst die Aktivität von Nervenzellen, aber keine neuronalen Prozesse.

Hier kommen biochemische, elektrophysiologische und molekulargenetische Untersuchungen ins Spiel. Mittels dieser Methoden kann bis auf Zell- und Molekülebene der neuronale Vorgang abgebildet werden. Natürlich begrenzen sich diese Versuche auf Zell- und Tierexperimente und so stehen die Neurowissenschaften immer wieder vor der Herausforderung, diese beiden Säulen der Datenlage – die räumlichen Befunde der bildgebenden Untersuchungen und die prozessualen

Erkenntnisse der Zellversuche – möglichst korrekt in Deckung und Zusammenhang zu bringen.

Beispiele für fMRT und Zellversuch

In den vergangenen Jahren wurden mehrere tausend fMRI-Studien in ausgeklügelten Situationen und Konstellationen durchgeführt, um Einblicke in die Adressierung der vielschichtigen Hirnstrukturen zu erhalten.

Zur Veranschaulichung ein Beispiel einer aktuellen und klar strukturierten Studie: Das Ziel war, die Hypothese „Verändert Alter das Risikoverhalten" zu untersuchen. In der Studie wurde der sogenannten Risk Perception und Investment Decision Task mit jungen und älteren Erwachsenen durchgeführt. Interessanterweise zeigte sich zwischen den beiden Altersgruppen kein signifikanter Unterschied im Risikoverhalten.

Um aber weiteren Einblick zu erhalten, führte man den Test unter fMRI-Kontrolle durch und stellte fest, dass bei den jüngeren Probanden signifikant andere Aktivierungsmuster im Gehirn auftraten als bei den älteren Probanden. Bei der jüngeren Gruppe wurden belohnungssensitive Hirnregionen wie das ventrale Striatum und der ventromediale präfrontale Cortex aktiviert.

Die fMRI-Betrachtung der Untersuchung lässt dementsprechend den Schluss zu, dass im jungen Alter mehr belohnungsrelevante Entscheidungsmechanismen greifen und bei der älteren Generation schlicht informationsbasiert entschieden wird.

Das Beispiel zeigt, dass die Magnetresonanztomographie gegenüber dem rein empirischen Ergebnis der Untersuchung den entscheidenden Erkenntnisgewinn brachte.

Das Striatum – ein Kerngebiet im Mittelhirn – scheint folglich im Belohnungssystem eine entscheidende Rolle zu spielen. In Tierversuchen kann in sogenannten Skinner-Boxen das Belohnungsverhalten von z. B. Ratten untersucht werden. Hierzu werden selektiv Hirnregionen stimuliert oder Neurotransmitter zugeführt und das resultierende Verhalten beobachtet. Oder nach einem Verhaltensimpuls werden die physiologischen Folgen im Gehirn untersucht. Auf diesem Wege konnte in vielen

Versuchen festgestellt werden, dass der Neurotransmitter Dopamin (mit einer starken Anreicherung im Striatum) eine Schlüsselrolle im reward system des Gehirns spielt.

Über oben genannte Versuchsaufbauten dringt die Neurowissenschaft immer tiefer in die Abläufe des komplexesten Organs unseres Körpers ein und versucht ansatzweise, die Abläufe zu verstehen.

Beispiele praktischer Anwendung

Segmentierung bei Bestandskunden

"Die meisten Autoversicherer segmentieren den Schadenfreiheitsrabatt ausschließlich durch Vergangenheitsbetrachtung."

Über den Schadenfreiheitsrabatt werden Bestandskunden einer Autoversicherung für die zu zahlende Prämienhöhe eingeteilt. Diese Einteilung geschieht bis heute ausschließlich durch eine Vergangenheitsbetrachtung der Unfallhistorie des Versicherten. Eine sicherlich sinnvolle Methode, aber sie ist ein rein reaktives Instrument im Sinne der „Bestrafung" für einen Schadensfall der Vergangenheit.

Interessant wäre ein – zumindest im Ansatz – prospektives Modell an der Hand zu haben, um die „Neigung zu einem Schadenereignis" des Kunden schon *vor* dem Unfall zu erkennen.

Dieses Modell hätte für die Versicherung folgende Vorteile:

1. Durch eine mögliche prospektive trennscharfe Kalkulation können attraktive Tarife für Bestands- und insbesondere für Neukunden angeboten werden.

2. Kunden könnten vorbeugend Maßnahmen angeboten werden, die unfallmindernd oder -verhindernd wirken, z. B. Schulungen zur Kontrolle der Emotionen, Entwicklung des Risikobewusstseins, etc.

3. Bei genauerer Kenntnis des Risikopools der Versicherten könnte die Rückversicherungssumme genauer kalkuliert werden.

4. Die Schadenquote ließe sich senken.

Unter Anwendung der Erkenntnisse moderner Hirnforschung kann mittlerweile eine solche prospektive Segmentierung durchgeführt werden. Die bereits bekannten Daten der Bestandskunden dienen als Grundlage für die neurobiologische Analyse und Mustererkennung. Haben die Bestandsdaten keine ausreichende Trennschärfe, so werden im Rahmen einer Nacherhebung auswertungsrelevante Merkmale erhoben. Dies kann im Verlauf von Marketingaktionen erfolgen.

Die Segmentierung kann im obigen Fall unter anderem Aufschluss über die Risikoneigung, das Maß der Selbstkontrolle, die Kontrolle des emotionalen Systems und weitere Faktoren Aufschluss geben.

Betrachten wir neurobiologisch die Risikoneigung:

Mit diversen Studien ist heute belegt, dass Risikoneigung und Dopamin in Zusammenhang stehen. Ebenso eine genetische Korrelation ist belegt, wobei das DAT 1-Gen die striatalen Dopaminspiegel moduliert. So haben DAT 1-Träger geringere Dopamin-Level im Striatum und zeigen eine höhere Risikoneigung. Man vermutet, dass hier eine geringere Belohnungssensitivität ausgeprägt ist, d. h. diese Menschen brauchen mehr Kick für die gleiche Belohnung.

Dieser beschriebene Dopamin-Typ zeichnet sich nun durch weitere Persönlichkeitsmerkmale aus, die im Rahmen einer Mustererkennung gezielt gesucht werden können. So kann eine relativ trennscharfe Zuordnung erfolgen, die Rückschlüsse auf den Risikotyp zulässt.

Die neuroökonomischen Modelle stehen hier am Anfang. Mit zunehmender Datenlage jedoch wird es immer besser möglich praxisrelevante und valide Segmentierungen vorzunehmen.

Bei dem obigen Beispiel sprechen wir von einer Offline-Segmentierung, d. h. bei der Segmentierung kommt es zu keiner direkten Interaktion zwischen Kunden und Unternehmen, sondern es werden (nur) bereits bestehende Daten ausgewertet.

Zur Verdeutlichung der Möglichkeiten hier ein weiteres Bestandskunden-Szenario: Es ist ein verständliches Ansinnen der Versicherung, die Auszahlung im Schadenfall möglichst klein zu halten. Dass damit Schadenereignisse oft nicht nach der Vorstellung der Kunden reguliert werden, gehört zum Alltag einer Schadensabteilung mit den entsprechenden Reaktionen und Konfrontationen mit dem Kunden. Je nach emotionaler Konstitution nimmt jedoch der betroffene Versicherte dies grundverschieden auf. Der eine wird dies eher gelassen bis gleichgültig hinnehmen, der andere ist tief in seinem Vertrauen gekränkt, fühlt sich ungerecht behandelt bis betrogen und in Sekunden wurde aus dem zufriedenen langjährigen Kunden ein unsolidarischer „Feind" des Unternehmens, der nach jeder Gelegenheit für Genugtuung sucht. Viele Kunden äußern diesen Emotions-Shift nicht einmal und somit entsteht ein stiller schlagbereiter Gegner des Unternehmens.

Solche Ereignisse finden hundertfach statt und können sich über die Zeit zu einem Problem für den Anbieter summieren. Der ehemals gute Kunde ist nach einem solchen Vertrauensbruch

- wechselbereit,
- unloyal und
- eine negative Referenz in seinem Umfeld und schlimmer noch in Blogs und Foren.

Eine bessere Kundenkenntnis und Typisierung kann solche Fehler vermeiden und damit nicht nur zufriedene Kunden erhalten, sondern auch interne Bearbeitungsprozesse optimieren und ökonomisieren. Dies soll nicht implizieren, dass Kunden unterschiedlich und ungerecht zu behandeln sind, aber ein gewisser Ermessensspielraum reicht meist aus, um das Kundenbedürfnis zu adressieren und damit eine einvernehmliche Lösung zu finden.

In diesem Beispiel kann sowohl die Offline-Segmentierung im Sinne einer bereits bestehenden besseren Kundenkenntnis als auch die Online-Segmentierung helfen. Bei dem Online-Verfahren findet die Einteilung während der direkten Kundeninteraktion statt. Dies betrifft sowohl den direkten persönlichen Kontakt, den Online- also Internet-Kontakt, oder den telefonischen Kontakt. Im Zuge dieser Online-Segmentierung ist es möglich, die benötigten Kundenmerkmale direkt „abzufragen".

Die Support-Mitarbeiter werden hierzu auf die relevanten Kundentypologien, deren Merkmale und die schnelle Erkennung geschult. Im obigen Beispiel wäre die Unterscheidung zwischen dem Gleichgültigen, dem introvertierten oder extrovertierten Kampfbereiten maßgeblich, um unmittelbar während des Kontakts Kundenzufriedenheit herzustellen.

Einige Industriezweige gehen soweit, dass im Rahmen der Typisierung dem Kundenberater konkrete Handlungsanweisungen und Ermessensspielräume gegeben werden, um schnell, ökonomisch und unbürokratisch ein optimales Beratungsergebnis zu erreichen. Die Erfahrungen in Hotline, Sales oder Support mit dieser Art der Segmentierung sind ausgezeichnet: die customer satisfaction rate geht nah an die 100 % und auch die Mitarbeiter haben deutlich mehr Spaß bei der Arbeit.

Zusammenfassend kann festgestellt werden, dass die Neurobiologie und Neuropsychologie heute wissenschaftlich belegte Muster menschlicher Verhaltensstrukturen liefern, die es ermöglichen, den Kunden anhand vorhandener Daten und/oder seiner Verhaltensweisen (z. B. im direkten Kundenkontakt) zu erkennen und bestimmten Typologien zuzuordnen. Je nach Fragestellung und Anforderung werden Profile und Suchmuster erstellt, die der Versicherer direkt auf seinen Datenpool und im Kundenkontakt anwenden kann. Auf diese Weise können sowohl offline als auch online aussagekräftige Segmentierungen vorgenommen werden.

Unter offline verstehen wir hierbei die Analyse bestehender Kundendaten, ohne den simultanen Kundenkontakt. Im Online-Bereich lassen sich diese Techniken in die Internet-Applikation integrieren oder wie oben angedeutet in den telefonischen oder persönlichen Kundenkontakt einbauen.

Segmentierung bei Neukunden

„Rabatte wirken wie ein Magnet für Schnäppchenjäger."

Segmentierungen bringen auch im Neukundengeschäft entscheidende Wettbewerbsvorteile.

1. Optimierung strategischer Marketing-Entscheidungen wie Zielgruppe, Kundentyp, etc.
2. Zielgenaue Ausrichtung der Werbeaussagen
3. Genaue Steuerung des Aufbaues des Kundenpools
4. Erhöhung der Konversionsrate

Dass die Marketingansprache über den gewonnenen Kunden entscheidet, ist bekannt. Wenn ein Autohersteller einen Sportwagen verkaufen will, wird die Werbeaussage sich nach der Zielgruppe und dessen Bedürfnissen orientieren. Es gibt auch Werbestrategen, die gerade nicht die Zielgruppe ansprechen. Aber dies ist ein anderes Thema. Jedenfalls existiert eine Strategie, die Zielgruppe oder die Nicht-Zielgruppe anzusprechen.

Hyundai hat zum Beispiel 2009 seine Hausaufgaben gemacht und erreichte als einziger Autohersteller in diesem Jahr ein Plus. Dies lag nicht am Preis der Autos, sondern an dem Angebot den Wagen im Falle eines Jobverlustes zurückgeben zu können. Genau die langfristige Bindung war es, die viele Kunden vor der Finanzierung zurückschreckte. Das ist angewandtes Kundenverständnis.

Aber wie ist dies bei Versicherungen? Wer ist der präferierte Kunde einer Auto- oder Krankenversicherung? Was erwartet er, was bewegt ihn?

Für einen Autoversicherer wäre es vorteilhaft, sicherheitsbewusste vorsichtige Fahrer zu gewinnen, die wenige Schadensfälle verursachen, aber dennoch bereit, sind für eine gute Versicherung einen entsprechenden Preis zu bezahlen. Die direkte Ansprache dieser Eigenschaften wäre kritisch bis kontraproduktiv. Eine wirkungsvolle Ansprache dieses Profils kann nur durch ein neuropsychologisches Verständnis des Kunden erfolgen.

Da wir uns oben bereits die Neurobiologie der Risikobereitschaft angesehen haben, betrachten wir an dieser Stelle einige Faktoren der

„Preisbereitschaft", also der Mentalität, bereit zu sein, für gute Leistung auch gutes Geld zu bezahlen. Preisbereitschaft geht einher mit der (Risiko)-Bereitschaft, sich auf das Bessere/Teurere/Neue einzulassen, mit dem Vertrauen auf das Besagte, mit geringer Angst vor Verlust und vor Neuem und mit Motivation, sich mit diesem – auch kognitiv – auseinander zusetzen. Diese Verhaltensweisen korrelieren mit Veränderungen der Aktivität in Hirnstrukturen wie dem Nucleus caudatus, der Amygdala, dem Thalamus und der Insula. Zudem stehen sie in engem Zusammenhang mit Dopamin, Oxytocin, Serotonin und Testosteron.

Aus der Kenntnis der aktivierten Strukturen und der beteiligten Neurotransmitter lässt sich eine Matrix aus emotionalen und kognitiven Merkmalen des Zielkunden entwickeln. Mit dieser Beschreibung der Persönlichkeit und den typischen Verhaltensweisen können Marketing- und Werbeaussagen bestens geplant und der direkte Sales-Prozess optimiert werden.

Im Verkaufsprozess ist es mit diesem Wissen möglich die Erwartungshaltung des Kunden unmittelbar und präzise zu erkennen. Was früher im Eigenermessen und Bauchgefühl des guten Verkäufers lag, kann heute mit modernen neurobiologischen Segmentierungen standardisiert und systematisiert dem Kundenberater an die Hand gegeben werden.

Abbildung 1: Exemplarische Darstellung neurobiologischer Einflussfaktoren auf das Kundenverhalten

Genpolymorphismen

⬇

Dopamin	Oxytocin	Testosteron	Serotonin
Östrogen	Norepinephrin	Arginin-Vasopressin	

⬇

Risikoneigung	Vertrauen	Belohnungsverhalten
Aggression	Emotion	exekutive Funktionen
Angst	Kognition	Motivation

⬇

Kundenverhalten

⬆

Striatum	Nucl. accumbens	ventral tegmentales Areal
Insula	Nucl. caudatus	orbitofrontaler Kortex
Thalamus	Amygdala	präfrontaler Kortex

Ethische Aspekte der Neuroökonomie

So neu die Neuroökonomie ist, so viele Stimmen äußern sich bereits aus Angst vor der Verletzung ethischer Grundsätze des Menschen. Da es sich bei ethischen Fragen auch oft um ein Definitionsproblem handelt, sollen in diesem Beitrag die folgenden (ethischen) Merkmale der Neuroökonomie beleuchtet werden:

Der freie Entscheidungswille des Menschen, das heißt die Aufrechterhaltung der Autonomie. Das Handlungsprinzip des „Gutes tun", das heißt des Nicht-Schadens bzw. der Wohltätigkeit. Und als Letztes die Gleichbehandlung der Menschen im Sinne der Gerechtigkeit.

Der freie Entscheidungswille

In der Hirnforschung geht es grundsätzlich darum die zentralnervösen Vorgänge zu verstehen. Dieses Verständnis lässt sich auf die Ökonomie und damit auf konsumrelevante Entscheidungen des Kunden anwenden. Geht man davon aus, dass es unterschiedliche Präferenzen, Verhaltensmuster und Charaktere gibt so ist das Ziel der Forschung diesen Emotionen passende Produkte und Dienstleistungen zu präsentieren und natürlich zu verkaufen (davon lebt unser Wirtschaftssystem). Das Ziel der Anwendung der Erkenntnisse ist dementsprechend keine Manipulation und Veränderung des Kunden sondern eine zielgerichtete Ansprache. Der freie Wille des Kunden soll nicht beeinflusst werden, wohl aber - das ist das Ziel jeden Marketings - die Wahrscheinlichkeit der Entscheidung für das Produkt.

Gutes tun

Dass das Messer eine gute und sinnvolle Erfindung war, bezweifelt heute niemand; und doch kann man damit Brot schneiden oder jemanden umbringen. Mit Phantasie ist ein Missbrauchspotenzial neurobiologischer Kenntnisse gut auszumalen, dies ist jedoch bei allen Errungenschaften unserer Welt möglich. Hier ist die Transparenz des Vorgehens entscheidend. Wichtig ist, dem Kunden klar und offen gegebenenfalls eine Segmentierung zu begründen und die Chancen für ihn darzustellen.

Die Akzeptanz ist hier abhängig von der Umsetzung der Erkenntnisse. Es ist heute selbstverständlich, eine Darmkrebsvorsorge bei positiver Familienanamnese zu machen. Warum soll der Kunde nicht auch offen sein für Vorsorge, die sich aus seiner neur-psychologischen Konstitution ableitet?

Gleichbehandlung der Menschen

Grundsätzlich sei hier angemerkt, dass wenn wir diesen Grundsatz ernst nehmen würden wir in der westlichen Welt gar nicht leben dürften. Oder Albert Einstein drückt es besser aus: „Es gibt keine großen Entdeckungen und Fortschritte, solange es noch ein unglückliches Kind auf Erden gibt."

Die Neuroökonomie hat zum Ziel, menschliches (Konsum)-Verhalten tiefer wissenschaftlich zu verstehen. Dazu werden verschiedene Persönlichkeitsprofile beschrieben und unterschieden. Die Konsequenz für die Ökonomie ist die profilspezifische Ansprache und Behandlung des einzelnen Kunden. Kunden werden also bewusst nicht über einen Kamm geschert, sondern individuell behandelt. Eine Krankenversicherung, die mit 20 Jahren abgeschlossen wurde, ergibt auch eine andere Einstufung als mit 40 Jahren. Gleiches, wenn der Versicherte bereits eine Tumor-Anamnese angibt. Warum soll nicht auch ein Versicherungskunde aufgrund seiner neurobiologischen Konstitution entsprechend eingestuft werden?

Möglichkeiten und Chancen für die Versicherungswirtschaft

Neuroökonomie und Neurobiologie sind rasant sich entwickelnde Wissenschaftsbereiche. Wir stehen im Moment am Anfang der Möglichkeiten und sehen gerade die Spitze eines Eisberges an zukünftigem Potenzial der Persönlichkeitsanalyse. Jeden Tag werden neue faszinierende Studienergebnisse veröffentlicht, die, in richtigen Zusammenhang gesetzt und seriös aufgearbeitet und interpretiert, immer wieder neue Techniken für ein besseres Kundenverständnis bereithalten.

Aus unserer Sicht sprechen für Versicherungsunternehmen und Banken folgende Gründe dafür, sich schon heute mit den Möglichkeiten vertraut zu machen und Neuroprofiling in das Unternehmen zu integrieren:

1. Der stärker werdende Wettbewerbs- und Preisdruck macht neue Formen der Prämienkalkulation notwendig.
2. Steigende Schadenquoten und ausgereizte interne Sparmaßnahmen zwingen zu innovativen Prämienmodellen.
3. Die Kunden erwarten in der Online-Welt maßgeschneiderte Produkte, die dem persönlichen Bedarf entsprechen.
4. Solidaritätsprinzipien verlieren zunehmend an Image und Akzeptanz. Personalisierte Angebote gewinnen an Bedeutung. Dies zeigt Personal Finanz Management, Personalisierte Medizin und weitere hoch individualisierte Lösungen.
5. Das große Potenzial der Offline-Analyse wird mit mittel- bis langfristiger Planung am effektivsten ausgeschöpft, da sich die nötigen Daten nicht über Nacht erheben und sammeln lassen.

Ein sinnvolles Vorgehen ist, mit der einfach und schnell zu implementierenden Online-Analyse zu beginnen und erste Erfahrungen zu sammeln. Gute und klar messbare Erfolge stellen sich hier kurzfristig ein. Andererseits wird ein erster Grundstein zur Datenaggregation gelegt. Auf dieser Basis werden Strategien zur vertiefenden Offline-Analyse entwickelt.

Zusammenfassend lässt sich feststellen, dass besonders Versicherungen eine ausgezeichnete Ausgangsposition für innovative neurobiologische und neuroökonomische Segementierungsverfahren besitzen. Aus methodischer Sicht ist die Zeit reif für Engagement in diesen Innovationen. Diese Techniken des Kundenverstehens werden in Zukunft zu den Grundsäulen des Unternehmenserfolges gehören.

Ausblick für zukünftige Entwicklungen

Einen Ausblick auf zukünftige Entwicklungen und Möglichkeiten gibt eine sehr interessante tierexperimentelle Studie. Wie bereits oben beschrieben wird bei Freude und Vergnügen Dopamin vermehrt ausgeschüttet. Die Forschergruppe entwickelte einen dopamin-sensitiven Biorezeptor, der bei einer Erhöhung des Dopaminspiegels eine beliebige Substanz freisetzen kann. Zur Validierung der Funktion wurde der Biorezeptor mit einem Hochdruckmedikament versehen und hypertensiven Mäusen eingepflanzt.

Der Blutdruck der Mäuse konnte nun mit Genusssituationen wie Futter oder Sex reguliert werden.

So ist es heute keine Utopie mehr, dass Versicherungen Uhren anbieten könnten, die uns vor ungewünschten überschießenden Stressreaktionen schützen und den Einsatz mit einem Prämienbonus kombinieren. Oder Apps, die uns dispositionsgesteuert Schulungen und Verhaltenstipps geben. Der Einsatz per se kann ja auch auf breite Resonanz stoßen, da wir alle wissen, dass negativer Stress ungesund ist.

Eine weitere Entwicklung wird das DNA-Profiling bringen. Mit den immer günstiger werdenden DNA-Analysen sind valide und trennscharfe Aussagen über Gesundheit, Disposition und Persönlichkeit möglich.

Tatsache ist, dass für die Akzeptanz einer Innovationen immer die Convenience für den Kunden erfolgsentscheidend ist. Oder wer überlegt heute noch bei der Installation einer App auf seinem Smartphone, welche Dienste mit „Zustimmen" freigegeben werden.

Prof. Dr. Stefanie Auge-Dickhut / Prof. Dr. Bernhard Koye / Axel Liebetrau

Denkfallen im Umgang mit Versicherungskunden

Die genaue Auseinandersetzung mit der Entwicklung der Kundenbedürfnisse ist eine entscheidende Voraussetzung, um im Versicherungsmarkt auch in Zukunft erfolgreich tätig sein zu können. Hierbei besteht die Gefahr, dass Erfahrungen aus dem bisherigen Umgang mit den Kunden in der Zukunft fortgeschrieben werden. Auf welche Aspekte des Kundenverhaltens bzw. seiner -bedürfnisse sollte man vor dem Hintergrund der Diskussion um die ‚Generation Y' und deren deutlich veränderten Bedürfnissen ein kritisches Augenmerk legen? Wo liegen mögliche Denkfallen in der Gestaltung zukunftsfähiger Geschäftsmodelle für Versicherungen? Die folgenden Ausführungen sind als Denkanstoß zu verstehen, diese Denkfallen zu erkennen.

1. Denkfalle: Erfolgreiche Innovation ist ohne Einbindung der Versicherungskunden möglich

Innovative Unternehmen wachsen meist überproportional und sind profitabler als ihre Wettbewerber, zugleich sind Innovationen wesentliche Antriebskräfte für wirtschaftlichen, aber auch gesellschaftlichen Fortschritt.[98] Vor dem Hintergrund der gesättigten Märkte der Finanzdienstleistungsindustrie und der zunehmend besser informierten und kritischeren Kunden gewinnt das Thema Innovation auch für Versicherungen massiv an Bedeutung. Der Kundenwunsch nach integrierten Lösungen, das Bestreben der Versicherungen nach Marktanteilsausdehnung und die wachsende internationale Konkurrenz – beispielsweise durch Direktversicherungen in Deutschland – erhöhen in Verbindung mit dem Margendruck aufgrund der informierteren Kunden den Innovationsdruck.

---

[98] Vgl. Gassmann, O. / Sutter, P. (2008): Von der Idee zum Markterfolg, in: Praxiswissen Innovationsmanagement, München; Vahs, D./Burmester, R. (2005): Von der Produktidee zur erfolgreichen Vermarktung, in: Innovationsmanagement, Stuttgart.

Nur sehr selten werden die Kunden als Innovationsquelle mit in neue Entwicklungen einbezogen. Versicherungen tappen dabei in die Denkfalle, vieles selbst entwickeln zu wollen. Ihre Kunden werden spät oder gar nicht in die Innovationsentwicklung einbezogen. Doch warum diese Innovationsquelle nicht nutzen? Die Auslagerung von Ideen- und Innovationsentwicklung auf die Intelligenz und die Arbeitskraft der Kunden ist eine relevante Handlungsoption für Versicherungen. Der Zugriff auf Wissensquellen ist für die Innovationsfähigkeit – nicht nur bei wissensintensiven Branchen – ein potenzieller Erfolgsfaktor. Dieser Ansatz setzt allerdings voraus, dass die Tendenz zur Abschottung der Versicherungen nach außen umgekehrt wird.

Die zentrale Frage bei der Einbindung der Kunden ist, was diese antreibt, sich aktiv an den Innovationsentwicklungen bei Versicherungen zu beteiligen. Es kristallisieren sich die so genannten „Vier Fs" der Online-Partizipation heraus:[99]

- fame (Ruhm)
- fortune (Reichtum)
- fulfillment (Erfüllung)
- fun (Spaß)

Nur wenige Mitarbeiter oder Kunden ziehen ihre Motivation ausschließlich aus monetären Anreizen.[100] Monetäre Anreize sind allerdings wichtig, um zu zeigen, dass die Ideen und Vorschläge ernst genommen und gewünscht werden. Die ungebremste Attraktivität von Reality- und Castingshows zeigt darüber hinaus, dass Menschen Ruhm und Status in der Öffentlichkeit suchen. Zu einem Großteil beruht die Bereitschaft, an Ideen- und Innovationsentwicklung teilzunehmen, auf der Möglichkeit zur persönlichen Erfüllung. Diese kann sich ausdrücken durch Hilfe bei der Entwicklung einer Lösung, den Kontakt zu interessanten Menschen oder

---

[99] Vgl. Marsden, P. (2009): Ideenplattformen – Web 2.0 at its Best. https://www.facebook.com/SyzygyGroup/app_326320330789965 [Stand: 24.8.2013].

[100] Vgl. Wilkesmann / Rascher (2005): Wissensmanagement: Theorie und Praxis der motivationalen und strukturellen Voraussetzungen, Mering.

dem Ausleben der eigenen Kreativität. Der wichtigste Beweggrund ist und bleibt sicherlich der Spaß und die Freude am gemeinsamen, spielerischen Arbeiten. Langweilige Fragestellungen oder die umständliche und zeitraubende Teilnahme sollten weitgehend vermieden werden.[101]

Die gemeinsame Innovationsentwicklung – bspw. über Co-Creation oder auch Open Innovation – unter Einbindung von Kunden, Partnern und Mitarbeitern setzt Wandel in Gang. Die Grenzen zwischen Versicherung und Kunde werden durchlässiger und weniger klar. Neues entsteht schon dadurch, dass Altes mit neuen Augen betrachtet wird.[102] Die Innovationsverantwortlichen in Versicherungen sollten sich daher mit dem Phänomen genauer auseinandersetzen und sich nicht pauschal dafür oder dagegen entscheiden. Wie bei jedem neuem Managementinstrument existieren auch bei Co-Creation Vorteile und Nachteile, die einen bewussten Umgang erfordern. Ob man es nun Co-Creation, User-Innovation oder Open Source nennt – das neue, offene Innovations-Modell bedeutet auf jeden Fall eine drastische Veränderung des Umgangs einer Versicherung mit ihren Kunden.

Die nachfolgenden drei Schlüsselthesen fassen die Chancen der Integration von Kunden und anderen Externen für das Ideen- und Innovationsmanagement in der Finanzindustrie zusammen:

1. Zugang zum „lebensnotwendigen Rohstoff" Kreativität

Versicherungen, die weiterhin ertragreich agieren wollen, müssen lernen, „kreatives Kapital" zu gewinnen und zu nutzen. *„In der Kreativ- und Wissensökonomie wird der Unternehmenswert danach beurteilt, in welchem Umfang es gelingt, ein Magnet für kreative Menschen zu sein und Strukturen zur Verfügung zu stellen, in denen sich das „kreative Kapital" optimal entfalten und zum Innovationstreiber werden kann."*[103]

---

[101] Vgl. Eckstein, A. / Liebetrau, A. (2012): Einführung, in: Eckstein, A, Liebetrau, A. (Hrsg): Insurance & Innovation 2012, S. 1–4.
[102] Vgl. Reichwald, R. / Piller, F. (2009): Interaktive Wertschöpfung: Open Innovation, Individualisierung und neue Formen der Arbeitsteilung, Springer.
[103] Liebetrau, A. / Hirsig, C. (2012): Mit „Ideen Jam Session" zu Neuem Wissen, in: Swiss Future 1/12.

Ganz gleich, ob die Kreativität und die Ideen von eigenen Mitarbeitern, von Externen oder aus der gemeinsamen Interaktion kommen; Co-Creation kann ein sinnvoller Zugang zu externer Kreativität und Wissen sein.

2. Magnetwirkung für High Potentials und Experten

Attraktivität von Aufgabenstellungen oder Auftraggebern wird neu buchstabiert. Sie entsteht dort, wo kreative Köpfe ein inspirierendes Umfeld vorfinden: bei innovativen Versicherungen mit weiteren kreativen Köpfen in der eigenen Organisation und bei externen Partnern. Kreative ziehen Kreative an. Die gestellten Aufgaben und die vorhandene Innovationskultur sind ebenso entscheidend. Langweilige Aufgaben und Versicherungen ziehen nur eines an: langweilige Ideen, langweilige Mitarbeiter und noch langweiligere Kunden und Partner.

3. Kein Jungbrunnen für unkreative Versicherungen

Versicherungen, die bereits heute als wenig kreativ und innovativ gelten, werden durch Co-Creation nicht besser. Eine Verlängerung einer unzureichenden Innovationskultur oder -strategie mittels Co-Creation wird in seltenen Fällen erfolgreich sein.[104] Um die Potenziale von Co-Creation heben zu können, gilt es, sich zunächst ein Bild über die eigenen Stärken und Kompetenzen zu machen. Es gilt, die Innovationsstrategie, die Innovationskultur und den Umgang mit Ideen und Know-how zu analysieren. Erst wenn die Versicherungen ihr Wissens- und Innovationsmanagement steuern und Innovationen und Kreativität selbst ohne Hilfe von außen umsetzen können, werden sie erfolgreich Kreativaufgaben an ihre Kunden auslagern. Die Versicherung ist dann offen für Neues und startet einen echten Dialog auf Augenhöhe. Der Umgang mit der zunehmenden Unsicherheit in der Produkt- und Prozessgestaltung mit bisher unbeachteten Touchpoints[105], der kurzfristigen Entscheidungsdruck in der Umsetzungsgeschwindigkeit (Time-to-market Ausrichtung) und die erhöhte Fließgeschwindigkeit der Märkte und Prozesse bedingen eine neue, netzwerkartige und offene Organisationsform mit frühzeitiger

---

[104] Vgl. Liebetrau, A. / Hirsig, C. (2012): Mit „Ideen Jam Session" zu Neuem Wissen, in: Swiss Future 1/12.
[105] Unter Touchpoints verstehen die Autoren Kontakt- oder Berührungspunkte zwischen Versicherung (Unternehmen, Marke, Mitarbeiter oder Produkte/Dienstleistungen) und Kunde.

Einbindung der Kunden und weiterer Partner. Die Integration des Kunden in die Ideen- und Innovationsentwicklung ist ein deutlicher Schritt hin zur flexiblen Versicherung. Versicherungsmakler und Kunden, alle können zusammen an der gleichen Frage- und Problemstellung arbeiten. Grenzen zu Kunden, Partnern – und teilweise sogar zur Konkurrenz – werden durchlässiger.

2. Denkfalle: Das Verständnis der Kunden ist hinreichend für Zukunftsfähigkeit der Versicherungsbranche

Der überwiegende Teil der am Markt tätigen Versicherungen ist bereits seit Jahrzehnten und teilweise seit Jahrhunderten im Kundengeschäft. Ebenso haben die Versicherungsmitarbeiter mit direktem Kundenkontakt meist langjährige Erfahrung, sie sind fachlich gut ausgebildet und haben meist eine hohe „Grundfreundlichkeit" sowie echtes Interesse am Kunden. Viele Versicherungen haben eine ins Marketing integrierte professionelle Marktforschung. Versicherungen verstehen also ihre Kunden. Zentral ist aber neben dem Verständnis der Bedürfnisse der Kunden das Bewusstsein, dass die Kunden die Übersetzung der Bedürfnisse in neue Produkt- oder Dienstleistungskonfigurationen häufig nicht leisten können. Man kann die Kunden befragen, sie werden auch in ihrer Sprache antworten. Ein Kunde kann aber nicht so einfach formulieren, was er wirklich will, was er braucht, was ihn zufrieden stimmt, was ihn begeistert, was ihn zum Fan macht! Dieses Phänomen wird in einem Henry Ford zugeschriebenen Zitat formuliert: *„Wenn ich meine Kunden gefragt hätte, was sie wollen, dann hätten sie gesagt, ein schnelleres Pferd!"* Seine damaligen Kunden kannten nur Pferde als Mobilitätskonzept. Aber auch in jüngster Zeit zeigt sich, dass innovative Produkte entstehen, ohne dass der Kunde in die Produktentwicklung eingebunden ist. Bei der Vorstellung des iPad wurde Steve Jobs gefragt, welche Art von Marktforschung das Unternehmen vorab betrieben hatte. Aber Jobs schien von der Frage brüskiert: *„Es ist nicht die Aufgabe der Verbraucher, zu wissen, was sie wollen."*[106]

---

[106] FAZ (2011): Das Ende einer Ära. 25. August 2011.
http://m.faz.net/aktuell/wirtschaft/netzwirtschaft/steve-jobs-tritt-ab-das-ende-einer-aera-11125153.html
[Stand: 23.09.2013].

Den Kunden nach Zufriedenheit, Wünschen und Ideen zu fragen, ist dennoch ein wichtiges Instrument des Versicherungsmarketings und gehört zum operativen Werkzeug- und Instrumentenkasten jeder Versicherung. Kundenbefragung und Marktforschung sind wertvoll, weil Hinweise und Anregungen zu Produkt- und Dienstleistungsinnovationen, zu besseren Prozessabläufen, zu unbekannten und versteckten Problemen (Blind Spots wie beispielsweise eine Verärgerung über einen Prozess) gewonnen werden. Darüber hinaus signalisieren sie die ehrliche Wertschätzung für den Kunden. Gerade in Zeiten von Social Media und mobilem Internet sieht der Kunde fast alles und spricht über fast alles. Kunden verlassen verärgert eine Filiale oder die Website und posten umgehend ihren Frust über den Berater oder die Versicherung in ihren sozialen Netzwerken.

Eine sinnvolle Alternative oder Ergänzung zu klassischen Kundenbefragungen sind Customer Journeys (deutsch etwa: Reise des Kunden), durch die man dann sogenannte Consumer Insights (deutsch etwa: erleuchtende Einblicke in Kundenverhalten)[107] erhalten kann. Customer Journey ist ein Begriff aus dem Marketing und bezeichnet die einzelnen Phasen, die ein Kunde durchläuft, bevor er sich für den Kauf eines Produktes entscheidet. Aus Sicht des Marketings bezeichnet die Customer Journey alle Berührungspunkte (Touchpoints) eines Konsumenten mit einer Marke, einem Produkt oder einer Dienstleistung. Hierzu zählen nicht nur die direkten Interaktionspunkte zwischen Kunden und Unternehmen (Anzeige, Werbespot, Webseite usw.), sondern auch die indirekten Kontaktpunkte, an denen die Meinung Dritter über eine Marke, ein Produkt oder eine Serviceleistung eingeholt wird (Bewertungsportale, Userforum, Blog usw.).[108] In der Versicherungswirtschaft sind dies noch weitgehend unbekannte, aber in anderen Branchen – wie die Konsumgüterindustrie – bereits jahrelang bewährte Instrumente. Hier wird das Verständnis des Kunden (Insight) in den Mittelpunkt der Betrachtung gestellt. Mit dieser Form der Marktforschung erhalten Versicherungen Insights in die Lebens- und Alltagswelt des Kunden. Sie verstehen, wie seine Einstellungen und seine Meinungen entstehen. Die Versicherungen erleben und beobachten

---

[107] Vgl. Föll, K. (2007): Consumer Insights - Emotionspsychologische Fundierung und praktische Anleitung zur Kommunikationsentwicklung, Wiesbaden.

[108] Vgl. Faulkner, M. (2005): Sense and Respond: The Journey to Customer Purpose, Basingstoke.

ihre Kunden, indem sie die alltäglichen Handlungen ihrer Kunden in ihrem realen Umfeld (Versicherung, Büro, Freizeit, Zuhause, unterwegs, etc.) beobachten können. Versicherungen haben auch die Chance, den Kunden mit seinen Vorstellungen und Werten umfassender zu verstehen. Dieses Vorgehen gibt wertvolle Impulse, um einmal die traditionelle Blickrichtung zu verlassen.[109] Ein Consumer Insight ist in diesem Sinne eine überraschende Einsicht in die individuellen menschlichen Verhaltensmuster des Kunden. Es beinhaltet oft die überraschende Erkenntnis – eine Art „Wow-Erlebnis" – was Kunden im Zusammenhang mit Produkten, Dienstleistungen oder der kompletten Marke einer Versicherung bewegt. Solche Einblicke in das Kundenverhalten und eine umfassende Kenntnis über kaschierte und bisher unbekannte Motive, Einstellungen, Werte, Ansichten und Konsummuster der Kunden sind Basis und Schlüsselqualifikation für eine erfolgreiche Kundenzentrierung und ein klares „Kunden besser kennen und verstehen".

Das Innovationsmanagement bietet eine Reihe weiterer qualitativer Instrumente und Werkzeuge für die intensive Interaktion mit dem Kunden; beispielsweise Consumer und Expert Dialogs oder Consumer Diary oder Blogs, um Insights zu generieren und sich inspirieren zu lassen. In einem nächsten Schritt gilt es, die gefundenen Insights zu kombinieren und einer ersten groben Bewertung zu unterziehen. Das klassische Format hierzu sind Creativ- und Concept-Workshops mit oder ohne Einbindung von Externen wie Lieferanten, Partner, Fachexperten, Noch-Nicht-Kunden oder Kunden.[110]

---

[109] Vgl. Spiegel (2013): http://www.spiegel.de/spiegel/print/d-16525474.html.
[110] Vgl. Phaydon (2013): Marktforschung-Methoden, http://www.phaydon.de/marktforschungmethoden_kreativ-workshop.html [Stand: 7.12.2013].

Neben einzelnen Instrumenten und Werkzeugen können im Versicherungswesen auch komplette Methoden aus dem Innovationsmanagement genutzt werden. Hierzu zählen beispielsweise:

- Service Design für die Entwicklung neuer Dienstleistungen und Prozesse[111]
- Blue Ocean Strategy für die Entwicklung völlig neuer Dienstleistungen und Geschäftsfelder[112]
- Business Model Generation für innovative Geschäftsmodelle[113]

3. Denkfalle: Die Versicherungskunden sind rational und informiert

In der Betriebswirtschaftslehre trifft man immer wieder auf die Begriffe des Homo Oeconomicus und des informierten Kunden. Verbindet man beide Begriffe, entsteht leicht der Eindruck des rein rational denkenden Kunden, welcher allumfassend informiert ist. Beide Begriffe sind Denkmodelle, welche helfen, das Verhalten von Kunden besser zu verstehen und in Teilen zu prognostizieren. Beide Denkmodelle können in Bezug auf die Versicherungen allerdings durch die Annahme, dass sich ein Kunde genauso verhält wie angenommen, und dass somit sein Verhalten berechenbar und planbar sei, zu einer gefährlichen Denkfalle werden. Sie beruht auf der weitverbreiteten Annahme, dass Kunden sich beim Thema Finanzen rational und informiert verhalten. Mit diesen Phänomenen und Verhaltensmustern beschäftigt sich auch die Verhaltensökonomik (engl. behavioral economics) als ein Teilgebiet der Wirtschaftswissenschaft. Sie analysiert und interpretiert das menschliche Verhalten in wirtschaftlichen Situationen. Es werden Situationen betrachtet, in welchen sich Menschen im Widerspruch zum Homo Oeconomicus verhalten. Das Teilgebiet der verhaltensorientierte Finanzierungslehre (engl. behavioral finance), be-

---

[111] Vgl. Koye, B. / Liebetrau, A. (2013): Service and Solution Design: A True Game Changer in the Banking Industry, in: Banque & Finance.

[112] Vgl. Kim, W. C. (2005): Blue Ocean Strategy: How to Create Uncontested Market Space and Make the Competition Irrelevant.

[113] Vgl. Osterwalder, A. / Pigneur, Y. / Wegberg, J. T. A. (2011): Business Model Generation, in: Ein Handbuch für Visionäre, Spielveränderer und Herausforderer, Frankfurt/New York.

schäftigt sich mit vernunftwidrigem Verhalten auf Finanz- und Kapitalmärkten. Zusätzlich werden Anomalien im Kundenverhalten beobachtet, aufgezeichnet und interpretiert, welche durch das irrationale Zusammenspiel beispielsweise zwischen Versicherung und Kunde, entstehen können.[114] Die Verhaltensökonomik beschäftigt sich auch mit den Fehlern, die ein Kunde bei der Entscheidungsfindung systematisch begeht. Ziel ist nicht nur das Erkennen solcher Anomalien, sondern auch der Systematik des daraus resultierenden Handelns der Kunden.

Kahneman und Tversky zeigten, wie Marktteilnehmer mit Unsicherheiten und Informationen in der Praxis systematisch umgehen und mit welchen Techniken sich der Mensch die komplexen Problemstellungen handhabbar machen möchte.[115] Bemerkenswert ist, dass der Mensch die bisher postulierten Gesetze der Ökonomie teilweise ignoriert und meist nicht nach objektiven Kriterien agiert. Muss beispielsweise der Wert einer Sache bestimmt werden, lässt sich der Mensch meist von selbst gewählten Kriterien und „Faust- oder Daumenregeln" (Heuristiken) leiten. Er ist immer auf der Suche nach bestimmten Handlungsmustern und Rettungsankern.[116] Kunden haben beispielsweise eine generelle Abneigung gegenüber Verlusten und bewerten diese oft vergleichbar stärker als die erzielten Gewinne. Die Entscheidungsmuster der Kunden sind somit oft weit weg von dem, was man als rational bezeichnen würde. Überträgt man die Erkenntnisse aus der verhaltensorientierten Finanzmarkttheorie auf das Verhalten der Kunden einer Versicherung, so ergeben sich neue Erkenntnisse, und mögliche Denkfallen können erkannt und umgangen werden.

---

[114] Vgl. Rapp, H. W. (2000): Der tägliche Wahnsinn hat Methode, in: Jünemann, B./Schellenberger, D. (Hrsg.): Psychologie für Börsenprofis: Die Macht der Gefühle bei der Geldanlage, Stuttgart, S. 85–123.

[115] Vgl. Kahneman, D./Tversky, A. (1979): Prospect Theory: An Analysis of Decision under Risk, in: Econometrica, Nr. 47, S. 263–292.

[116] Vgl. Jurczyk, B. (2006): Behavioral Finance, Saarbrücken.

Nach Shleifer, Shefrin, Kahneman sowie Kahneman und Tversky können die Erkenntnisse der Verhaltensökonomik in die vier Hauptthemen

- Heuristiken (Faust- oder Daumenregeln),
- Framing-Effekte (deutsch etwa: Einrahmungseffekt),
- Verlustaversionen und
- Kognitive Dissonanz

untergliedert werden.[117] Die Forscher stellen den Menschen beziehungsweise den Kunden als Individuum in den Mittelpunkt ihrer Forschung.

Aus Sicht der Verhaltenstheorie kann der Kunde die vorliegenden relevanten Faktoren nicht vollständig verarbeiten. Aufgrund der Menge der Informationen, aber auch weil ständig neue generiert werden, ist es schwierig alle zu erfassen. Der Kunde versucht daher, die Informationsinhalte und deren möglichen Auswirkungen so gut wie möglich zu vereinfachen. Zur Bewältigung der hohen Komplexität ist er gezwungen, regelmäßig Heuristiken anzuwenden. Unter dem Begriff Heuristik versteht man nach Goldberg und von Nitzsch (2004, S. 42) *„Regeln oder Strategien der Informationsverarbeitung, die mit geringem Aufwand zu einem schnellen, aber nicht garantiert optimalen Ergebnis kommen, kurz: Faustregel".*[118] Solche Faust- oder Daumenregeln werden vom Kunden bewusst oder unbewusst angewendet.

Kahneman und Tversky zeigen des Weiteren auch das Phänomen des Framing auf. Die alleinige Veränderung der Formulierungsweise von Optionen beeinflusst bereits die Wahrnehmung des Sachverhalts und kann völlig andere Entscheidungen hervorrufen. Verständlicher wird der Framing-Effekt anhand eines Beispiels. Bei Gesundheitsvorsorge-Kampagnen wird häufig auf die schädlichen Langzeitfolgen von Rauchen oder Übergewicht mit einem Furchtappell hingewiesen. Hier spricht man

---

[117] Vgl. Shefrin, H. (2002): Beyond greed and fear: understanding behavioral finance and the psychology of investing. New York; Shleifer, A. (2000): Inefficient Markets. An Introduction to Behavioral Finance. New York; Kahneman, D. (2003): Maps of Bounded Rationality: Psychology for Behavioral Economics, in: The American Economic Review, Vol. 93 (5), S. 1449-1475; Kahneman, D. /Tversky, A. (1973): On the psychology of prediction, in: Psychological Review, Vol. 80 (4), S. 237–251.

[118] Goldberg, J. / von Nitzsch, R. (2004): Behavioral Finance: Gewinnen mit Kompetenz, München, S. 42.

von Verlust-Framing (engl. loss frame). Bei Präventionsmaßnahmen sind aber Botschaften, die in einen Gewinnrahmen eingebettet sind (engl. gain frame), erfolgreicher. Die positiven Folgen der gewünschten Verhaltensänderung werden hervorgehoben.[119]

Bei Verlustaversionen zeigt sich die bereits genannte Tendenz, Verluste höher zu gewichten als Gewinne. Beispielsweise ärgert sich ein Kunde über den Verlust von x EUR oftmals mehr, als er sich über den Gewinn des gleichen Betrags freut. Auch diese Entdeckung des nicht rationalen Kundenverhaltens geht auf Kahneman und Tversky zurück.

Des Weiteren zeigen Kunden oft ein ausgeprägtes Harmoniebedürfnis. Kunden geraten bei vielen Entscheidungen, bei denen sie zwischen zwei oder mehreren Alternativen auswählen könnten, in einen Zwiespalt. Sie suchen nach Argumenten und Informationen, die die getroffene Entscheidungen rechtfertigen. Dieser Konflikt mit sich selbst wird in der Psychologie als kognitive Dissonanz, eine Art „Störgefühl", bezeichnet. Kerninhalt dieser Theorie ist, dass jedes Individuum versucht, Widersprüche in der Wahrnehmung und im Denken möglichst schnell zu beseitigen, da diese als unangenehm und belastend wahrgenommen werden. Das Phänomen kann am bekannten Beispiel von Rauchern beobachtet werden, welche mit geschönten Argumenten versuchen, die Gefährlichkeit und die Auswirkungen des Rauchens zu verharmlosen.[120]

---

[119] Vgl. Jones, L. W. / Sinclair, R. C. / Courneya, K. S. (2003): The effects of source credibility and message framing on exercise intentions, behavior and attitudes: An integration of the Elaboration Likelihood Model and Prospect Theory, in: Journal of Applied Social Psychology, Vol. 33, S. 179–196; Meyerowitz, B. E. / Chaiken, S. (1987): The effect of message framing on breast self-examination attitudes, intentions, and behavior, in: Journal of Personality and Social Psychology, Vol. 52, S. 500–510.

[120] Vgl. Brehm, J. W. / Cohen, A. R. (1962): Explorations in cognitive dissonance. New York.

4. Denkfalle: Vertrieb von Versicherungsprodukten findet entweder physisch in den Agenturen oder online statt

Die Grenzen zwischen physischem und onlinebasiertem Vertrieb von Versicherungsprodukten bröckeln. Die Situation, dass der Kunde für das gleiche Anliegen den physischen und den virtuellen Kanal nur sequenziell nutzt, ist eine Denkfalle. Heute nutzen die Kunden diese Kommunikationsoptionen parallel. Die „bediente" Website mit einem persönlichen Berater wird vom einem ehemals „Nice to have" zu einem „Must have". Der Fixkostenblock der Agenturen, der Wegfall der Notwendigkeit, physisch eine Versicherung zu besuchen, der Boom von Social Communities und vor allem von günstigeren Angeboten für viele Versicherungsdienstleistungen von Direktversicherungen zwingen Versicherungsunternehmen, sich mit bedienten Online-Services zu beschäftigen. Dies gilt neben dem Vertrieb auch für die Schadensabwicklung. Dabei gilt es, den Kunden bei sinkenden Preisen einen differenzierenden persönlichen Kontakt auch im Web zu bieten. Die Konfiguration der Geschäftsmodelle ist heute jedoch vielfach noch nicht in der Lage, die notwendigen Schritte zur adäquaten Steuerung des Umbaus der Geschäftsmodelle proaktiv anzugehen. Zukünftig wird eine parallele Nutzung der Kanäle ein notwendiges Element der Geschäftsmodelle.[121]

Zum Aufbau von bedienten Websites erproben Versicherungen gleichzeitig neue technologische Ansätze zur Bedienung und Beratung in der bedienten Filiale und Online. Für einfache und wenig erklärungsbedürftige Produkte – wie beispielsweise eine Reisezusatzversicherung – kann das Handy oder das Tablet als Beratungswerkzeug inklusive fallabschließender Bearbeitung genutzt werden. Plakatwerbungen mit QR-Codes können auf das Produkt hinweisen. Der Kunde scannt den QR-Code und wird direkt auf eine Landing Page der Versicherung mit

---

[121] Gemäß einer aktuellen Studie haben Versicherungen erkannt, dass die Kommunikation zunehmend über mobile Geräte und Social Media stattfindet. Sie räumen daher der Verbesserung des Kundenerlebnisses über alle Kanäle hinweg die höchste Priorität ein. Dabei werden als entscheidende Einflussfaktoren Mobilität (52 %), Personalisierung (50 %) und eine einheitliche Kommunikation über die verschiedenen Maßnahmen hinweg (48 %) genannt. Jedoch zeigt die Untersuchung auch, dass sie in diesen Belangen hinter den Erwartungen der Kunden zurückliegen, vgl. Pressebox (2013): http://www.pressebox.de/pressemitteilung/gmc-software-technology-gmbh/Studie-Versicherungen-sind-noch-nicht-in-der-Multichannel-Kommunikation-angekommen/boxid/607102 [Stand: 10.3.2014].

allen notwendigen Informationen weitergeleitet. Möchte der Kunde das Produkt kaufen, kann er diesen Kauf unmittelbar durchführen. „One Klick"-Kaufprozesse, wie man sie von Amazon kennt, geben die Benchmark und zugrunde liegende Philosophie vor. Bei Bedarf kann der Kunde einen persönlichen Berater direkt ansprechen oder den bedienten Website-Service nutzen. Zukunftsfähige Ansätze des Matchings von Kunden und Beratern kennen Kombinationen und Abstufungen. Sie beziehen das hybride Kundenverhalten und die aktuelle Situation (Kontext) des Kunden mit ein. Kunden wählen die Kanäle heute noch fast zufällig und situationsabhängig.

Fazit

Potenzielle Denkfallen im digitalen Zeitalter können daraus resultieren, dass Versicherungen das zukünftige Verhalten Ihrer Kunden mit den in der Vergangenheit erfolgreichen Analyserastern betrachten. Nachfolgend werden die Handlungsempfehlungen zu ihrer Vermeidung dargelegt, um Mehrwert zu generieren durch den adäquaten Einbezug in die strategische Steuerung von Versicherungen.

Denkfalle 1: Erfolgreiche Innovation ist ohne Einbindung der Versicherungskunden möglich

Die aktive Einbindung des Kunden (und anderer Externer) in die Innovationsentwicklung kann das Kreativpotenzial deutlich erhöhen und Wandel anstoßen. Das richtige Verstehen der Motivation und der Hintergedanken der einzelnen Versicherungskunden wird eine Schlüsselkompetenz und das A und O für erfolgreiche Geschäftsmodelle im digitalen Zeitalter werden. Das Öffnen der Organisation ist ein wichtiger Teilschritt hin zu einer lernenden[122], flexiblen und fluiden[123] Organisation.

---

[122] Senge bezeichnet eine anpassungsfähige, auf äußere und innere Reize reagierende Organisation als lernende Organisation. Vgl. Senge, P. (2011): Die fünfte Disziplin: Kunst und Praxis der lernenden Organisation, Stuttgart.

[123] Saaman definiert die fluide Organisation als fließendes Gebilde. Rollenkategorien lösen Stellen oder Funktionen ab, Verantwortung tritt an die Stelle von Zielen und der zentrale Auftrag ist es, dem Kunden zu dienen, um die Wettbewerbsfähigkeit zu erhöhen. Vgl. Saaman, W. (2012): Leistung aus Kultur: Wie aus „Arbeit-Nehmern" Bestleister werden, Heidelberg.

Denkfalle 2: Das Verständnis der Kunden ist hinreichend für Zukunftsfähigkeit der Versicherungsbranche

Das Modell des Homo Oeconomicus ist ein Werkzeug um das grundlegende Verhalten der Kunden zu verstehen und zu interpretieren. Es ist allerdings kein Abbild der Wirklichkeit. Kunden handeln nicht immer rational und es stehen ihnen auch nicht immer alle notwendigen Informationen zur Verfügung. Um Kundenverhalten noch besser zu verstehen, gilt es, radikal umzudenken und Blickwinkel aus der Psychologie und anderen Disziplinen zu integrieren. Diese helfen die emotionalen Aspekte im Kundenverhalten zu interpretieren. Gerade die Verhaltensökonomik bietet durch die Konzepte der Heuristik, Framing-Effekte, Aversion und kognitiven Dissonanz neue Erklärungswerkzeuge für menschliches Verhalten. Der Kunde ist in Teilen seiner Entscheidung rational und in anderen Teilen irrational sowie teilweise informiert und teilweise desinformiert.

Denkfalle 3: Die Versicherungskunden sind rational und informiert

Erfahrung ist wertvoll. Sie darf allerdings nicht dazu verleiten, zu denken, man verstünde den Kunden bereits allumfassend. Qualitative Werkzeuge wie Consumer Insights oder Costumer Journeys ergänzen die klassische Marktforschung und sind wichtige Instrumente der Innovationsentwicklung. Sie erweitern den Blick auf die direkten Touchpoints zwischen Versicherung und Kunde und ermöglichen tiefere Einblicke in die Kundenbedürfnisse. So kann ein umfassendes Bild über kaschierte und/oder bisher unbekannte Motive, Einstellungen, Werte, Ansichten und Konsummuster der Kunden entstehen. Diese wiederum ermöglichen durch eine entsprechende Ausgestaltung des Dienstleistungsangebots eine spürbare und nicht nur kommunizierte Kundenzentrierung und somit echte Differenzierung im digitalen Zeitalter.

Denkfalle 4: Vertrieb von Versicherungsprodukten findet entweder physisch in den Agenturen oder online statt

Es entwickelt sich ein neues Nutzungsverhalten der Kunden, bei der die parallele Kanalnutzung zum State of the art wird. Der Kunden informiert sich beispielsweise während eines persönlichen Telefonats oder Gesprächs parallel auch online. Gewinner werden hybride Transaktions- und Beratungskonzepte sein, welche nicht nur alle Kanäle bespielen können, sondern gerade kanalüberlappende Vertriebs- und Beratungsprozesse erfolgreich umsetzen.

Sollen die Geschäftsmodelle der Versicherungen zukunftsfähig gemacht werden, gilt es, das zukünftige Kundenverhalten und die Kundenpräferenzen möglichst präzise zu antizipieren und als Leitlinien für die Umgestaltung konsequent zu nutzen. Dies ist dann möglich, wenn die aus der Fortschreibung der bisherigen Denk- und Erklärungsmuster resultierenden Denkfallen erkannt werden.

Oliver Joachim Rolofs / Tom Köhler

Deutschlands Chancen als Cybersicherheitsstandort

Einleitung

Die Enthüllungen von Edward Snowden über die amerikanisch-britischen Massenüberwachungsprogramme des letzten Sommers haben uns deutlich vor Augen geführt, dass nicht nur die Mythen von Freiheit und Freundschaft zerstört worden sind, sondern der immer mehr zum „digitalen Wilden Westen" degenerierte Cyberraum eine solche Entwicklung erst möglich gemacht hat. Spionage im Cyberraum ist dabei an sich nichts Neues. Auch darf in dieser Debatte nicht außer Acht gelassen werden, dass nicht nur die USA, Großbritannien und auch Frankreich technische Spionagekapazitäten besitzen, sondern auch Staaten wie China, Russland oder Nordkorea. Neu ist allerdings die Dimension des Problems. Quantität und Qualität der digitalen Angriffe und Operationsmöglichkeiten haben ungeahnte Ausmaße erreicht. Sie haben zu einer neuen und dynamischen Dimension der digitalen Gefährdungslage für Staaten, ihrer Gesellschaften und Ökonomien geführt. Gleichzeitig bewegen wir uns in einer Entwicklungskurve von „Government" hin zu „Googlement". Nicht nur staatliche Geheimdienste, auch große Unternehmen sammeln „Big Data" – während die staatliche Kontrolle häufig wirkungslos bleibt und die Gesetzgebung sich erst am Anfang befindet, um Antworten auf diese Entwicklung zu geben.

Gleiches gilt für die Cyberkriminalität; für sie gibt es keine Grenzen. Binnen weniger Jahre ist sie zu einer globalen Bedrohung mit massiven wirtschaftlichen, politischen, rechtlichen und sozialen Implikationen geworden, deren Schaden durch Europol im vergangenen Jahr auf ca. 750 Milliarden Euro beziffert wurde. Bislang haben Cyberangriffe verschiedenster Art in erster Linie finanzielle Schäden verursacht. Sie haben aber das Potenzial, auch immensen physischen Schaden anzurichten, wenn sie sich etwa gegen kritische Infrastrukturen wie Energieversorgungs- oder Verkehrsleitsysteme richten. Damit können sie unsichtbar Katastrophen verursachen oder sogar Staaten existenzbedrohend destabilisieren. Erstaunlich und erschreckend zugleich herrscht trotz der digitalen Bedrohungen und der sich weiter fortsetzenden Enthüllungen von Datenspionage und Datendiebstahl in weiten Teilen der Gesellschaft ein weiterhin unbekümmerter Umgang mit persönlichen Daten vor. Genauso wenig ist die Bereitschaft vorhanden, digitale Schutzmaßnahmen vor einen uneingeschränkten digitalen Konsum zu setzen. Trotz der wachsenden Gefahren aus dem Cyberraum und der Verwundbarkeit der digitalen Gesellschaft einschließlich ihrer Ökonomien sind wir insbesondere in Deutschland und in Europa noch von einer effizienten Cyberresilienz und Cybersicherheitsabwehr entfernt, obwohl hierzu das Know-how vorhanden wäre.

Die aktuellen Beispiele zeigen: Die Herausforderungen der Digitalen Revolution und der Sicherheit in der digitalen Welt an die Wirtschaft, Gesellschaft und Politik sind immens. Sie bestimmen maßgeblich unsere weitere Entwicklung im 21. Jahrhundert. Das Internet ist hierbei zur entscheidenden Infrastruktur der weiteren Entwicklung geworden. Es bietet gleichzeitig eine Vielzahl neuer Chancen und Möglichkeiten.

Die fortschreitende Digitalisierung und Durchdringung der Informations- und Kommunikationstechnologien sind als Innovationsfaktor von strategischer Bedeutung für Fortschritt und Entwicklung in der Zukunft.

Seit einigen Jahren findet unter der Überschrift „Industrie 4.0" und dem „Internet der Dinge" ein einmaliger Verschmelzungsprozess der Informations- und Kommunikationstechnologien mit den Leitindustrien unserer Wirtschaft, wie beispielsweise im Automobil- oder Maschinenbau sowie im Energie-, Logistik- und Verkehrssektor, statt. Durch die wachsenden Anforderungen von Unternehmen und Privatnutzern an die digitale Infrastruktur hat sich das Internet zu einem integralen Bestandteil unserer Arbeits- und Lebenswelt entwickelt. Gesellschaftliche Veränderungen, technologischer Fortschritt und wirtschaftliche Entwicklung finden maßgeblich im und mit dem Internet statt.

Das Fortschreiten der digitalen Revolution wird auch künftig, wie es etwa in der mobilen Internetnutzung zu sehen ist, weitere massive Innovationsschübe nach sich ziehen. Sie werden sowohl den geschäftlichen wie auch privaten Kommunikationsbereich betreffen.

Die voranschreitende Verschmelzung der Infrastrukturen mit dem Internet erhöht gleichzeitig die Verwundbarkeit von Staaten, ihrer Gesellschaften und Volkswirtschaften. Sie sind in wachsendem Maße Cyberattacken jeglicher Art, Cyberkriminalität und Cyberspionage ausgesetzt, wie zuletzt erst durch die Enthüllung der amerikanischen und britischen Spähprogramme ersichtlich wurde. Gleichzeitig mangelt es noch immer an einer ausreichenden Sensibilisierung für mehr Cybersicherheit, für einen Schutz digitaler Identitäten und IT-basierter Infrastrukturen. Der digitale Marktplatz unterliegt heute einem hohen Sicherheitsbedürfnis, das bislang jedoch kaum erfüllt werden kann.

Die IT-Sicherheit, heute Cybersicherheit genannt, war lange Zeit eine separate Expertendomäne, die zwangsläufig zu höheren Beschaffungs- und Betriebskosten im Bereich der Informations- und Telekommunikationstechnologie (ITK) führte. Die bereits heute sehr tiefe Verzahnung der ITK in allen Lebensbereichen und Wertschöpfungsketten stellt uns vor neue komplexe sicherheits- und gesellschaftspolitische Herausforderungen, die sich vor allem in der störungsfreien Versorgung lebenswichtiger Infrastrukturdienste wie z. B. im Energie-, Medizin- oder Verkehrssektor äußern. Darüber hinaus befindet sich der Informationstechnologiesektor selbst in einer Transformationsphase (IT=InTransformation), die weitreichende Veränderungen in struktureller und mikroökonomischer Hinsicht mit sich bringt (Cloud Computing, Mobile Computing, Industrie 4.0 etc.).

In den letzten Jahren sind auf europäischer und nationaler Ebene bereits verschiedene Elemente und Einzelinitiativen entstanden, die das Potenzial der digitalen Entwicklung und ein damit verbundenes Cybersicherheitsbedürfnis erkannt haben. Sowohl auf Ebene der EU und des Bundes sowie innerhalb der Wirtschaft sind neben der Konzeption einer digitalen Agenda eine Vielzahl – nicht unbedingt kohärenter – strategischer und institutioneller Schritte für mehr Cybersicherheit ergriffen worden.

Im nächsten Schritt ist es erforderlich, auf den bisherigen Maßnahmen in Deutschland im Bereich der digitalen Wirtschaft und Cybersicherheit aufzubauen. Diese sind nun zur Erhöhung der Schlagkraft sinnvoll zu bündeln und zu orchestrieren. Eine Orchestrierung sämtlicher Cyberaktivitäten in Deutschland und der Europäischen Union würde dazu dienen, im internationalen Rahmen zeitnah eine Cybersicherheits-Vorreiterrolle einzunehmen, die sich zudem mittels einer weiter auszubauenden sicherheitspolitischen Resilienz und fortzuschreibenden digitalen Außenwirtschaftsstrategie zu einer festen globalen Exportgröße entwickeln kann. Für diesen Weg sind folgende Punkte zu berücksichtigen:

Erstens: Orchestrierung aller Cybersicherheitsinitiativen

Die digitale Welt braucht einen Ordnungsrahmen, im Großen wie im Kleinen. Um die Resilienz bei zielgerichteten Angriffen gegen Staat, Wirtschaft (Cyber Conflict) und Bürger (Cyber Crime) zu erhöhen, bedarf es einer Bündelung der vorhandenen Cyberfähigkeiten für den Aufbau von innovativen Cyberkompetenzen (z. B. Cybersecurity Analytik / BigData, Dynamic Collaboration, Response Intelligence, Cyber Risk Management, High-End Cyber Resilienz und Governance).

Es hat sich gezeigt, dass es bislang sowohl im nationalen als auch internationalen Kontext hierzulande an einer zentralen in Cyberfragen kohärent agierenden Institutionen mangelt. Dies erschwert gerade im politischen und wirtschaftlichen Rahmen eine umfassende Auseinandersetzung mit digitalen Fragestellungen und obstruiert eine direkte Ansprache zu Cyberthemen.

Deutschland verfügt auf allen Ebenen des Staates und innerhalb der Wirtschaft über verschiedene parallel agierende Cybersicherheitsinitiativen. Allein in der Bundesregierung sind verschiedene Ressorts wie etwa Auswärtiges, Inneres, Justiz, Verkehr, Verteidigung und Wirtschaft mit Cybersicherheitsfragen befasst. Entscheidend ist hierbei, eine zentrale und transparente Ansprechstelle in Form eines regierungsübergreifenden Cybersicherheitskoordinators zu schaffen, der für die sicherheits- und wirtschaftspolitischen Cyberkompetenzen in enger gemeinsamer Abstimmung mit allen Stakeholdern eine Cybersicherheitsagenda entwickelt. Die Umsetzung sollte anschließend von ihm koordiniert und begleitet werden. Idealerweise wäre eine solche Institution, bzw. Stabsstelle in unmittelbarer Nähe der Bundesregierung sowie im Rahmen des föderalen Systems der Bundesrepublik auch auf Ebene der Landesregierungen anzusiedeln, auch um die Priorität zur Fortentwicklung der digitalen Standortpolitik zu unterstreichen.

Die erforderliche Orchestrierung sämtlicher Cybersicherheitsinitiativen ist schließlich auch auf die gesellschaftliche und wirtschaftliche Ebene durch die Schaffung eines umfassenden Bündnisses für Cybersicherheit auszuweiten. Vordringliche Aufgabe eines solchen Bündnisses – idealerweise unter Begleitung der Bundesregierung und der Bundesländer als Gemeinschaftsaktion der Wirtschaftsspitzenverbände – ist hierbei der Aufbau einer Plattform, auf der sich alle Industriezweige und Unternehmen aller Größen einbringen können. Ein solches Forum wird den offenen und schnellen Transfer von Erkenntnissen etwa über Angriffsszenarien zwischen den Akteuren ermöglichen und zu einem Mehr an Cyberkompetenz führen.

Eine institutionelle Bündelung von Cyberkompetenzen und ihrer Orchestrierung begünstigt nicht nur eine kohärente Fortschreibung geeigneter Maßnahmen und Strategien, sondern erhöht gleichermaßen die internationale digitale Wettbewerbsfähigkeit. In diesem Rahmen ließen sich z. B. Synergien fördern, etwa durch die Schaffung und gezielte Einsetzung finanzpolitischer Instrumente und einer zentralen Budgetsteuerung. Gleichermaßen kann hier die nachhaltige Planung sicherheitspolitischer Schwerpunkte im Schulterschluss mit der wirtschaftspolitischen Exportförderung (Technologie- und Kompetenz-Roadmap) verknüpft werden, um eine digitale Standortpolitik aus einem Guss zu erreichen.

Zweitens: Industrie-Standortpolitik für Cybersicherheit

Cybersicherheit stellt sich als größtes und relevantes Querschnittsthema für die Informationsgesellschaft in der Gegenwart und Zukunft dar. Der Ausbau Deutschlands zum führenden Cybersicherheits- und digitalen Wirtschaftsstandort bietet jetzt die große Chance, auch weiter an die bisherigen Erfolge der deutschen Wirtschaftspolitik anzuknüpfen und diese Vorreiterrolle durch einen weiteren digitalen Innovationsschub auch für die nächsten Generationen zu gewährleisten. Das beinhaltet nicht nur den Aufbau eines digitalen Wissensvorsprungs, sondern auch die Schaffung attraktiver arbeits- und bildungspolitischer Maßnahmen, die das bestehende Defizit von Cyberfachpersonal nivellieren sollen und eine nachhaltige Ressourcenpolitik verfolgen.

Die bisherigen industriepolitischen und strategischen Maßnahmen im IT-Sektor bieten einen guten Abholpunkt für eine zukunftsorientierte Informationsgesellschaft und legen den Grundstein für ein umfassendes digitales Ökosystem. In diesem Zuge sollen nicht nur weitere unternehmerische Ansiedelungen, wie z. B. im Schwerpunkt in Berlin oder im Raum München gefördert, sondern auch die Bedingungen für Forschung und Unternehmensgründungen verbessert werden. Das setzt bundesweit den zügigen Ausbau einer Cyberinfrastruktur mit einem flächenmäßig ausgestatteten Hochgeschwindigkeitsinternet voraus. Diese Cyberinfrastruktur ist die Grundlage für zukünftige Innovationen in allen Infrastrukturbereichen wie etwa „SmartCities", „SmartGrid", „eTraffic" und „Big-Data-Lösungen".

Schätzungen der IBM zufolge werden täglich 2,5 Quintillionen Bytes an Daten weltweit generiert. Daten sind die neue globale Leitwährung und sind gleichzeitig in der alltäglichen Nutzung zunehmenden Unsicherheitsfaktoren, sei es durch Cyberkriminalität oder -spionage, ausgesetzt. Gerade im Zuge der Debatte um die Enthüllung der amerikanischen und britischen Spähprogramme, die zu einem Vertrauensverlust in die digitalen Märkte und insgesamt in das Internet geführt haben, ist die Verfügungsgewalt über Daten ein bestimmendes Thema in Politik, Wirtschaft und Gesellschaft. Die aktuell gewachsene Sensibilität für Datensicherheit stellt gerade im internationalen Wettbewerb für den Cybersicherheitsstandort Deutschland eine große Chance dar, mit dem hiesigen digitalen Werteverständnis ein attraktiver und sicherer Standort, der auf Transparenz und Vertrauen basiert, für die digitalen Märkte zu werden. Die hiesige IT-Sicherheitswirtschaft bzw. Cybersicherheitswirtschaft verfügt hier über großes Potenzial, sich mittels sicherer Liefer- und Produktionsketten sowie einer mit hohen Sicherheitsstandards versehenen Datenlagerung („Cloud Computing") als digitaler Vertrauensexporteur positionieren.

Schließlich kann sich die deutsche Versicherungsindustrie als Treiber für Innovation der Cybersicherheit positionieren. Die dramatische Entwicklung von gezielten Cyberangriffen auf Wirtschaftsunternehmen, mit der Folge des Verlustes von unternehmenskritischen Informationen und der Reputation, verursacht hohe volkswirtschaftliche Schäden. Seitens der Unternehmen wachsen sehr deutlich der Bedarf und die Nachfrage, ihre Cyberrisiken durch spezielle Cyberversicherungspolicen abzusichern. Damit erhält das Thema Cybersicherheit eine hohe Relevanz für das Risikomanagement auf der Führungsebene, während sich der deutsche und europäische Versicherungsmarkt mit diesen neuen Themen allerdings nur langsam auseinandersetzt. Der globale und schnell wachsende Markt für Cyberversicherungen stellt vielmehr einen weiteren elementaren Baustein für die Industrie-Standortpolitik und Deutschlands Wettbewerbsfähigkeit im Bereich der Cybersicherheit dar, der für die Versicherungswirtschaft ein neues Potenzial bildet.

Drittens: Neuordnung der deutschen Außenwirtschaft

Das Ziel einer erfolgreichen, auf Cybersicherheitslösungen basierenden Wirtschaftspolitik sollte auch darin bestehen, Deutschland in Europa und weltweit als Premiumstandort für ausländische Direktinvestitionen im Bereich der Internet- und Digitalwirtschaft zu entwickeln. Standortmarketingaktivitäten im Ausland werden mit den Unterstützungsleistungen der Außenwirtschaft verbunden, die deutsche Unternehmen an neue Märkte heranführt. Der internationale Auftritt als innovativer Cybersicherheitsstandort wird mehr Gewicht haben, wenn eine Bündelung und Förderung deutscher Cybersicherheitskompetenzen unter einer ganzheitlichen Dach-Strategie stattfindet und orchestriert wird.

In diesem Zuge ist insbesondere die Entwicklung einer nachhaltigen Finanzierungsstrategie (z. B. Cybersicherheit-Strukturfonds, Private Equities) für das Wachstum von Cyber-Businessmodellen und Unternehmensgründungen elementar. Das ökonomische Lagebild der Cybersicherheitswirtschaft in Deutschland ist durch seine fragmentierte mittelständische Unternehmensstruktur geprägt. Um die deutsche Außenwirtschaft für Cybersicherheitslösungen zu stärken, ist eine Verbesserung des Kooperationsverhaltens zwingend notwendig. Die Auslandsmarkterschließung ist nach heutigem Stand aus wettbewerblichen Perspektiven gegenüber den etablierten internationalen Unternehmen im ITK-Sektor nicht ausreichend schlagfähig. Diese sollte durch gezielte Anreize gefördert werden.

Deutschland ist für sein Engineering-Know-how bekannt und verfügt ebenfalls über innovative Technologien im Cybersicherheitsbereich. Die fragmentierte mittelständische Unternehmensstruktur stellt aus wirtschaftspolitischer Sicht allerdings auch ein Risiko dar und bedarf aus einem entscheidenden Grund eines besonderen Handlungsbedarfs zur Wahrung der Standortsicherheit: Für ausländische Investoren befindet sich Deutschland zunehmend im M&A-Fokus (Merger & Acquisition). Das bedeutet, dass innovative Cybersicherheitsunternehmen, die womöglich mittels staatlicher Förderung ursprünglich aufgebaut worden sind, durch ausländische Investoren für hohe Summen gekauft werden. Das Resultat: Die deutsche Außenwirtschaft verliert langfristig ihre Schlagkraft und büßt ihre internationale Wettbewerbsfähigkeit ein. Deutschland sollte sicherstellen, dass zumindest im zunehmend vernetzten Hochsicherheitsbereich (z. B. kritische Infrastrukturen und Verteidigung) Cybersicherheitslösungen durch vertrauensvolle, wettbewerbsfähige, heimische Produkte und Dienstleistungen bedient werden können. Eine solche risikobasierte Strategie führt schließlich zur erwünschten zukunftsorientierten technischen Souveränität. Das Wachstum der deutschen Außenwirtschaft für Cybersicherheit benötigt ein globales Netzwerk von vertrauensvollen Partnern. Diese „Trusted High-End Security Alliance" sollte als Teil eines innovativen und strategischen Gesamtkonzepts entwickelt werden.

Viertens: Deutschland als Standort für Cyberwissen

In Deutschland gibt es derzeit keine etablierte Institution, die sich umfassend und in sektorenübergreifender Breite von der Technik, über die wirtschaftlichen Potenziale bis zu gesellschaftlichen Fragen mit der Thematik Internet auseinandersetzt. Der digitale Wirtschaftsstandort Deutschland braucht daher ein Umfeld in dem die interdisziplinäre Wissenschaft durch neue Ausbildungs- und Forschungsinstitutionen gefördert wird. Der Cyberraum bringt viele dynamische Phänomene mit sich, die nur durch eine fakultätsübergreifende Forschung und enge Zusammenarbeit mit der Wirtschaft zu verstehen sind. Cybersicherheit muss durch ihre kritische Relevanz für alle Bereiche der digitalen Zukunft als integraler Bestandteil der Wirtschaftspolitik betrachtet werden. Die Verfolgung dieses Ansatzes bietet für Deutschland das Potenzial, sich als einer der führenden attraktiven Cyberforschungsstandorte zu etablieren, der gleichzeitig die besten IT-Köpfe bzw. Cybersicherheitsforscher für sich gewinnen kann und somit die Innovationskraft des Landes stärkt.

Die Förderung von neuen Ausbildungs- und Forschungsinstitutionen, wie etwa die Einrichtung eines „Internet Think Tank", zielt dabei auf eine ausführliche Auseinandersetzung mit allen Themen rund um das Internet und stellt einen weiteren inhärenten Baustein innerhalb des digitalen Ökosystems dar. Ziel ist die Erforschung des durch das Internet ausgelösten Wandels und der Phänomene in Wirtschaft und Gesellschaft in enger Partnerschaft mit der Industrie und Politik sowie die Moderation des gesellschaftlichen Dialogs.

Fünftens: Förderung der Cyberfitness und Entwicklung einer präventiven Cybersicherheitskultur

Die Digitalisierung ist für die Informationsgesellschaft nicht nur eine technische Herausforderung. Sie hat auch rechtliche, gesellschaftliche und wirtschaftliche Auswirkungen. Und in ihrer Komplexität sind gerade die Zusammenhänge bedeutend, wie beispielsweise die zunehmende Interaktion zwischen Mensch und Maschine und die in diesem Zusammenhang auftretenden rechtlichen, soziologischen und ethischen Fragestellungen. Der digitale Wandel macht hierbei einen neuen Generationenvertrag zwischen „Digital Natives" und „Digital Immigrants" erforderlich. Dieser soll die heutigen Spannungsfelder zwischen den Generationen relativieren und für alle Altersgruppen in der Informationsgesellschaft gemeinschaftliche Abhol- und Austauschpunkte definieren. Er soll gleichzeitig die Grundlage für eine zu schaffende Cyberfitness einer mündigen digitalen Bürgergesellschaft bilden.

Die zeitnahe Einrichtung eines „Internet-Think-Tanks" soll dabei auch transdisziplinär die für die Gesellschaft sehr wichtigen Fragen zur Digitalisierung und den Prozess der Digitalisierung beispielsweise sozialwissenschaftlich begleiteten und einen gesellschaftlichen Ausbildungsbeitrag leisten.

Ein weiterer wichtiger Meilenstein für die Informationsgesellschaft ist der Ausbau nachhaltiger bildungspolitischer und medialer Maßnahmen, wie etwa in Bayern der bereits initiierte Medienführerschein der Stiftung Medienpädagogik Bayern bis hin zum selbstbestimmenden „Digital Native", der durch sein risikobewusstes Online-Verhalten einen signifikanten Beitrag zur allgemeinen Cybersicherheit leisten kann.

Die dynamische Veränderung von Cyberrisiken würde etwa für eine koordinierte Zusammenarbeit zwischen der Cybersicherheitswirtschaft und den Ausbildungs- und Forschungsinstitutionen sprechen. Diese Zusammenarbeit könnte auch ein elementarer Meilenstein sein für die Entwicklung einer zukunftsorientierten präventiven Cybersicherheitskultur. Eine solche Kultur beinhaltet zudem die künftige Fähigkeit von Gesellschaften, zu lernen, mit diesen neuen (digitalen) Unsicherheiten zu leben, Szenarien für mögliche Ausfälle zu proben (Sicherheitsgewinn) und eine latente Toleranz in Bezug auf solche Ereignisse zu entwickeln.

Der Bedarf an qualifizierten Cybersicherheitsspezialisten (in der öffentliche Verwaltung, Forschung und Wirtschaft) ist bereits heute auf einem hohen kritischen Niveau. Die Nachfrage kann zum gegenwärtigen Zeitpunkt nicht gedeckt werden. Diese Situation wird sich durch die Realisierung von Mega-Trends, wie zum Beispiel „Cloud Computing", „Smart-Grids", „Smart Cities" und „Industrie 4.0", in der nächsten Jahren weiter verschärfen. Die Weiterentwicklung von Studien- und Ausbildungsmöglichkeiten auf verschiedenen Lernniveaus ist schließlich ein weiterer Erfolgsfaktor für eine führende Rolle Deutschlands im Bereich der Cybersicherheit.

Fazit

Mit dem Strukturwandel von Staat, Wirtschaft und Gesellschaft im digitalen Zeitalter und einem starken Sicherheitsbedürfnis ergeben sich für Deutschland neue Chancen, mittels einer innovativen, vorausschauenden digitalen Standortpolitik sich auch im 21. Jahrhundert nachhaltig behaupten zu können. Deutschland hat jetzt die Chance, zu den Gewinnern des digitalen Jahrhunderts zu gehören und sich technologisch souverän als einer der führenden Cybersicherheitsstandorte zu positionieren.

Allein der Bereich der Cybersicherheitstechnologie bietet hierfür konkrete Export-Chancen für die deutsche High-Tech-Wirtschaft. Der globale Cybersicherheitsmarkt 2013 hat laut dem Technologie-Marktforschungsunternehmen Gartner ein Volumen von 48,4 Milliarden Euro (64.4 Billionen Dollar) weltweit erreicht und wächst durchschnittlich um 8,7 Prozent jährlich bis 2017.

Die notwendige Fortschreibung einer Agenda zur Positionierung Deutschlands als einen führenden „Player" im Bereich Cybersicherheit wird insbesondere dann gelingen, wenn ein sektorenübergreifender Austausch sowie eine Vernetzung und Zusammenarbeit zwischen den mit Cyberfragen befassten Stakeholdern aus Politik, Wirtschaft und Gesellschaft stattfindet und dieser einem orchestrierenden Ordnungsrahmen unterliegt.

Die der Digitalisierung geschuldete zunehmende Komplexität und mit dem Internet einhergehende Dynamisierung von Prozessen, erfordern zudem ein Um- und Weiterdenken in einer sich verändernden Gesellschaft und Industrielandschaft. Analoge traditionelle Denkmuster und Institutionen müssen hierbei an die neuen digitalen Gegebenheiten angepasst werden. Sie müssen vor allem dem stark gewachsenen digitalen Sicherheitsbedürfnis entsprechen.

Noch immer prallen dabei jedoch analoge „Sicherheitsdenkmuster" mit den neuen digitalen Realitäten zusammen, die mit unseren bisherigen Sicherheitsarchitekturen und einer tradierten Denkweise wenig kompatibel sind. Die neuen Bedrohungen aus dem Cyberraum haben statt zu einem Entwurf neuer Strategien vielmehr zu einer reaktiven digitalen Sicherheitsimprovisationskultur geführt, die rein auf analogen Sicherheitsstrukturen aufbaut und im Wiederspruch zur digitalen Standortbestimmung im Rahmen der „Industrie 4.0" steht.

Diesen Widerspruch aufzulösen erfordert im ersten Schritt eine ausreichende Sensibilisierung für Cybersicherheit und im zweiten Schritt den Aufbau umfassender Cybersicherheitsmaßnahmen, die gleichzeitig zu einem sicherheits- und wirtschaftspolitisch relevanten Aktionsfeld werden müssen. Damit einhergehend muss sich innerhalb der digitalen Gesellschaft eine neue Philosophie entwickeln, die eine präventive Cybersicherheitskultur als Grundlage hat, um neue Sicherheitsarchitekturen unter Einbezug der Fragen Datensicherheit und Geheimhaltungsschutz zu schaffen.

Schließlich ist ein sicherer Cyberraum eng mit Demokratie, Freiheit und offenen Gesellschaften verbunden. Der Anschluss an die digitale Welt mittels einer sicheren Internetarchitektur fördert soziales und wirtschaftliches Wachstum, kann Gesellschaften weiterentwickeln, Regierungsapparate transparenter machen und schließlich Vertrauen schaffen. Hierbei kann Deutschland eine führende Rolle einnehmen – mit einer wirtschafts- und sicherheitspolitisch klugen und zukunftsweisenden Cybersicherheitsagenda.

Prof. Dr. Ing. Thomas Abele

Roadmapping in der Versicherungsbranche?

Einführung

Was hat ein Kapitel über (Technologie-)Roadmapping in einem Buch über Insurance & Innovation zu suchen? Die Roadmapping-Methode ist eine der zentralen, in der produzierenden Industrie etablierten Innovationsmethoden, welche Unternehmen dabei unterstützt, ihre Innovationsaktivitäten im Spannungsfeld zwischen Markt und Kunde sowie Technologie auszurichten.

Angefangen von der Assembly Line, welche Henry Ford in den Automobilbau einbrachte, über Themen wie Lean Production, welche heute auch im Bereich Administration als Lean Office oder Lean Development verwendet wird, bis hin zum Versuch, die im Softwarebereich äußerst erfolgreiche Projektmanagement-Methode SCRUM auch auf Hardware zu übertragen, wurden häufig wirksame Methoden von der ursprünglichen auf weitere Anwendungsfelder übertragen.

Zielsetzung des folgenden Kapitels ist es daher, die Roadmap-Methode kurz vorzustellen sowie das Potenzial einer Anwendung im Bereich Versicherung zu skizzieren.

Roadmap: Definition und Ausprägungen

Der Begriff „Roadmap" wird heute in einer Vielzahl unterschiedlicher Gelegenheiten verwendet. So werden selbst mittel- bis langfristige politische Vereinbarungen wie im Nahen Osten als Roadmap bezeichnet.

In der betriebs- bzw. ingenieurwissenschaftlichen Literatur findet sich neben dem Begriff „Technologie-Roadmap" bzw. „Technologie-Roadmapping", welcher vor allem in der englischen und neueren deutschsprachigen Literatur verwendet wird, selten auch „Innovation-Roadmap" bzw. bei den „klassischen" Ansätzen auch der Begriff „Technologiekalender".[124] Im Folgenden wird der Begriff Roadmap stellvertretend auch für die anderen aufgeführten Begriffe verwendet.

Als Analogie eignet sich am besten ein Navigationsgerät zur Veranschaulichung einer Roadmap. Auf Basis des Ziels werden unterschiedliche Routen inkl. Dauer und Kosten ermittelt und selbst auf der Fahrt können neue Informationen bzgl. Staus zu einer neuen Strategie führen.

In Abhängigkeit von den Bezugsobjekten, den verfolgten Zielen, Interessengruppen etc. lassen sich zahlreiche Formen des Roadmapping unterscheiden. Spath differenziert dabei:[125]

Tabelle 1: Arten von Roadmaps

Roadmap-Art	Charakteristika
Markt- und Umwelt-Roadmap	Darstellung von Markt- und Umwelteinflüssen (z. B. Trends, Kundenverhalten, erwartete Schritte der Konkurrenz und Gesetzgebung)
externe Technologie-Roadmap	Darstellung von Technologieevolutionsplänen zur Unterstützung der Langzeitplanung
Produkt-Roadmap	Darstellung der Entwicklung einer oder verschiedener Produktfamilien
interne Technologie-Roadmap	Darstellung von internen Technologieprojekten zur Erreichung eines oder mehrerer technologischer Entwicklungspfade

Sowohl die Markt- und Umwelt-Roadmap als auch die externe Technologie-Roadmap stellen häufig von Verbänden und Organisation getriebene, kooperative Projekte dar. Dabei werden zukünftige Entwicklung bzgl. ihrer Ausprägung und ihres Eintrittszeitraumes abgeschätzt. In diesem Zusam-

---

[124] Vgl. Zum Begriff Technologiekalender vgl.: Westkämper, E. (1986): Strategische Investitionsplanung mit Hilfe eines Technologiekalenders.

[125] In Anlehnung an Spath Dieter: Vorlesung Technologiemanagement, Universität Stuttgart, Wintersemester 2008/09.

menhang lässt sich z. B. Technologie-Roadmap „Prozess-Sensoren 2005–2015" anführen, welche 2005 in einem gemeinsamen Projekt der Organisationen NAMUR und VDI/VDE-Gesellschaft Mess- und Automatisierungstechnik (GMA) unter Mitwirkung der Unternehmen ABB, Bayer Technology Services, Degussa, Endress+Hauser, Sanofi Aventis und Siemens sowie dem Fraunhofer-Institut für Produktionstechnik und Automatisierung IPA erarbeitet wurde. Mit der Erstellung der Roadmap wurden folgende Ziele verfolgt:

1) Zusammenbringen von Technologie- und Marktsicht
2) Aufzeigen des Bedarfes an neuer Sensorik
3) Einfluss auf die Lenkung von Fördermitteln
4) Vorbereitung auf zu erwartende Entwicklungen, Rahmenbedingungen und Richtlinien im Themengebiet Prozess-Sensoren für die chemische Industrie.

Die durchaus beachtlichen Ergebnisse für die Verbände und beteiligten Unternehmen wurden inzwischen detailliert erhoben.[126]

Die Produkt- und häufig darin integrierte Technologie-Roadmap werden dagegen unternehmensintern erstellt und beinhalten neben Zielen auch konkrete Projekte inkl. Bewertung und Budgetierung und bieten damit den Ansatzpunkt für das operative Projektmanagement.

Zielsetzung einer Roadmap

Nach Pümpin liegen wesentliche Gründe für das Scheitern von Strategien in der mangelnden Ausführung und Effizienz.[127] Auch Engstler/Dold bemängeln die fehlende durchgängige und systematische Planungsmethodik

---

[126] Vgl. Abele, Thomas / Kaiser, Ulrich / Westerkamp, Dieter: Untersuchung der Wirksamkeit der 2005 gemeinsam von VDI/VDE-GMA und NAMUR erarbeiteten „Technologie-Roadmap Prozess-Sensoren 2005–2015"; AUTOMATION 2011, Der 12. Branchentreff der Mess- und Automatisierungstechnik, VDI-Berichte 2143, Kongress Baden-Baden, 28. und 29.6.2011.
[127] Frauenfelder, Paul (2000): Strategisches Management von Technologie und Innovation. Tools und principles, Verlag Industrielle Organisation, Zürich, S. 99.

aus den Unternehmenszielen bis hin zu den Projekten.[128] Gerade Roadmaps können durch ihren erzielbaren Nutzen dazu beitragen, zu einer besseren Strategieplanung und -ausführung zu gelangen:[129]

- Planung der zukünftigen Technologien für Produkte und Services
- Unterstützung der internen Kommunikation zwischen an der Entwicklung von Angeboten beteiligten Fachbereichen
- Transparente Steuerung des Ressourceneinsatzes
- Erkennen von Abhängigkeiten zwischen Projekten und Nutzung der damit verbundenen Synergieeffekte
- Einbringen einer Prozess- und Projektsicht in die Planung
- Erhöhte Reaktionsfähigkeit auf Veränderungen des Marktes

In diesem Zusammenhang sei bereits darauf hingewiesen, dass die meisten Roadmap-Anwender neben dem rein fachlichen Ergebnis insbesondere den crossfunktionalen Erstellungsprozess als wesentliches Ergebnis erachten.

---

[128] Einsatz der Balanced Scorecard im Projektmanagement, S. 128 in: Kerber, G. (Hrsg.) (2003): Zukunft im Projektmanagement. Beiträge zur gemeinsamen Konferenz „5. Fachtagung Management und Controlling von IT-Projekten" und „interPM", dpunkt-Verlag, Heidelberg, S.127–141.
[129] In Anlehnung an Abele, T. / Freese, J. / Laube, T. (2002): Produkt- und Produktionstechnologie-Roadmaps für das strategische Technologiemanagement, in: Barske, H. / Gerybadze, A. / Hünninghausen, L. / Sommerlatte, T.: Das innovative Unternehmen. Produkte, Prozesse, Dienstleistungen, Gabler, Wiesbaden, S. 8.

Struktur einer Roadmap

Abbildung 1: Aufbau einer Roadmap

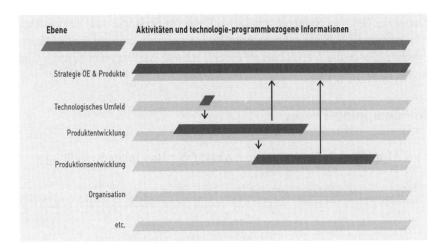

Auffallend an einer Roadmap ist zunächst einmal, dass sie sich auf wenige Symbole beschränkt und damit bereits zur Transparenz beiträgt.

Die Roadmap selbst kann in zwei Dimensionen gegliedert werden. In der vertikalen Dimension finden sich die für die Vorbereitung der zukünftig erforderlichen Kompetenzen notwendigen Betrachtungsperspektiven, strukturiert in verschiedene Ebenen (vgl. folgende Abbildung). Neben Ebenen, die einerseits Eingangsinformationen aus der strategischen Planung, andererseits allgemeine technologische Weiterentwicklungen beinhalten, finden sich Ebenen zu organisatorischen Einheiten wie Produktentwicklung, Organisation oder auch Vertrieb etc. Die Zusammenstellung der Ebenen variiert unternehmensspezifisch.

Durch die Integration der verschiedenen Funktionen wird der Hauptzielsetzung, der fachübergreifenden Synchronisation von Zielen und Maßnahmen, Rechnung getragen.

Auf der horizontalen Achse werden die weiter spezifizierten Inhalte auf einer Zeitskala dargestellt. Die sinnvolle Anwendung der Roadmap-Methodik kann wiederum branchen- und unternehmensspezifisch variieren und umfasst einen Zeitraum von bis zu acht Jahren in der Zukunft.

Dabei reichen drei Symbole zur Darstellung der Strategie aus. Zeitpunkte / Meilensteine für Ziele oder externe Ereignisse, wie eine geplante Steuererhöhung oder die Verfügbarkeit einer Technik, Maßnahmen sowie deren logische Verknüpfung.

Roadmapping-Prozess

Abbildung 2: Schematischer Ablauf der Roadmap-Erstellung

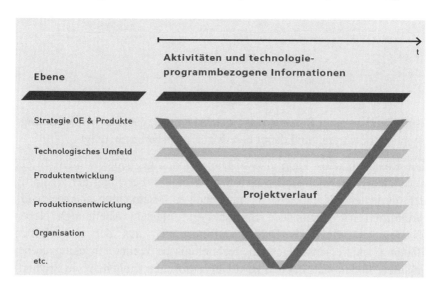

Bezüglich der Verwendung von Roadmaps ist zwischen der erstmaligen Einführung und kontinuierlichen Anwendung zu unterscheiden. Die erstmalige Implementierung einer Roadmap erfolgt gemeinhin in einem Projekt. Um den gesamten Nutzen einer Roadmap zu heben, sollte sie jedoch als Prozess angesehen werden, welcher zumeist jährlich durchlaufen wird und mit der Zeit eine immer höhere Reife aufweist.

Um die in einer Organisation vorhandenen Potenziale möglichst vollständig zu realisieren, werden top-down- und bottom-up-Ansätze miteinander verbunden (vgl. Abb. 2). Auf der strategischen Ebene werden z. B. zunächst die Fragen nach dem zukünftigen Produktprogramm und den maßgeblichen Inhalten erarbeitet. Diese werden auf der operativen Ebene detailliert und gegebenenfalls angepasst. Operativ tätige Mitarbeiter verfügen normalerweise über höheres Wissen in einzelnen Arbeitsfeldern und können dadurch z. T. noch anspruchsvollere Ziele definieren.

Die Roadmap als Instrument der Strategieerstellung bzw. -überleitung hängt wie jeder Strategieprozess von der Qualität der Inputinformationen ab. Diese können analytischer Natur sein, wie Kompetenzportfolios, Szenario-Analysen, Aufstellung bzgl. Markt- und Kundentrends, oder auch kreative Aspekte beinhalten.

Tabelle 2: Typische Arbeitsinhalte zur Implementierung einer Roadmap

Arbeitspaket	Inhalte
Projektvorbereitung	Aufnahme Status-Quo, Vorabgespräche („Abholen der internen Kunden"), Mitarbeiterinformationen erstellen etc.
Konzept: Roadmap	Vorgehen, Roadmap-Aufbau, abzubildende Inhalte, softwaretechn. Umsetzung, Spielregeln für lebensfähigen Prozess / kontinuierliche Pflege
Konzept: Operationalisierung	Festlegung von Projektklassen und Bewertungskriterien zur Überführung des später in der Roadmap erarbeiteten Projektprogramms in die operative Ausführung
Workshops übergreifend	Häufig ein übergreifender Workshop zum Auftakt „Strategie" (~ gemeinsames Verständnis) sowie zum Abschluss „Synchronisation" (Zusammenfassung von Projekten, Realisierung von Synergien)

Trend-/Technology-Forecast	Erarbeitung von „Szenarien" in priorisierten Technologiefeldern und / oder Branchen
Workshops Produkt-/Anwendungsfeld	Workshops je Produkt-/Anwendungsfeld zur Detaillierung der Ziele und notwendigen Maßnahmen
Visualisierung Strategie	Umsetzung in Project/Excel oder einem entsprechendem Roadmap Tool, Management Summary, Abschlusspräsentation, Standard/Leitfaden
Überführung in die operative Ausführung	Bewertung der in der Roadmap gesammelten Projektideen, Erstellung von Projektskizzen sowie erste Budgetierung
Review/Nachsorge	Review sowie Follow-up-Gespräch ½ oder 1 Jahr nach Einführung mit ggfs. notwendiger Anpassung der Prozesse

Übertragung der Roadmap-Methode

Sicherlich war die sehr hohe Komplexität in Unternehmen der Luftfahrt- oder Elektronikindustrie aufgrund der funktionalen und regionalen Arbeitsteilung der optimale Nährboden für die Entwicklung der Roadmap-Methode. Mit ihr ließen sich alle Aktivitäten des Unternehmens auf gemeinsame Ziele ausrichten und somit auch eine optimale Ressourcensteuerung erreichen. Viele Unternehmen im produzierenden Gewerbe verwenden bereits über einen längeren Zeitraum Roadmaps, was bereits als Indiz für die Einschätzung der Wirksamkeit angesehen werden kann.

Die primäre Zielsetzung von Roadmaps – die Identifizierung und Darstellung aller Projekte, die für die Entwicklung von für zukünftige Produkte und Services notwendiger Kompetenzen erforderlich sind – tritt natürlich auch in anderen betrieblichen Bereichen bzw. anderen Branchen auf. So liegt es nahe, dass Roadmapping z. B. auch in den Bereich der Logistikplanung Eingang gefunden hat. Häufig besteht in Unternehmen eine erhebliche Unsicherheit in Bezug auf die langfristige Gestaltung der Logistik, welche z. T. eine interne Service-Funktion übernimmt. Der Mangel an systematischen, zielgerichteten Planungsmethodiken konnte durch die Einführung von Roadmaps behoben werden. Dabei konnte insbesondere einem der Charakteristika der Logistikplanung, nämlich der Berücksichtigung einer Vielzahl von Schnittstellen, Rechnung getragen werden.

Eine deutlich weitergehende Übertragung der Methode hat durch einen Krankenhausdienstleister stattgefunden. Das Unternehmen, das Krankenhäuser plant und betreibt, hat mit der Zielsetzung, der führende innovative Anbieter dieser Dienstleistungen zu sein, einen Roadmap-Prozess implementiert. Dieser bietet ausgehend von Kunden- und Markttrends die Basis, mithilfe interner und externer Entwicklungen neuartige Konzepte, z. B. bezüglich des Aufrufs und Leitens von Patienten, zu implementieren

Innovation in der Versicherungsbranche?

Einen Fingerzeig, wie es um Innovation in der Versicherungsbranche steht, zeigt bereits der Umstand, dass das vorliegende Buch eines der wenigen ist, welche sich dem Thema exklusiv widmet.

Vergleicht man weiterhin exemplarisch 1:1 die im Internet dargestellten Angaben bezüglich der Unternehmensstrategie der Unternehmen Daimler und Allianz, so fällt sofort ins Auge, dass bei Daimler Innovation als zentraler Anspruch bereits im ersten Satz verankert wird, wohingegen Innovation bzw. Weiterentwicklung bei der Allianz an keiner Stelle erwähnt wird.[130]

Ist Innovation im Versicherungsgewerbe eventuell einfach nicht notwendig? Dem widerspricht eine globale Studie der Boston Consulting Group, nach der 71 % der Finanzdienstleister im Jahr 2012 Innovation als eine der „Top 3"-Prioritäten eingeordnet haben.[131]

In der Realität dagegen sind Finanzdienstleister laut einer Studie des Zentrums für Europäische Wirtschaftsforschung (ZEW) „Innovationsmuffel". Der Studie zufolge haben Finanzdienstleister 2011 gerade einmal 0,5 %

---

[130] Vgl. http://www.daimler.com/unternehmen/strategie sowie https://www.allianz.com/de/ueber_uns/strategie_werte/strategie/index.html [Stand: 5.3.2014].
[131] The Boston Consulting Group: The Most Innovative Companies 2012 – The State of the Art in Leading Industries, http://www.bcg.de/documents/file125210.pdf [Stand: 5.3.2014].

des Umsatzes für Innovation ausgegeben – im Fahrzeugbau zum Vergleich waren es 9,2 %. Immerhin konnten damit 11 % des Umsatzes mit in den letzten drei Jahren eingeführten Produkten und damit ein Mittelfeldplatz erzielt werden. Vielfach handelt es sich jedoch um „Nachahmerinnovationen", denn gerade 1,7 % des Umsatzes werden bei Versicherungsunternehmen durch echte Neuheiten erzielt. Wie zu erwarten ist, sind Prozessinnovationen bedeutender – durch sie konnten 2011 Kosteneinsparungen in Höhe von 5,4 % erzielt werden. Eine Voraussetzung für echte Innovationen stellen Forschungs- und Entwicklungsaktivitäten (FuE) dar. Gerade einmal 7 % der Versicherungsunternehmen betreiben kontinuierlich FuE, weitere 6 % gelegentlich.[132]

Dabei liegt es auf der Hand, dass beispielhaft die von Jähnert/Förster angeführten zehn strategischen IKT-Techniktrends, wie „mobile Geräte und Kommunikation, „Personal Cloud, „App Stores für Unternehmen", „strategische Big Data" etc., auch für Versicherungsunternehmen Potenziale zur Steigerung der Wettbewerbsfähigkeit bieten.[133]

Roadmapping in der Versicherungsbranche?

Die Hauptzielsetzungen einer Roadmap, nämlich die langfristige Entwicklung von Schlüsselkompetenzen sowie die Synchronisation aller hierfür notwendigen Aktivitäten, sind nicht auf das produzierende Gewerbe beschränkt.

Es lassen sich bereits erste Unternehmen aus der Finanzdienstleisterbranche identifizieren, welche die Roadmap als zentrales Instrument zur Entwicklung und Durchsetzung ihrer Strategie einsetzen. Dabei handelt es sich nicht um eine nach innen gekehrte Techniksicht, wie gegebenenfalls neue Systeme für das eigene Rechenzentrum auszuwählen, sondern wie am Beispiel der ANZ um „Greater connectivity, customer-centricty, standardi-

---

[132] Beenken, Matthias: Innovation und Versicherung – Symbiose oder Widerspruch?, http://www.versicherungsmagazin.de/Aktuell/Nachrichten/195/20310/Innovation-und-Versicherung-Symbiose-oder-Widerspruch-.html [Stand: 5.3.2014].

[133] Vgl. Jähnert, Jürgen / Förster Christian (2014): Einleitung: Informationstechnologie im gesellschaftlichen Kontext, in: Jähnert, Jürgen / Förster Christian (Hrsg.): Technologien für digitale Innovationen – Interdisziplinäre Beiträge zur Informationsverarbeitung, Springer VS, S. 9.

sation and reliance on information to enable the bank to tap into superregional growth opportunities".[134]

Die im Artikel vorgestellten Eigenschaften der Roadmapping-Methode sowie erster erfolgter Implementierungen z. B. im Bankensektor zeigen das Potenzial einer Übertragung der Methode auf die Finanz- bzw. Versicherungsbranche auf, welches es nun durch Unternehmen mit innovativem Anspruch zu heben gilt.

---

[134] Vgl. http://www.cio.com.au/article/393739/anz_outlines_toward_2017_strategy/ [Stand: 6.3.2014].

Jacob-Christian Klages / Dr. Nadine Guhr / Christoph Schwarzbach

Innovation im Versicherungsvertrieb – Direktabschluss per Versicherungs-Apps

Das Smartphone – also die Weiterentwicklung des Mobiltelefons, welches ursprünglich primär als Kommunikationsmittel diente - ist inzwischen zu einem fast unverzichtbaren Hilfsmittel in jeglichen Lebenssituationen geworden. Der Stellenwert, den das Smartphone in der heutigen Gesellschaft durch fast alle Generationen hinweg eingenommen hat, lässt annehmen, dass es unsere Verhaltensweise wie wohl keine andere technische Erfindung der letzten dreißig Jahre geprägt hat. Dies verdeutlichen auch die Zahlen von Smartphonebesitzern in Deutschland. Mittlerweile besitzen fast 40 Prozent aller Bundesbürger ein mobiles Endgerät,[135] wobei ein weiter steigender Absatz prognostiziert wird.[136] Mobile Endgeräte bieten mit ihren vielfältigen technischen Funktionen in nahezu jeder Alltagssituation eine unterstützende Funktion. Die inzwischen weitreichende mobile Vernetzung ermöglicht dem Nutzer zu jedem Zeitpunkt und an fast jedem Ort auf mobile Datendienste zuzugreifen, mit denen Informationen, Produkte oder Dienstleistungen erworben werden können. Im Mittelpunkt dieser Assistanceleistungen stehen die mobilen Applikationen (Apps). Für fast jede Lebenssituation und jeden Bedarf kann der User für sein Smartphone auf eine App zurückgreifen. Durch die steigende Anzahl an Smartphone- und Tablet-PC-Nutzern nimmt auch die Bedeutung von Apps immer mehr zu. Im Jahr 2012 hatte jeder Smartphone-Nutzer im Durchschnitt 23 Apps auf seinem Mobiltelefon installiert.[137] Mit dem Verkauf von Apps im Jahr 2012 haben die Anbieter einen Gesamtumsatz von 430 Millionen Euro in Deutschland erzielt. Dies entspricht einer Steigerung zum Vorjahr in Höhe von mehr als 50 Prozent. Mittlerweile kann bereits von einer „App-Economy" gesprochen werden.[138] Die stark ansteigenden Umsatz- und

---

[135] Vgl. http://www.bitkom.org/de/presse/74532_73749.aspx [Stand: 18.2.2014].
[136] Laut einer Prognose steigt der Absatz von Smartphones im Jahr 2013 im Vergleich zum Vorjahr um 29 Prozent. Vgl. BITKOM (Hrsg.) (2013b).
[137] Vgl. http://www.bitkom.org/de/presse/74532_73653.aspx [Stand: 18.2.2014].
[138] Vgl. http://www.bitkom.org/de/presse/8477_76094.aspx [Stand: 18.2.2014].

Expansionszahlen verdeutlichen das enorme Potenzial, das die Anwendungsprogramme in den kommenden Jahren mit sich bringen werden.

Auch in der Versicherungsbranche ist man auf diesen Trend aufmerksam geworden. Der Versicherungskunde von heute hat mittlerweile einen anderen Anspruch an seinen Versicherer. Längst schon haben sich Banken, Einzelhandel und selbst Behörden auf das sich verändernde Konsumverhalten von Kunden und Nutzern eingestellt. Diverse Services können einfach und bequem mit dem Smartphone zu jeder Zeit und überall genutzt werden. Damit wächst beim Kunden auch die Erwartungshaltung gegenüber seinem Versicherer. Zwar findet sich in den App-Stores der großen Plattformanbietern wie Android, iOS und Windows Phone inzwischen ein vielfältiges App-Angebot für Versicherungskunden, doch die Branche nutzt längst nicht das gesamte Potenzial, das dieser Service bzw. dieser Vertriebsweg bietet.

Eine Bestandsaufnahme

Der Versicherungsnehmer von heute unterscheidet sich von den Versicherungsnehmern vergangener Jahrzehnte. Geprägt von der alltäglichen mobilen Vernetzung erwartet er nicht nur unkomplizierte und jederzeit verfügbare Services und Produkte, sondern es hat sich unlängst mit der neu hinzugewonnen Mobilität auch ein Bedarf an neuen und innovativen Versicherungsprodukten entwickelt. Aktuelle Smartphones bieten vielfältige Möglichkeiten der Service- und Produktgestaltung. Die durch Smartphones gewonnene Mobilität und Ubiquität, lässt eine jederzeitige Kontaktaufnahme sowohl vonseiten des Kunden bei Fragen und Anregungen als auch vonseiten der Unternehmen für Werbe- und Servicezwecke zu. Auch die Kontextsensitivität ist ein Vorteil, von dem die Versicherungsnehmer bei richtiger Ausgestaltung der App profitieren können. Diese beschreibt die Möglichkeit, mithilfe mobiler Technologien auf die jeweilige Situation des Nutzers reagieren zu können. So können ortsbezogene Dienste (Location Based Sevices, LBS) Bezug auf die Position des Anwenders nehmen. Außerdem ist eine Ausrichtung der mobilen Datendienste auf den jeweiligen zeitlichen Kontext mittels aktueller Zeitpunkte und Stundenangebote möglich. Der persönliche Bezug ermittelt sich aus den Präferenzen und den persönlichen Eigenschaften, die der Anwender freiwillig angibt, oder wird aus dem individuellen Nutzungsverhalten abgeleitet. Momentan wird die Kontextsensitivität besonders durch LBS gefördert. Hierbei werden dem Nutzer mit Hilfe von Ortungsverfahren, bspw. basierend auf GPS, auf die lokale Position abgestimmte Dienste angeboten. Eine Möglichkeit besteht z. B. darin, dem Kunden eine Ski-Versicherung anzubieten, sollte er sich in einem Skigebiet befinden.

Sucht man in verschiedensten App-Stores, wie z. B. Play Store etc., nach dem Stichwort „Versicherung", finden sich mehrere hundert Apps. Der Kunde findet hier neben offiziellen Service- und Vertriebsapps viele Programme, die keine expliziten Versicherungsleistungen enthalten, da sie von nicht-versicherungsspezifischen Drittanbietern oder Entwicklern programmiert wurden. Hierzu können bspw. Vergleichsportale oder Informationsanwendungen gezählt werden. Filtert man diese heraus und betrachtet nur die Anwendungen, die von Versicherungsunternehmen veröffentlicht wurden, bleibt eine überschaubare Liste an Versicherungs-Apps übrig. Im Fokus stehen insbesondere Service- und Abschluss-Apps.

Unter Ersterer können Apps eingeordnet werden, die dem Versicherungsnehmer zusätzliche Service-Leistung anbieten. Mit einer „Schaden-App" lassen sich bspw. die Meldungen im Schadensfall vereinfachen. Dies würde durch eine Authentifizierung sowie Aufbereitung von kontextspezifischen Daten, wie z. B. Ort, Zeit, involvierte Personen oder Situation der Schadensentstehung geschehen. Die Schadensaufnahme vor Ort bspw. bei einem Verkehrsunfall oder im Falle von Einbruch-, Wasser-, Sturm- oder Vandalismusschäden hat den Vorteil, dass der Kunde über seine mobile App direkt mit dem Versicherungsunternehmen in Kontakt treten kann. Beweisfotos können mit der Smartphonekamera aufgenommen und mit GPS-Koordinaten sowie der aktuellen Uhrzeit unmittelbar an den Versicherer weitergeleitet werden. Für den Kunden stellt dieser Service eine wesentliche Erleichterung hinsichtlich der Schadensabwicklung dar. Wird diese auf die wesentlichen Faktoren reduziert und mithilfe des Programms vereinfacht unterstützt, bleibt dem Kunden weiterer Aufwand in Form von schriftlichen Schadensmeldungen erspart.[139]

---

[139] Eine vergleichbare App bietet bspw. die Hannoversche-Versicherung mit ihrer „KFZ-Schaden-App".

Eine andere Möglichkeit eine Versicherungs-App zu gestalten kann in Form einer App mit Direktabschlussfunktion realisiert werden. Hierbei kann der Versicherungsnehmer eine sog. Mikroversicherung über eine mobile App erwerben. Diese kurzfristige Versicherung zeichnet sich dadurch aus, dass sie nur eine begrenzte Laufzeit hat und automatisch endet, ohne dass es einer Kündigung durch den Versicherungsnehmer bedarf. Damit können herkömmliche Versicherungsprodukte wie bspw. Reise-, Unfall- oder Haftpflichtversicherungen vertrieben werden, die der Kunde kurzfristig, unkompliziert und schnell benötigt. Abgerechnet wird dies über die Handyrechnung, per Kreditkarte oder Paypal. Der Kunde muss keinen Makler kontaktieren oder sich Vertragsbedingungen durchlesen. Einige Versicherungsunternehmen bieten ihren Kunden mittlerweile derartige Versicherungsprodukte an. Diese besonderen Vertrags- und Abschlusskonstellationen bieten insbesondere die Möglichkeit, dem Versicherungsnehmer vollkommen neue und innovative Produkte anzubieten, die direkt auf seine Bedarfslage zugeschnitten sind. Klassische Unfall- oder Schadenversicherungen, die unter anderer Bezeichnung und mit angepassten Bedingungen den Kunden in spezifischen Situationen absichern, können so eine neue Zielgruppe mit anderen Versicherungsbedürfnissen erreichen. So können sich bspw. Fußballfans, die zum Spiel ihrer Lieblingsmannschaft gehen, für die Dauer ihres Stadionbesuches mit dem Stadionschutz vor Invalidität und Tod schützen.[140] Andere Direktversicherungen decken mit ihren Produkten aber auch tägliche Risiken ab, z. B. einen Dritten als kurzzeitigen Autofahrer.[141]

Auch wenn viele große Versicherungsunternehmen mittlerweile auf diesen Trend aufmerksam geworden sind, werden längst noch nicht die Potenziale genutzt, die dieses Medium als Direktvertriebsinstrument bietet. Nicht zuletzt hängt der Absatz von Mikroversicherungen stark vom Versicherungsnehmer, seinen Bedürfnissen und seinen Interessen ab. Nur wenn sich das Versicherungsunternehmen der Bedarfs-, Sicherheits- und Anspruchslage bewusst ist und sowohl die Produkte als auch die App nach diesen Ansprüchen gestaltet, kann dieser Absatzmarkt für Versicherungsprodukte

---

[140] Vgl. https://www.appsichern.de/unsere-versicherungen/ [Stand: 16.2.2014].
[141] Vgl. http://www.nuernberger.de/service-center/apps/fahrerplus/index.html [Stand: 16.2.2014].

ausgebaut werden. Um die Interessen des Versicherungsnehmers sowohl an der technischen Ausgestaltung der Versicherungs-App als auch an den vertriebenen Versicherungsprodukten zu identifizieren, wurde eine quantitative Studie mit 126 Teilnehmern durchgeführt. Grundlage dieser Studie war das in der Forschung bereits mehrfach erprobte Technologieakzeptanzmodell nach Davis (1989), welches auf die Besonderheiten mobiler Datendienste und insbesondere auf Versicherungs-Apps angepasst und erweitert wurde.[142]

Das Technologieakzeptanzmodell

Das Technologieakzeptanzmodell (TAM) wurde von Fred D. Davis im Rahmen seiner Dissertation im Jahre 1986 entwickelt und in den Arbeiten von Davis (1989) und Davis, Bagozzi und Warshaw (1989) angewendet, weiterentwickelt und überprüft.[143] Das Modell stellt in seinen Grundzügen eine Weiterentwicklung des von Fishbein und Ajzen 1975 entwickelten Modells „Theory of Reasoned Action" (TRA) dar. Dieses versucht das Verhalten von Individuen vorherzusagen, indem es deren persönliche Einstellungen und die von außen auf ein Individuum einwirkenden sozialen Einflüsse analysiert.[144] Das Modell von Davis greift die Grundidee des TRA-Modells auf und modifiziert dieses hinsichtlich einer Akzeptanzvorhersage für technische Systeme. Das Modell geht davon aus, dass zwei Faktoren einen unmittelbaren Einfluss auf die Nutzungsentscheidung eines Individuums hinsichtlich der zur Auswahl stehenden Technologien haben. Hierzu zählt zum einen der wahrgenommene Nutzen („Perceived Usefulness") und zum anderen die wahrgenommene Benutzerfreundlichkeit („Perceived Ease of Use"). Den wahrgenommenen Nutzen beschreibt Davis als „[...] the prospective user's subjective probability that using a spe-

---

[142] Davis, F. D. / Bagozzi, R. P. / Warshaw, P. R. (1989): User Acceptance of Computer Technology: A Comparison of Two Theoretical Models, in: Management Science 35, S. 982–1003.

[143] Vgl. Davis, F. D. (1986): A technology acceptance model for empirically testing new end-user information systems - theory and results; Davis, F. D. (1989): Perceived usefulness, perceived ease of use, and user acceptance of information technology, in: MIS Quarterly 13, S. 319-340; Davis, F. D. / Bagozzi, R. P. / Warshaw, P. R. (1989): User Acceptance of Computer Technology: A Comparison of Two Theoretical Models, in: Management Science 35, S. 982–1003.

[144] Vgl. Fishbein, M. & Ajzen, I. (1975): Belief, attitude, intention, and behavior. An introduction to theory and research. Reading, Mass: Addison-Wesley Pub. Co. (Addison-Wesley series in social psychology), S. 301–304.

cific application system will increase his or her job performance within an organizational context"[145], also die subjektive Wahrnehmung eines Individuums, dass die spezifische technologische Anwendung die eigene Arbeitsleistung verbessern kann. Die wahrgenommene Benutzerfreundlichkeit hingegen wird von Davis folgendermaßen dargestellt: „[...] the degree to which the prospective user expects the target system to be free of effort"[146], dementsprechend also der Grad, zu dem ein Individuum erwartet, dass die Anwendung der Technologie für sie oder ihn frei von Aufwand ist. Beide Faktoren werden von externen Variablen beeinflusst, auf die im Grundmodell jedoch nicht weiter eingegangen wird. Der wahrgenommene Nutzen und die wahrgenommene Benutzerfreundlichkeit wiederum wirken beide auf die „Einstellung die Technologie zu nutzen" („Attitude Toward Using"), wobei der wahrgenommene Nutzen zusätzlich die Einstellung zur Nutzungsabsicht („Behavioral Intention") beeinflusst. Diese bestimmt letztlich die tatsächliche Nutzung („Actual Use") des Individuums. Eine Darstellung des Modells mit den jeweiligen Wirkungsbeziehungen zeigt Abbildung 1.

Abbildung 1: Technology Acceptance Model (TAM)

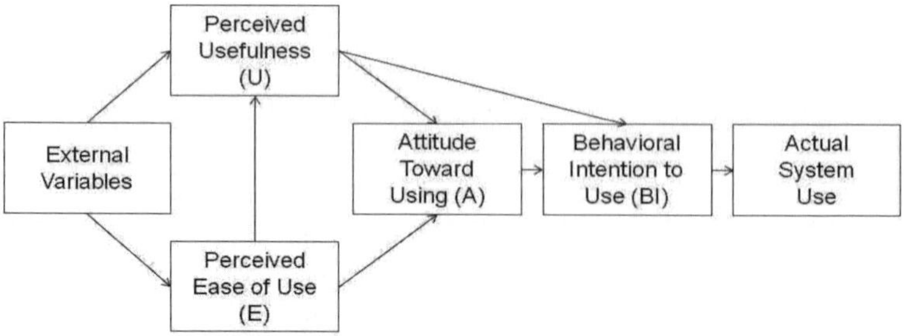

Quelle: Davis, F. D. / Bagozzi, R. P. / Warshaw, P. R. (1989), S. 985

---

[145] Davis, F. D. / Bagozzi, R. P. / Warshaw, P. R. (1989): User Acceptance of Computer Technology: A Comparison of Two Theoretical Models, in: Management Science 35, S. 985.
[146] ebd.

Ziel des TAMs ist es, eine Erklärung für die wesentlichen Faktoren der Computer-Akzeptanz zu liefern. Hiermit soll das Nutzungsverhalten von unterschiedlichen Technologien auf einfache und theoretisch begründete Weise erklärt werden.[147]

Das Technologieakzeptanzmodell wurde in unterschiedlichen Studien weiterentwickelt und angepasst. Seine seit Jahren ungebrochene Popularität basiert nicht nur auf der einfachen Modellstruktur und der guten Nachvollziehbarkeit, vielmehr konnte in unterschiedlichsten Studien die Validität der im Modell aufgeführten Variablen und modellierten Wirkungszusammenhänge nachgewiesen werden. Besonders die Meta-Studie von Schepers und Wetzels (2007) bestätigt die theoretisch postulierte Modellstruktur des TAMs und die Gültigkeit der im Modell aufgenommenen Variablen.[148] In den letzten Jahren wurde das TAM immer wieder als Basis für Studien zur Untersuchung unterschiedlichster Informations- und Anwendungssysteme herangezogen und mit verschiedenen Variablen erweitert. Forschungen zur Akzeptanz mobiler Datendienste bzw. mobiler Endgeräte stellen dabei die häufigste Untersuchungsgrundlage dar.[149]

Technologieakzeptanzmodell für Versicherungs-Apps

Da der Fokus der vorliegenden Untersuchung auf mobilen Versicherungs-Applikationen liegt, müssen bei der Modellerweiterung des TAMs auch verschiedene versicherungsspezifische Besonderheiten berücksichtigt werden, die beim Abschluss eines Versicherungsvertrages zur Geltung kommen. Ziel des neuen Modells ist die Untersuchung der Technologieakzeptanz von Versicherungsnehmern und daraus folgernd eine möglichst umfassende Erklärung des Nutzungsentscheidungsprozesses in Bezug auf den Erwerb von Versicherungsprodukten über einen mobilen Datenservice.

---

[147] Davis, F. D. / Bagozzi, R. P. / Warshaw, P. R. (1989): User Acceptance of Computer Technology: A Comparison of Two Theoretical Models, in: Management Science 35, S. 985.

[148] Vgl. Schepers, J. / Wetzels, M. (2007): A meta-analysis of the technology acceptance model: Investigating subjective norm and moderation effects, in: Information & Management 44, S. 99–100.

[149] Vgl. Königstorfer, J. (2008): Akzeptanz von technologischen Innovationen. Nutzungsentscheidungen von Konsumenten dargestellt am Beispiel von mobilen Internetdiensten, 1. Aufl. Wiesbaden: Gabler Verlag / GWV Fachverlage, Wiesbaden, S. 25.

Das erweiterte TAM für Versicherungs-Apps basiert in seiner Kerntheorie auf den Komponenten „wahrgenommener Nutzen" (PU), „wahrgenommene Benutzerfreundlichkeit" (PEOU) sowie der „Nutzungsabsicht" (INTUSE). Insbesondere die Determinanten PU und PEOU können als Haupteinflussfaktoren bei der Nutzung von mobilen Services identifiziert werden.[150] Der Ausschluss der Determinante „Attitude Toward Using" hat dabei keinerlei Auswirkung auf die Validität des Modells.[151] Zu den zusätzlich hinzugefügten Modellkomponenten zählen u. a. spezielle versicherungsökonomische Einflussfaktoren, bei denen angenommen werden kann, dass diese den Nutzungsentscheidungsprozess eines Versicherungsnehmers mit beeinflussen. Zu diesen versicherungsspezifischen Elementen zählen vier Einflussfaktoren, bei denen vermutet wird, dass diese einen positiven signifikanten Einfluss auf den wahrgenommenen Nutzen einer Versicherungs-App haben. Hierzu zählen der „wahrgenommene Mehrwert" (PU_WERT), die „Produktspezifika" (PU_SPEZ), das „wahrgenommene Image" des Risikoträgers (PU_IMAGE) sowie die „Prämie und Zahlungsmodalitäten" PU_PRÄMIE). Zusätzlich zu diesen Determinanten wurde eine allgemeine Komponente eingefügt, bei der vermutet wird, dass diese unabhängig von der versicherungsspezifischen Ausrichtung der App, die Akzeptanz der Nutzer beeinflussen kann. Diese Komponente wird als „wahrgenommener Datenschutz" (PU_SCHUTZ) aufgeführt. Abbildung 2 verdeutlicht den Aufbau und die dargestellten Wirkungsbeziehungen des erweiterten TAMs für Versicherungs-App.

---

[150] Vgl. Phan, K. / Daim, T. (2011): Exploring technology acceptance for mobile services, in: JIEM 4, S. 351.
[151] Vgl. Venkatesh, V. / Morris, M. G. / Davis, G. B. et al. (2003): User acceptance of information technology: toward a unified view, in: MIS Quarterly 2003, S. 468.

Abbildung 2: Erweitertes Technologieakzeptanzmodell für mobile Versicherungs-Applikationen

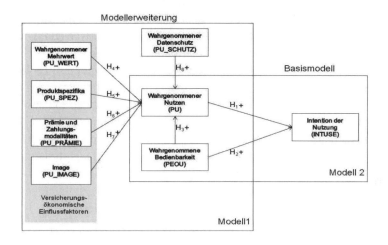

Quelle: Eigene Darstellung in Anlehnung an Davis, F. D. / Bagozzi, R. P. / Warshaw, P. R. (1989), S. 985

Zur Evaluation des TAMs für Versicherungs-Apps wurden acht Hypothesen aufgestellt und überprüft:

H_1: PU hat einen signifikant positiven Einfluss auf INTUSE.

H_2: PEOU hat einen signifikant positiven Einfluss auf INTUSE.

H_3: PEOU hat einen signifikant positiven Einfluss auf PU.

H_4: PU_WERT hat einen signifikant positiven Einfluss auf PU.

H_5: PU_SPEZ hat einen signifikant positiven Einfluss auf PU.

H_6: PU_PRÄMIE hat einen signifikant positiven Einfluss auf PU.

H_7: PU_IMAGE hat einen signifikant positiven Einfluss auf PU.

H_8: PU_SCHUTZ hat einen signifikant positiven Einfluss auf PU.

In der Studie konnten auf Basis verschiedener Fallunterscheidungen der Teilnehmer (z. B. Unterscheidungen hinsichtlich Smartphonebesitz, Erfahrungen bei Direktversicherungen, Teilnehmer mit häufiger Appverwendung, Personen mit Erfahrung bei Finanz- und Onlinebanking-Apps sowie eine Kategorisierung hinsichtlich Alter und Geschlecht) so gut wie alle Hypothesen bestätigt werden. Für Smartphonebesitzer konnten die Hypothesen H_1, H_2, H_4, H_5 und H_8 bestätigt werden. Die Hypothese H_7 konnte zwar nicht bestätigt werden, wies aber anders als angenommen einen negativen Einfluss des Images auf den wahrgenommenen Nutzen PU aus. Weitere Gruppen, denen mithilfe bestätigter Hypothesen eine erweiterte Technologieakzeptanz von Versicherungs-Apps nachgewiesen werden konnte, waren sowohl männliche Smartphonebesitzer (H_1, H_2, H_4, H_5 bestätigt und H_7 mit negativem Einfluss), Studienteilnehmer die häufig Apps verwenden (H_1, H_2, H_4 und H_5), Befragte mit Erfahrung bei Direktversicherungen (H_1, H_2 und H_4) sowie Probanden zwischen 30 und 39 Jahre (H_1, H_2, H_4 und H_6). Bis auf PEOU hat jedes der aufgeführten Konstrukte im erweiterten TAM für Versicherungs-Apps mit einem signifikanten Erklärungsgehalt zur Vorhersage der Nutzerakzeptanz beigetragen.

Umsetzungsmaßnahmen und Gestaltungsempfehlungen

Erste Erkenntnisse bei der Auswertung der Daten ergaben sich in der Unterscheidung von Smartphonebesitzern und Nicht-Smartphonebesitzern. Für Teilnehmer, die angegeben haben, dass sie über ein mobiles Endgerät verfügen, konnten stärkere signifikante Einflüsse der Indikatoren auf den wahrgenommenen Nutzen und die Intention der Nutzung gemessen werden als bei Personen, die kein Smartphone besitzen. Da der Besitz eines mobilen Endgeräts zudem eine notwendige Bedingung für den Gebrauch mobiler Services darstellt, kann festgestellt werden, dass die Zielgruppe von Versicherungs-Apps ausschließlich in Besitzern eines Smartphones oder Tablets zu finden ist. Ein darauf ausgerichtetes mobiles Marketing, das als *„Planung, Durchführung und Kontrolle von Marketingaktivitäten bei der Nutzung [...] mobiler Endgeräte"*[152] verstanden werden kann, sollte dazu

---

[152] Vgl. Möhlenbruch, D. / Schmieder, U.-M. (2001): Mobile Marketing als Schlüsselgröße für Multichannel-Commerce, in: Wohlfahrt, J. / Wilhelm, T. / Silberer, G. (Hrsg.): Mobile Commerce. Wiesbaden, S. 77.

dienen, Versicherungs-Apps direkt beim Endkunden zu bewerben. Neben klassischen Marketingmaßnahmen wie Anzeigen in Printmedien oder TV-Medien, sollte mit Hilfe eines spezifischen mobilen Marketings versucht werden, den Smartphonenutzer direkt zu erreichen. Hier bieten sich Werbebanner in den jeweiligen App-Stores, Onlinenews, die Nutzung von Sozialen Netzwerken wie Facebook oder Twitter sowie die Verwendung sogenannter QR-Codes an. Smartphonenutzer können die QR-Codes mithilfe ihrer im Smartphone integrierten Kamera einlesen und werden dann direkt auf eine vom Anbieter vorher festgelegte Internetseite wie bspw. der App-Store-Seite der jeweiligen App geleitet.[153] Mithilfe umfangreicher Marketingmaßnahmen sollte im Besonderen der Mehrwert einer Versicherungs-App beworben werden, der auch im Rahmen dieser Studie weitestgehend bestätigt werden konnte. An diesem Punkt müssen die Unternehmen ansetzen und den Bekanntheitsgrad von Versicherungs-Apps mit Hilfe von gezielten Werbemaßnahmen erhöhen.

Im Mittelpunkt dieser Marketingstrategien sollten insbesondere die Vorzüge eines Direktabschlusses per App stehen, wie bspw. die Zeitersparnis. Zur Steigerung des Bekanntheitsgrades und des Absatzes können u. a. auch neuartige und innovative Produkte beitragen. Die derzeit angebotenen Versicherungsprodukte, die die Basis der Apps bilden, unterscheiden sich nur geringfügig von bereits bestehenden Versicherungen. Eine Unfall- oder Schadenversicherung kann der Kunde auch über einen herkömmlichen Vertriebsweg zu einem im Vergleich günstigeren Preis erhalten. Die angebotenen laufzeitbeschränkten Mikroversicherungen können jedoch besser auf die individuellen Interessen des Kunden abgestimmt werden. Die Möglichkeit temporäre Lebensabschnitte und -risiken abzusichern, sind vielfältig und bieten einen entsprechenden Markt für neue und auf die Kundeninteressen abgestimmte Versicherungsprodukte. So gibt es z. B. einen Versicherungsschutz für zusätzliche Fahrer eines Kraftfahrzeugs, wenn das eigene Automobil bspw. an Personen verliehen wird, die nicht mitversichert sind. Auch Extremsportler könnten sich bei besonders gefährlichen Situationen kurzfristig im Vorfeld mit einer speziellen Versicherung absichern. Hierfür könnten bspw. Bungee-Sprünge oder ähnliche besonders

---

[153] Vgl. Uitz, I. / Harnisch, M. (2012): Der QR-Code – aktuelle Entwicklungen und Anwendungsbereiche. In: Informatik Spektrum 35, S. 339.

gefährliche Sportaktivitäten in Frage kommen. Weiterhin sind auch Versicherungen möglich, die besonders wertvolle Gegenstände oder Geräte absichern. Hierbei könnten insbesondere Handy-, Laptop-, Fahrrad- oder E-Bike-Versicherungen für viele Nutzer von Interesse sein.

Bei der Produktgestaltung und -vermarktung kann auch die Bildung von Kundengruppen vorteilhaft sein, da hierüber gezielt Käufergruppen mit ähnlichen Risikotypen bedient werden können.[154] Erdenklich wären hier z. B. Versicherungs-Apps mit speziellen Versicherungsprodukten nur für Sportler, für Reisende oder für alltägliche Situationen. Letztlich sollten die angebotenen Versicherungen situativ und unkompliziert abschließbar sein und bei Möglichkeit einen Schutz bieten, der nicht von einer bereits vorhandenen Versicherung abgedeckt ist.

Letztlich muss darauf hingewiesen werden, dass die Entwicklung und der Vertrieb eines neuen Versicherungsproduktes immer mit einem hohen zeitlichen und finanziellen Aufwand verbunden ist. Marktforschungsstudien im Vorfeld einer Produktentwicklung bleiben unerlässlich, um eine ausreichende Nachfrage im Nachhinein sicherstellen zu können. Da die allgemeine Bereitschaft, eine Versicherung online abzuschließen, wie bereits erwähnt, vergleichsweise gering ist, dürfte dies auch für den Direktabschluss via Versicherungs-Apps gelten.

Zur Zertifizierung von besonders sicheren und qualitativ hochwertigen Produkten verwendet die Versicherungsbranche bereits seit längerer Zeit sogenannte Gütesiegel. Diese sollen zur Vertrauensgenerierung bei den Kunden in die ausgezeichneten Unternehmen und Produkte beitragen. Die Siegel werden von unterschiedlichen „unabhängigen" Unternehmen veröffentlicht und können von den Versicherern meist entgeltlich zu Werbezwecken verwendet werden. Zur Reduktion von Sicherheitsbedenken oder zur Gewährleistung von Datenschutzrichtlinien könnten Gütesiegel auch zur Vermarktung von Versicherungs-Apps eingesetzt werden und somit die Bereitschaft zur Nutzung einer App steigern.[155]

---

[154] Vgl. Zerres, M. P. / Reich, M. (2010): Handbuch Versicherungsmarketing. Heidelberg, New York, S. 31.
[155] Vgl. Verclas, S. / Linnhoff-Popien C. (2012): Smart Mobile Apps. Mit Business-Apps ins Zeitalter mobiler Geschäftsprozesse, in: Smart Mobile Apps, S. 8.

Neben diesen zur Vermarktung der App und der Produkte vorgestellten Maßnahmen, sollten bei der Entwicklung und der Veröffentlichung einer Versicherungs-App die Grundinteressen der Nutzer weiterhin berücksichtigt werden. Diese Bedürfnisse, die auch innerhalb der durchgeführten Studie bestätigt wurden, beziehen sich auf Themen wie Datenschutz, Zahlungsmodalitäten und auch die Bedienung der App. Hierbei können Grundbedürfnisse eines Smartphonebesitzers erkannt werden, die einen umfassenden Datenschutz, einfache und unkomplizierte Zahlungsvorgänge und eine simple und überschaubare Handhabung der App erwarten. Unter Berücksichtigung genereller Nutzerinteressen, insbesondere in Hinblick auf die Privatsphäre, kann sowohl der Bekanntheitsgrad als auch die allgemeine Akzeptanz von Versicherungs-Apps gesteigert und die mobile Applikation als neuer Vertriebskanal etabliert werden.

Fazit und Ausblick

Die Ergebnisse der quantitativen Studie konnten bestätigen, dass Versicherungsnehmer eine Versicherungs-App als sinnvollen zusätzlichen Vertriebsweg bewerten. Dabei konnte insbesondere der wahrgenommene Mehrwert einer solchen App als zentraler akzeptanzfördernder Faktor identifiziert werden. Als wichtige Implikation ergibt sich, dass die richtige Gestaltung einer Versicherungs-App sowohl auf technischer und auf produktinhaltlicher Ebene die Akzeptanzrealisierung und -steigerung im Wesentlichen mitbestimmt. Hieraus folgen verschiedene Gestaltungsempfehlungen, die bei der praktischen Umsetzung einer App mit berücksichtigt werden sollten. Es kann vermutet werden, dass beim Versicherungsnehmer die mobile App als Vertriebskanal voraussichtlich nicht den Stellenwert einnehmen wird, den die traditionellen Vertriebswege wie z. B. der Vermittlervertrieb innehaben. Hierfür sind die angebotenen Produkte in ihren Eigenschaften und Merkmalen zu speziell und sprechen zudem nur eine vergleichsweise kleine Gruppe von Versicherungsnehmern an. Nichtsdestotrotz zeigen die steigenden Verkaufszahlen von Smartphones und mobilen Apps, dass dieser Geschäftsbereich ein zunehmendes Ertragspotenzial beinhaltet und die Akzeptanz der Anwender zur Nutzung dieses Kommunikationsmittel für private und berufliche Zwecke weiter steigen wird.

Zukünftig könnten Versicherer ihren Kunden die Produkte auch über mobile Websites anbieten. Mit diesen lassen sich Inhalte flexibler transportieren, verändern und komplexere Prozesse abbilden, als dies bei mobilen Apps der Fall ist. Zudem bieten die browserbasierten Anwendungen den Vorteil, dass der Versicherungsnehmer keine App installieren muss und die Vermarktungskosten deutlich geringer sind als bspw. bei nativen oder hypriden Apps.[156]

Letztlich kann festgehalten werden, dass die Möglichkeiten zum Direktvertrieb von Versicherungsprodukten mit dem kontinuierlichen technischen Fortschritt zunehmen werden. Voraussetzung für den Erfolg des Direktvertriebs über mobile Apps ist und bleibt die Akzeptanz beim Versicherungsnehmer. Diesem müssen die Vorteile des situativen Risikoschutzes bewusst aufgezeigt werden. Ein gutes Marketing und ein faires Preis-Leistungs-Verhältnis, insbesondere im Vergleich zu den klassischen Versicherungsprodukten, sind hierfür ein Muss. Die Entwicklung und Ausgestaltung der Apps sowie der vertriebenen Versicherungsprodukte steht noch am Anfang. Mit zunehmender Ausrichtung dieser an den Interessen und Bedürfnissen des spezifischen Versicherungskunden, steht einer erfolgreichen Etablierung der Versicherungs-App im Direktvertrieb nichts mehr im Weg.

---

[156] Vgl. BITKOM (Hrsg.) (2011): Mobile Anwendungen in der ITK-Branche, S. 7–11.

Dr. Michael Hartschen

Innovationsmotor Einfachheit

Einfach ist besser. Immer.

Nicht ohne Grund ist der Begriff „Einfachheit" seit Jahren unter den Top-5-Begriffen der Werbe- und Marketingsprache zu finden.[157] Der Trend geht in eine eindeutige Richtung. Die Menschen lieben Einfachheit, niemand will es komplizierter als nötig.[158] Der Wunsch nach einfach verständlicher Sprache, nach einfach zu bedienenden Produkten, Geräten und Programmen ist groß. Jedoch richten aus Kundensicht noch viel zu wenige Unternehmen ihren Fokus auf Einfachheit für einen verbesserten Kundennutzen. Unternehmen, die innovative, richtig einfache Lösungen umgesetzt haben, schlagen in puncto Kundenzufriedenheit ihre Mitbewerber um Längen.[159]

Doch was genau bedeutet Einfachheit, wer braucht sie und wer profitiert davon? Und ist Einfachheit einfach?

Einfachheit bedeutet nicht, dass etwas richtig oder falsch ist. Sie ist eine Bewertung. Aus der individuellen Perspektive einer Person oder einer Personengruppe stellt sich Einfachheit ganz unterschiedlich dar. Der Versicherungsalltag liefert dafür genügend Praxisbeispiele.

- Ein Experte erklärt seinem Kunden ein neues Versicherungspaket. Der Kunde verliert nach dem zweiten Fachbegriff den Faden. Er ist überfordert, fragt womöglich aber trotzdem nicht nach. Unsicherheit entsteht, der Kunde ist unzufrieden.

- Ein Versicherungskunde versteht die AGB trotz mehrfachen Lesens nicht. Sie sind für den Kunden nicht verständlich formuliert und verwirren, statt zu helfen.

---

[157] Datenbasis aus www.slogans.de [Stand: 8.10.2013].
[158] Vgl. De Bono (1991): Simplicity, London, Penguin Books, S. 1 "In an increasingly complex world simplicity is becoming one to the four key values."
[159] Vgl. Siegel&Gale (2013): Global Brand Simplicity Index 2013: Demonstrating the impact of simplicity on revenue, loyalty and innovation, New York, S. 6.

- Im Kundenservice ist unklar, welcher Mitarbeitende welche Aufgabe als nächstes erledigen muss. Der Service-Prozess gerät ins Stocken, dauert länger, führt spät zur Lösung.

Die Wertung dessen, was einfach ist, basiert auf Erfahrungen und Wissen des Einzelnen. An diesem Punkt prallen die Gedankenwelten von Versicherungskunden und -beratern, von Spezialisten und Anwendern direkt aufeinander. Was vom Experten täglich verwendet wird, ist für ihn selbstverständlich. Aus seiner Sicht scheint alles einfach und verständlich zu sein. Dem Kunden wiederum fehlen dessen Erfahrungen. Er verzweifelt am Fachlatein, aus seiner Sicht ist alles viel zu kompliziert. Morbiditätsorientierter Risikostrukturausgleich, Jahresarbeitsentgeltgrenze? Musterbeispiele für eine mit Fachbegriffen gespickte Versicherungssprache, die am Bedarf des Kunden vollständig vorbeigeht.

Es ist nicht nur für den Kunden wichtig, dass er sich wohl und verstanden fühlt. Falsche Vorstellungen des Versicherungskunden zu versicherungstechnischen Fachbegriffen lösen ganz falsche Assoziationen aus. Der Kunde benötigt häufig sehr viel Hintergrundwissen, um den Kontext einigermaßen richtig verstehen zu können. Ohne Verständnis kann der Kunde kein Vertrauen aufbauen. Wiederholt sich das, wird ihm der Kontakt mit der Versicherung lästig. Die Meinung „Es ist zu kompliziert" manifestiert sich. Ein großer Nachteil für eine Versicherungsgesellschaft! Die Bankenbranche hat dieses Problem gleichfalls. Daher hat zum Beispiel die Deutsche Kreditwirtschaft 2013 ein Glossar mit Sprachempfehlungen herausgegeben.[160]

Einfacher sein als andere. Der Mega-Pluspunkt.

Dass Versicherungen von Verbrauchern nicht als einfach wahrgenommen werden, zeigt das globale Ranking der Studie von Siegel & Gale.[161] Versicherungen stehen in der Rangliste noch weit hinter den Banken und bilden somit das Schlusslicht (siehe Abb. 1)!

---

[160] Vgl. http://www.die-deutsche-kreditwirtschaft.de/uploads/media/Anlage_1_Glossar_02.pdf [Stand: 1.2.2014].
[161] Vgl. Siegel&Gale (2013): Global Brand Simplicity Index 2013: Demonstrating the impact of simplicity on revenue, loyalty and innovation, New York, S. 18.

Aus dieser letzten Position heraus ergibt sich für die Versicherungsbranche aber auch das größte Verbesserungspotenzial mit unschlagbarem Wettbewerbsvorteil. Einfachheit als Herausstellungsmerkmal in der Versicherungsbranche? Kunden, die ohne Scheu und voller Vertrauen Versicherungstermine wahrnehmen? Selten, viel zu selten – aber machbar mit inno- innovativen, richtig einfachen Lösungen.

Abbildung 1: Ranking Global Brand Simplicity Index 2013 nach Branchen[162]

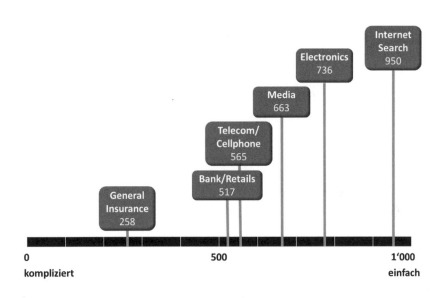

---

[162] Eigene Darstellung, vgl. Siegel&Gale (2013): Global Brand Simplicity Index 2013: Demonstrating the impact of simplicity on revenue, loyalty and innovation, New York, S. 18, die maximal mögliche Punktezahl war 1000.

Kundenorientierte Produkt-Innovationen sind nur ein Teilbereich der positiven Wirkung gelebter, zufriedenstellender Einfachheit. Interne Abläufe, Marketingmaßnahmen und die Kundenansprache in Kommunikationsmitteln lassen sich ebenso nutzbringend vereinfachen wie vieles andere mehr. Bei Versicherungsgesellschaften muss in puncto Vereinfachung der Kundennutzen absolut im Vordergrund stehen.

Die Erfahrung zeigt, dass es nicht einfach ist, einfach zu sein. Was sind die Ursachen dafür?

- Es existieren unterschiedliche Vorstellungen und Wahrnehmungen von Einfachheit.

- Nur eine einheitliche Einfachheit für jedermann bringt gewinnbringenden Nutzen.

- Vorgaben und Regulatoren von Experten und Gesetzgebern müssen für Nicht-Experten umgesetzt und von diesen richtig angewandt werden.

- Der Experte kennt seine Werkzeuge und Vorgaben aus der täglichen Arbeit. Er könnte beispielsweise blind ein Konto eröffnen, eine Versicherung abschließen und einen Schadensfall melden. Der Kunde hingegen wird nur alle paar Jahre damit konfrontiert.

**Raus aus der Masse, rein in die Einfachheit.
Mit System.**

Bei der Findung von Lösungsansätzen zur Implementierung von Einfachheit ist gutes Teamworking gefragt. Der erste Schritt ist es, ein gemeinsames Verständnis über die Definition von Einfachheit zu schaffen. Und eine Schärfung des Blicks für das Wesentliche, Wichtige. Was ist einfach, was kompliziert, was komplex? Wo kann Komplexität reduziert werden?

In erster Linie geht es darum, den Nichtspezialisten-Status des Kunden wirklich zu verinnerlichen. Wie sieht der Kunde die Versicherung? Wie würde er sie beschreiben?

Die Voraussetzung zur Beantwortung dieser Fragen ist ein schonungsloser Wechsel zur Kundenperspektive. Sie muss allgegenwärtig sein, und zwar bei jedem einzelnen Schritt hin zur Einfachheit für mehr Kundennutzen. Denn Kunden sind nicht nur Kunden am Markt, sie sind viel mehr: interne Nutzer, Empfehlungsaussprecher und Vermittler.

Kunden möchten weder mit Kompliziertheit noch mit Komplexität konfrontiert werden. Sie wollen auch nicht wegen eines unklaren Formulars bei der Versicherungs-Hotline anrufen müssen, bevor sie ihre Unterschrift leisten. Sie haben ein Grundbedürfnis: die Dinge einfach richtig zu verstehen (siehe Abb. 2). Jeder zufriedene Kunde ist bares Geld.

Abbildung 2: Grenzen der Kundenzufriedenheit

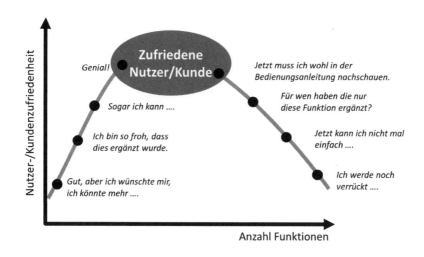

Wie gehen andere Branchen mit komplexen Anforderungen um? Reto Hahn von der Bank Linth beschreibt dies wie folgt:[163]

„Im Bankgeschäft gibt es besonders in den Bereichen Richtlinien, Anlageprodukte etc. eine Komplexität, und zwar bei allen Banken. Aber für einen Kunden darf es nie kompliziert sein. Darin sehen wir die wesentliche Aufgabe: Kompliziertheit für den Kunden zu vermeiden und, wann immer es

---

[163] Vgl. Hartschen (2014): Banking richtig einfach – geht das? Interview mit der Bank Linth, Uznach, www.simplicity-coach.ch/Interview [Stand: 14.2.2014].

möglich ist, die Komplexität für den Kunden zu reduzieren. Richtig einfach heisst für uns: einfacher sein als der Durchschnitt der Branche."

Dieser Perspektivwechsel benötigt durchaus Mut. Mut zum neuen Wahrnehmen, zum Querdenken, zur Innovationsfähigkeit und zur Transparenz (siehe Abb. 3). Bilder, Situationsdarstellungen und klare Beschreibungen verdeutlichen zum Beispiel Fachbegriffe und vermeiden Kundenfragen. Der Kundennutzen muss von einer Versicherung auf den Punkt gebracht, ganz neu verstanden und schließlich angewendet werden. Einfach sein ist nicht einfach, aber effektiv.

Abbildung 3: Einfachheit als Filter, dass trotz Kreativität und Innovation Komplexität nicht bis zum Kunde gelangt

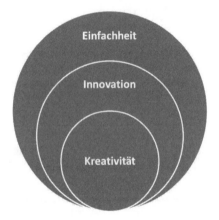

Perfekt auf den Versicherungskunden ausgerichtet

Um das Projekt „Einfachheit" zielgerichtet zum Erfolg zu führen, muss schon ein optimaler Start hingelegt werden. Er gelingt durch das Setzen der richtigen Schwerpunkte in der richtigen Reihenfolge.

Am Anfang jeder Vereinfachung steht immer die Klärung dreier Fragen:

- **Was** soll vereinfacht werden?
- **Warum** soll es vereinfacht werden?
- **Für wen** soll es vereinfacht werden?

Im Rahmen des Ausrichtungsprozesses werden die dringenden Themenfelder identifiziert. Das besonders für Versicherungen ideal geeignete Thema für den Beginn ist die Kundenwirkung. Wird diese Perspektive von allen am Projekt beteiligten Personen gemeinsam eingenommen, ist eine der ersten wichtigen Hürden geschafft. Das Thema steht von Anfang an im Mittelpunkt des Denkens: „Wir richten Einfachheit auf die Kundenwirkung aus!"

Fragen nach dem „Wie" werden nicht zufällig nach „Was, warum und für wen" gestellt (siehe Abb. 4). Das Implementieren von Einfachheit ist ein iterativer Prozess, an dessen Anfang gemeinsames Verständnis und ein klarer Fokus stehen. Die Suche nach Lösungen folgt also immer der Ausrichtung.

Abbildung 4: Der Vereinfachungsprozess[164]

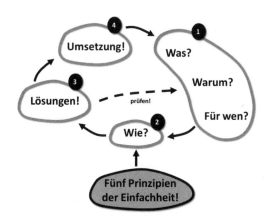

Ein großer Hemmschuh beim Programm[165] „Einfachheit" sind Diskussionen um Themen, die gar nicht im direkten Beeinflussungsbereich der Versicherung liegen. (Abb. 5) Primär darf es daher nur um Themen gehen, die

---

[164] Brügger/Hartschen/Scherer (2011): Simplicity – Prinzipien der Einfachheit; Offenbach, Gabal-Verlag, S. 20.
[165] Ein Programm setzt sich aus mehreren Projekten oder Teilprojekten zusammen, welche alle eine gemeinsame Basis haben, das gleiche Ziel verfolgen und voneinander abhängig sind.

vollständig und aktiv selbst gestaltet oder zumindest aktiv mitgestaltet werden können. Alles andere gefährdet den Programm- und somit den Unternehmenserfolg schon im Ansatz. Sackgassen drohen, aus denen schlimmstenfalls nicht mehr herausgefunden wird.

Abbildung 5: Welche Themen bearbeiten?

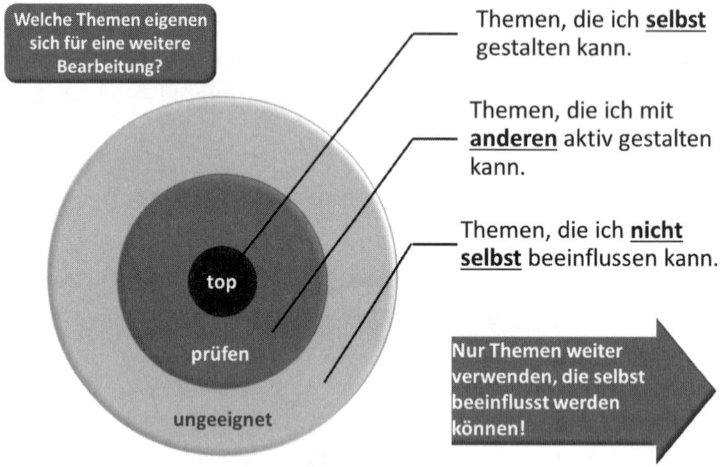

Welche Themen eigenen sich für eine weitere Bearbeitung?

top
prüfen
ungeeignet

Themen, die ich **selbst** gestalten kann.

Themen, die ich mit **anderen** aktiv gestalten kann.

Themen, die ich **nicht selbst** beeinflussen kann.

Nur Themen weiter verwenden, die selbst beeinflusst werden können!

Innovative Lösungen entwickeln: Fünf Grundprinzipien zum Erfolg. Nur eine Lösung ist keine Lösung!

„Wenn ich etwas vereinfachen will, dann muss ich etwas weglassen." Dieses Meinungsbeispiel ist richtig und falsch zugleich. Einfachheit kann viel mehr als nur weglassen. Der Gedanke, durch Kürzen einen positiven Effekt zu erzielen, kann durchaus einen Ansatz darstellen. Für eine Gesamtlösung, das „große Ganze", ist dieser Ansatz aber in der Regel zu eng. An falscher Stelle zu kürzen (Callcenter, Informationsbroschüren etc.) führt zu verstärkter Kompliziertheit für den Kunden.

Wird der erste Ansatz (Einfachheit = Weglassen) mit weiteren Ansätzen in Verbindung gebracht, kann die Lösung sogar das Ergänzen sein. Etwas hinzuzufügen, statt etwas wegzulassen – das Gegenteil von Einfachheit? Nein.

Genauso wie das Weglassen ist das Hinzufügen wichtiger Bestandteil der fünf Grundprinzipien der Einfachheit:[166]

1. Restrukturieren
2. Weglassen
3. Ergänzen
4. Ersetzen
5. Wahrnehmen

Sie sind das Ergebnis aus Analysen mehrerer hundert Produkte, Dienstleistungen und Prozesse aus den unterschiedlichsten Branchen, so auch aus Versicherungen und Banken. Überprüft wurde die Vereinfachungslösung in puncto Lösungsprinzip, Anwender- und Kundenfreundlichkeit.

Klassische Kundenbefragungen sind beim Entwickeln innovativer Einfachheitslösungen übrigens vielfach kein geeignetes Hilfsmittel. Einer der Hauptgründe: Kunden als Nicht-Experten fehlt oft die konkrete Vorstellung dessen, was überhaupt machbar ist. Sie kämen beispielsweise höchstens in Einzelfällen darauf, dass mehrere Verträge zu einem Vertrag zusammengefasst werden können. Oder dass die Vereinfachung von Versicherungsverträgen möglich ist. Niemand fragt vielleicht danach, die Wirkung ist aber enorm.

Dr. Bodenmann von der Sympany Versicherung erläuterte in einem Interview an einem Beispiel, wie die Wirkung von Einfachheit verständlich gemacht werden kann.

„Wenn ein Kunde bei uns einen Vertrag abschließt, dann soll er auch auf eine einfache Art und Weise in diesem Vertrag nachlesen können, welche Leistung er eingekauft hat und was die Leistung konkret alles beinhaltet. Und dies in einer Struktur und Reihenfolge, wie der Kunde

---

[166] Vgl. Brügger/Hartschen/Scherer (2011): Simplicity – Prinzipien der Einfachheit; Offenburg, Gabal-Verlag, S. 18.

das Dokument liest und nicht in der Struktur, wie wir Leistungen gemäss unserem Produktportfolio intern strukturieren. Hier verlassen wir bekannte Pfade und schaffen eine bessere Verständlichkeit für den Kunden."[167]

Lösungen, die wirklich innovativ einfach sind, sind immer eine Überraschung für die große Masse. Von bestehenden Situationen lassen sich diese Lösungen nicht linear ableiten. Bei unzähligen wertvollen Innovationen war nicht der konkrete Kundenwunsch der Grund für die Entwicklung. Es waren der Mut und die Innovationsfähigkeit der Entwickler.

Das Programm „radikale Vereinfachung" funktioniert nie ohne eine gehörige Portion Mut. Bestehende Wege und Lösungsansätze („Das war bei uns und bei anderen Versicherungen schon immer so!") müssen objektiv hinterfragt und gegebenenfalls sogar verlassen werden. Erfolgsrelevant für die Umsetzung sind:

1. Offenheit
2. Weitsichtigkeit
3. Kreativität
4. Experimentelles Arbeiten
5. Eine große Portion Hartnäckigkeit
6. Durchhaltevermögen

und ein hoher Qualitätsanspruch an die Lösung. Gutes Leadership ist hier nicht nur wichtig, sondern unerlässlich.

Die Lösung, die dem Qualitätsanspruch tatsächlich zufriedenstellend gerecht wird, entwickelt sich selten nach dem ersten Versuch. Der Lösungsfindungsprozess ist geprägt durch permanentes Hinterfragen, Prüfen, Beobachten und Überarbeiten. Eine wirklich innovative, einfache Lösung zu entwickeln, darum geht es! Denn nicht jede neue Lösung stellt sich auch als einfach und innovativ heraus.

---

[167] Vgl. Hartschen, M. (2014): Erfrischend anders und vor allem einfach! Interview mit der Sympany Versicherung, www.simplicity-coach.ch/interview [Stand: 14.2.20114].

„Wir setzen uns konsequent damit auseinander, testen, reflektieren und gehen dieses Thema sehr akribisch an. Für uns zählt stets die Wirkung auf den Kunden. (...) Es muss allen klar werden, dass es die Summe der vielen kleinen Dinge ist, welche es dann einfach machen. Hinzu kommt, konsequent zu sein", so die Grundhaltung von Herrn Dr. Bodenmann von der Sympany Versicherung.[168]

Die Lösungen im Praxistest

Richtig spannend wird es bei der Umsetzung der Vereinfachungslösung im turbulenten Tagesgeschäft. Die realen Bedingungen dürfen nicht dazu führen, den Weg hin zur Vereinfachung zu vernachlässigen. Vereinfachung braucht Zeit, auch für die Mitarbeitenden. Immer wieder kann es zu Situationen kommen, die vieles gerade in der Anfangsphase schwierig gestalten. Manches ist ungewohnt, funktioniert vielleicht noch nicht ganz einwandfrei. Umso wichtiger ist es, die positiven Effekte zu feiern!

Das Ziel „Vereinfachung" benötigt ein hohes Maß an Verständnis für Veränderungen. Die zu erzielende Wirkung muss daher auf allen Unternehmens- und Führungsstufen verständlich und geduldig transferiert werden. Sonst schleichen sich alte Gewohnheiten schneller ein als vermutet.

Als ideale Unterstützung der Mitarbeitenden hat sich in der Praxis die Ausbildung von „Einfachheits-Botschaftern" oder „-Paten" bewiesen. Die wichtigste Voraussetzung für die Teilnahme an diesem Modell: Freiwilligkeit! Interne Mitarbeitende, die sich freiwillig melden, sind von sich heraus am Thema interessiert. Sie bringen Motivation und Verständnis mit und treiben das Projekt voran.

Wirkt die Lösung? Und was, wenn nicht?

Der Schwerpunkt einer Vereinfachungslösung liegt in der Wirkung, die durch die Veränderungen erzeugt wird. Neue Komplexität darf zukünftig gar nicht erst entstehen. Eine Organisation muss daher auch den Anspruch

---

[168] Hartschen, M (2014): Erfrischend anders und vor allem einfach! Interview mit der Sympany Versicherung, www.simplicity-coach.ch/interview [Stand: 14.2.2014].

an die kritischen Faktoren genau kennen und im Sinne eines Risikomanagements beobachten.

„Lücken lassen sich nie vollständig vermeiden, trotzdem hat die Vereinfachung Vorrang. Vorgänge, Produkte, Dienstleistungen etc., an denen etwas kompliziert ist, dürfen nicht schnell und unüberlegt akzeptiert werden", so die Erfahrung von Herrn Reto Hahn von der Bank Linth.[169]

Falls eine Lösung nicht gleich die gewünschte Wirkung zeigt, ist das weder eine Niederlage noch zeugt es von „schlechter Arbeit". Erfolgsentscheidend für das weitere Vorgehen ist der gleichbleibende Anspruch an die Qualität der Lösung. Auf keinen Fall darf er verwässert werden. Im Gegenteil: Energische Verteidigung ist angesagt! „Es ist noch nicht alles perfekt, aber wir sind auf dem richtigen Weg!" – das ist die beste Einstellung.

Aber woran erkennt man nun eigentlich, dass die Lösung wirklich einfach ist? Wenn beispielsweise folgende Statements genannt werden (siehe Abb.6), dann ist Einfachheit wirklich gelungen!

---

[169] Hartschen (2014): Banking richtig einfach – geht das? Interview mit der Bank Linth, Zürich, www.simplicity-coach.ch/Interview.

Abbildung 6: Dann ist es wirklich einfach![170]

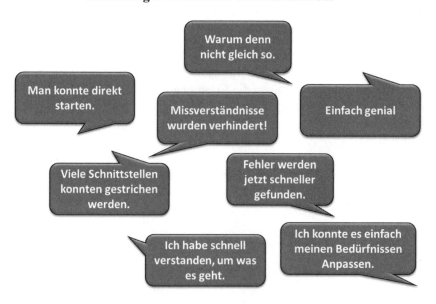

Vier Elemente vereinen, Einfachheit leben

Hilfsmittel, Prozesse, Verhalten und Verständnis – werden diese vier Elemente miteinander vereint, dann wird Einfachheit wirklich gelebt!

Durch das Denken und Handeln hin zur Einfachheit werden unweigerlich Innovationen angestoßen. Somit ist die Veränderung mit dem auf die Kundenwirkung ausgerichteten Fokus „Einfachheit" der beste Nährboden für zukünftige Innovationen der Versicherungsgesellschaft. Und zwar für disruptive Innovationen und Routine-Innovationen gleichermaßen.

Für ein Unternehmen werden die Vereinfachungshilfsmittel typischerweise in den Mittelpunkt gesetzt. Allerdings reichen Hilfsmittel und Prozesse alleine nicht aus, um Einfachheit tatsächlich zu leben. Bleiben alte Strukturen und Verhaltensweisen bestehen, wird die Wirkung der Tools schnell

---

[170] Brügger/Hartschen/Scherer (2011): Simplicity – Prinzipien der Einfachheit; Offenburg, Gabal-Verlag, S. 9.

wieder zunichte gemacht. Um dies zu vermeiden, empfehlen Einfachheits-Experten für eine ganzheitliche Sichtweise das parallele Arbeiten in allen vier Elementen (Abb. 7).

Neue Anforderungen werden neben den Tools auch an das Verhalten und das Verständnis für Einfachheit gestellt. Diese Softfaktoren steuern die Meinungsbildung, begünstigen die Erfahrung und beeinflussen somit auch die Entscheidungsfindung. Wird also neben den Hilfsmitteln auch am Verhalten und Verständnis gearbeitet, wird eine nachhaltige Basis für Einfachheit geschaffen.

Abbildung 7: Einfachheit benötigt eine ganzheitliche Sichtweise auf verschiedene Elemente

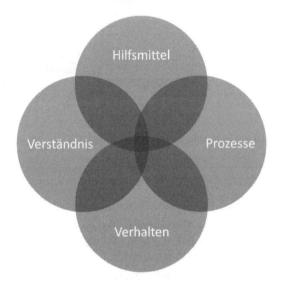

Nur auf der Basis einer offenen, veränderten Grundhaltung ist eine Umsetzung mit Innovationen tatsächlich gewährleistet. Killerphrasen zu neuen Vorschlägen haben beim Vereinfachungsprozess nichts zu suchen.[171] Ohne

---

[171] Vgl. URL: www.inno-bingo.brainconnection.ch; die 60 Innovationskiller-Phrasen wurden von Michael Hartschen aus zahlreichen Projektarbeiten zusammengestellt worden [Stand: 14.2.2014].

die Überzeugung, dass nicht alles, was früher richtig war, auch immer richtig bleibt, wären viele Innovationen nie zustande gekommen. Wären die vier Ebenen nie miteinander vereint worden, gäbe es heute weder Versicherungen noch Banken oder Pensionskassen!

Die gleiche Energie, mit der bestehende, komplexe Lösungen verteidigt werden, kann eine positive Veränderung hin zur Einfachheit bewirken. Dass Unsicherheiten bei den Mitarbeitenden auftreten, ist völlig normal. Mit Offenheit, Vertrauen und dezentralem Arbeiten innerhalb der Führungsaufgaben wird Hindernissen bei der Umsetzung effektiv entgegengewirkt.

Tipps und Tricks

- Starten Sie das Thema „Vereinfachung" nicht als Einzelprojekt innerhalb der Versicherung, sondern als Programm. Innerhalb dieses Programms muss den Teilnehmenden die Möglichkeit der Mitgestaltung gewährt werden.

- Um ein gemeinsames Gruppenverständnis für das Thema aufzubauen, starten Sie idealerweise mit einem Kernteam. Verschiedene Interessengruppen werden dort intensiv mit einbezogen. Das Kernteam entscheidet über die einzelnen Teilprojekte.

- Je größer die Organisation ist, umso schwieriger gestaltet sich das Realisieren eines durchgängigen Veränderungsprozesses auf dem Weg zur Einfachheit. Schaffen Sie bei über 400 Mitarbeitenden mehrere operativ noch führbare Einheiten, die eine gewisse Selbstständigkeit und Eigenverantwortung besitzen.

- Geben Sie den Mitarbeitenden Rückendeckung und kommunizieren Sie offen und direkt. Machen Sie ihnen Mut zur Veränderung und schaffen Sie Transparenz.

- Nehmen Sie eine Vorbildfunktion ein. Zeigen Sie selbst Mut und gehen Sie selbst Veränderungen aktiv an.

- Hilfsmittel und Prozesse für den Start werden gemeinsam bestimmt. Sie eignen sich zum Lernen, Weiterentwickeln, Anpassen und Optimieren.

- Arbeiten Sie intensiv am Verhalten und Verständnis innerhalb Ihrer Organisation. Verzichten Sie auf das klassische und unbeliebte Mittel ermüdender Power-Point-Präsentationen. Kreieren Sie Erlebniswelten zum aktiven Wahrnehmen und Mitmachen!
- Ob Simplicity-Camps[172] oder Diversityansätze – wichtig ist, die eigentliche Komfortzone verlassen. Alle Beteiligten brauchen die Möglichkeit, die neuen Erfahrungen schrittweise sammeln zu können.[173]
- Neues Wissen aufzubauen ist einfacher, als alte Erfahrungen abzulegen. Daher benötigt es auch Zeit, um das neue Wissen reifen zu lassen und zu verstehen. Entwickeln Sie die Verständnisebene bewusst auf allen Führungsebenen weiter.
- Geben Sie sich nicht mit der erstbesten Lösung zufrieden. Es geht überhaupt nicht darum, dass die neue Lösung ein bisschen einfacher ist als vorher. Sie muss einem hohen Qualitätsanspruch gerecht werden. Also bleiben Sie hartnäckig! Wirklich einfache Lösungsansätze sind nicht immer oberflächlich sofort erkennbar.

---

[172] Simplicity Camps in Analogie zu einer iterativen Arbeitsweise zur Entwicklung einer Vereinfachungslösung.
[173] Häufig ist ein Ausbrechen aus Alltagssituationen hilfreich, Beispiel: www.coaching-auf-reisen.ch [Stand: 14.2.2014].

Lars Georg Volkmann

Versicherungen in der VUCA-Welt: Warum der personale Vertrieb trotzdem eine Zukunft hat

In den 1990er Jahren brachten Strategen der US-Armee die Zukunft der Sicherheitspolitik auf vier Buchstaben: VUCA stand für volatility, uncertainty, complexity, ambiguity. Damals konnten sie nicht ahnen, dass sie damit auch genau die ökonomische Realität der Wirtschaft von heute beschreiben: bewegt, unsicher, komplex und mehrdeutig.

Die Schreckensszenarien der Branche sind die Weltfinanzkrise, die durch Mini-Zinsen den Sparer wie die Versicherungen als institutionelle Anleger bedrohen, daneben steigende regulatorische Anforderungen mit großem Aufwand ohne Ertrag, eine die Handlungsfähigkeit bedrohende Zinssituation, eine zunehmende Skandalisierung der (Medien-)Aufmerksamkeit, mögliche Provisionsverbote, ein längerer Haftungszeitraum, der für den Vermittler schlicht „Arbeiten auf Pump" bedeutet. Und natürlich das Internet, wo langjährig etablierte Unternehmen durch neue Geschäftsmodelle von Newcomern und Start-ups auf ihrem eigenen Stadionrasen angegriffen werden.

Manche setzen sich an die Spitze der Entwicklung, um nicht von ihr überrollt zu werden. Die Allianz gründete bereits mit VW eine Gemeinschaftsfirma – die Autohändler verkaufen gleich die Versicherung mit. Fazit: Der Versicherungsvertreter bleibt draußen. Kfz-Versicherungen werden auch gern gewechselt, jeder dritte Policenwechsel läuft heute bereits online in Deutschland. Das ist ein Zeichen für die Dimension der Digitalisierung der Branche.

Wo bleibt da der Mensch im Vertriebsprozess? Da, wo das Internet nicht hinkommt. Ins Vertrauen. Zwischen Menschen. Denn zwischen Menschen und Maschinen gibt es kein Vertrauen. Und wenn, dann wird es immer wieder enttäuscht. Im Jahr 2013 kam alles zusammen, Big Data, NSA und die digitale Ernüchterung über das Internet.

Dem Internet vertrauen? Zwei Schlaglichter

„Ist das der Super-Gau im Internet?", fragt die Frankfurter Allgemeine Zeitung (FAZ) im April 2014, nachdem Techniker und Experten eine Sicherheitslücke im Internet entdeckt haben. Durch eine bisher unbekannte Lücke namens „Heartbleed" könnten bisher sichere Seiten, Verschlüsselungen und Passwörter nicht mehr sicher sein – sondern so weit offen stehen wie Scheunentore. Doch das scheint kaum jemanden zu kümmern, stellt die FAZ im gleichen Absatz fest: „Die meisten Nutzer verstehen aber gar nicht, was genau passiert ist."

Ein anderes Beispiel: Beim Onlineshopping muss der Kunde damit rechnen, dass er höhere Preise bezahlt, wenn er die Bestellung per Smartphone oder Tablet durchführt. Die Preise ändern sich sogar während des Bestellvorgangs – und zwar nur nach oben. Die Verbraucherzentrale Nordrhein-Westfalen gab im Frühjahr 2014 nach umfangreichen Recherchen bekannt, dass beim Smartphone-Einkauf deutlich mehr für das gleiche Produkt bezahlt werden musste als am heimischen PC.

Der personale Vertrieb: Fünf Mythen – und die Realität

Bei der Zukunft des mobilen Vertriebs denken viele an Smartphones und iPad. Keine Frage, die Technik ist wichtig und wird zunehmen. Aber in der Versicherung bedeutet mobiler Vertrieb nach meinem Verständnis vor allem: Menschen, die sich bewegen, auf andere Menschen hinbewegen. Also Vertrieb mit Menschen für Menschen. Das Produkt von Versicherungen ist die Absicherung von einzelnen Menschen gegen die Wechselfälle des Lebens, und es gelingt, wenn ausreichend viele Menschen dabei mitmachen.

Doch wie findet das Produkt zu den Menschen? Ich sage: Beim Vertrieb von Versicherungen wird der Mensch auch in Zukunft eine wesentliche Rolle spielen. Personaler Vertrieb ist der Methusalem des Verkaufens. Diesem alten Mann hat die Versicherungsbranche viel zu verdanken. Und zum erfolgreichen Vertrieb der Zukunft gehört er dazu.

In Deutschland macht die AO zwei Drittel vom Geschäft, immer noch! Selbst wenn der Anteil des Internets am Umsatz sich verdreifacht, sind es erst 25 Prozent, wie die folgende Grafik zeigt:

Abbildung 1: Die AO ist immer noch der Hauptzugangsweg zum Kunden

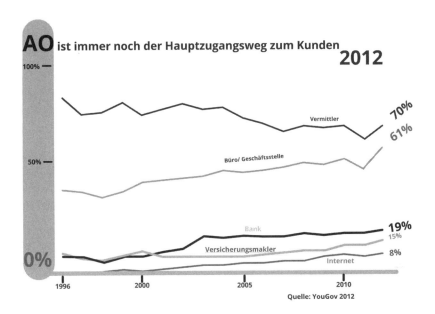

Der Mensch als Vermittler ist auch ein zentraler Faktor bei einigen der aktuellen Multi-Kanal-Vertriebsstrategien der Versicherungsgesellschaften. Hier steht eine persönliche Kundenbetreuung durch den Vermittler wieder stark im Vordergrund, weil man erkannt hat: Nicht entweder Maschine oder Mensch, sondern beide Vertriebswege wünscht der Versicherungskunde heute.

Das sehen wir bereits heute, wenn wir auf andere Länder schauen. Auch wenn der Versicherungsmarkt in Großbritannien in einer ganzen Reihe von Kriterien anders funktioniert als in Deutschland, so ist doch ein interessanter Trend zu erkennen. Schon seit geraumer Zeit zeigt sich, dass sich der Versicherungsmarkt in zwei Hälften teilt: in das digitale Geschäft mit standardisierten Produkten und in das direkte, persönliche Geschäft der Makler mit Honorar-Beratung. Unabhängig von der Frage, wie sich Honorarberatung entwickeln wird, zeigt das doch bereits ein bemerkenswertes Faktum: Der Mensch ist nach wie vor im Geschäft.

Bei all dem erscheint der Versicherungsvermittler aber immer noch als das unbekannte Wesen. Werfen wir einen Blick auf die Mythen – und auf die Fakten.

Mythos Nr.1: „Vermittler haben ein Top-Einkommen"

Hartnäckig hält sich der Mythos vom Vermittler als Best-Verdiener. Die Wahrheit ist: Jeder zweite Versicherungsvermittler hat einen Jahresumsatz vor (!) Kosten und Steuern von höchstens 50.000 Euro. Wer um klare Worte keinen Bogen macht, würde sogar sagen: Beim Verdienst ist die Realität für viele Vermittler nicht BMW 3, sondern eher Hartz 4.

Von allen Vermittlern macht ein weiteres Drittel bis 100.000 Euro Umsatz im Jahr, auch hier vor Kosten des Geschäftsbetriebs. Insgesamt machen 80 Prozent aller Versicherungsvertreter bis 100.000 Euro Umsatz, und nur 20 Prozent machen mehr.

Und wie verdienen diese oberen 20 Prozent der Vermittler ihr Geld? Selten auf die lockere Tour, oft genug im Schweiße ihres Angesichts. Das weiß jeder, der es macht.

Mythos Nr. 2: „Vermittler sind respektiert und willkommen"

Dennoch hält sich der Mythos, Versicherungsvermittler seien geachtet und gefragte Gesprächspartner. Die Wahrheit sieht anders aus: Der Kunde macht erst Termine - und lässt den Vermittler dann im Regen stehen.

Der GfK-Verein aus dem Umfeld der GfK-Marktforscher hat in 25 Ländern insgesamt 28.000 Verbraucher befragen lassen. Das Ergebnis: 97 Prozent der Deutschen vertrauen den Feuerwehrleuten. Nur 19 Prozent der Verbraucher in Deutschland vertrauen einem Versicherungsvertreter voll und ganz oder überwiegend – damit landet er auf dem letzten Platz in der Skala.

Dass Feuerwehrmänner und Ärzte einen besseren Ruf in der Bevölkerung haben als die Versicherungsvermittler, das konnte man sich denken. Dass aber sogar Telekom-Mitarbeiter und Werbeagentur-Menschen noch besser wegkommen, das ist schon hart.

Zwischenfrage: Wen rufen Sie an, wenn es brennt?

Wenn es brennt, rufen Menschen zuerst die Feuerwehr. Und später ruft man auch bei seinem Versicherungsvermittler an, damit er uns hilft, den Schaden zu bewältigen. Den Feuerwehrleuten vertrauen 97 Prozent der Deutschen, dem Versicherungsvertreter nur 19 Prozent. Eine schizophrene Situation: Der Vermittler rangiert vom Ansehen auf dem letzten Platz aller Berufe.

Aber wenn es hart auf hart kommt, dann soll dieser unbeliebte Vermittler alles tun, um uns zu helfen. Dann wollen wir kein Online-Schadenformular eines Internet-Versicherers, an das man sowieso nicht drankommt, weil man das Login und das Passwort nicht auswendig weiß. Denn die sind auf dem Rechner, der gerade verbrannt ist. In so einer Situation wollen wir einen Menschen, der uns beisteht. Einen dieser unbeliebten Vermittler.

„Keiner mag sie" lautete die Überschrift eines Kommentars über Versicherungsvertreter, den der Redakteurs Michael Kuntz im Wirtschaftsteil der Süddeutschen Zeitung vom 2.4. 2013 veröffentlichte. Für Kuntz ist der Umstand schlicht „alarmierend", und er begründet es präzise und überzeugend, wie ein Auszug aus seinem Kommentar zeigt:

„Der Versicherungsvertreter ist eine wichtige Person, Tendenz zunehmend. Bürger sollten sich, darüber herrscht weitgehend Einigkeit, besser nicht mehr ausschließlich auf die gesetzliche Rentenversicherung verlassen. Jedenfalls nicht in einer Welt, in der man während seines Berufslebens für immer mehr Senioren aufkommen muss und dann selber ebenfalls eine wesentlich höhere Lebenserwartung hat als früher. Also länger Geld für den eigenen Lebensunterhalt benötigt. Wer aber privat vorsorgen will und muss, wie die meisten es tun mit einer Lebensversicherung, braucht Menschen, die einem das Wie genauer erklären können und dies auch tun. Die sagen, welcher Anteil vom eingezahlten Kapital verzinst wird, wie das Geld angelegt wird, was die Versicherung für sich behält, wie hoch die

Provision ist. Für ein solches Gespräch mit Langzeitfolgen sollte man so viel Zeit einplanen wie für den Besuch eines Fußballspieles, mindestens."

Kuntz bringt in wenigen Zeilen gleich mehrere Wahrheiten auf den Punkt. Für ihn haben „die 260.000 Versicherungsvertreter volkswirtschaftlich eine Rolle wie die Feuerwehrleute – sozusagen bei der Brandverhütung." Sein Kommentar zeigt auch: Es gibt durchaus Wirtschaftsjournalisten und Medien, die einen kritischen, aber kenntnisreichen Blick auf die Branche haben.

Mythos Nr. 3: „Es gibt sowieso zu viele Vermittler"

Es gibt rund eine Viertelmillion Vermittler, und dabei sind 6 von 10 in der AO. Eine große Zahl, doch sie sagt nichts über den Erfolg. Es gibt nicht zu viele Vermittler – es gibt nur nicht genug wirklich Gute.

Das zeigt sich am „Point of truth", in der Beratungssituation. Aber wie sieht eigentlich ein typisches Beratungsgespräch aus? Vor dreißig Jahren drehte Gerhard Polt den Film „Kehraus", und manche sagen, es habe sich nicht viel geändert. Alle typischen Fehler auf einmal, unnötigen Policen, deren Prämiensumme am Ende mehr ausmacht, als der Kunde an verfügbarem Einkommen hat.

Mythos Nr. 4: „Persönliche Beratung will niemand mehr"

Das Gegenteil ist richtig. Sogar Bain & Company sagen in ihrer neuen Studie 2012: Das ist ein Mythos. Der personale Vertrieb hat Riesenchancen. Die Versicherer wissen: Die über 55-jährigen, die Alten, die haben wir. Die Neuigkeit ist: Wir haben auch die unter 30-jährigen. Denn 2 von 3 der „Digital Natives" sagen ja zum Vermittler, ergibt die Bain-Studie.

Mythos Nr. 5: „Honorarberatung ist sowieso viel besser!"

Die Wahrheit ist: 150 Euro die Stunde Honorar, das sind bei Pflege-Bahr 8 Minuten Beratung. Jeder kann selbst beurteilen, wie gut die Beratung sein wird.

Das heißt bis hierher: Es gibt kaum eine unattraktiveren Beruf als den des Versicherungsvermittlers. Und zahlreiche andere Branchen, die ein besseres Image haben, kämpfen auch bereits mit Nachwuchsproblemen.

Aber ist der Versicherungsvermittler deswegen auch verzichtbar, hat er deswegen keine Zukunft?

Versichern heißt Zukunft kalkulieren: Die Rolle des Vertriebs

Wie sieht es aus bei den großen Themen Alterssicherung, Demografie, Sozialsysteme? Versicherung hat immer mit Zukunft zu tun. Hätte man zu Bismarcks Zeiten damals jemandem gesagt: Die Menschen werden mal doppelt so alt wie du – niemand hätte es geglaubt. Es gibt sogar eine Konstante beim Thema Lebenserwartung: Den Irrtum. Hier sieht man es:

Abbildung 2: Demografische Prognosen – und die Realität

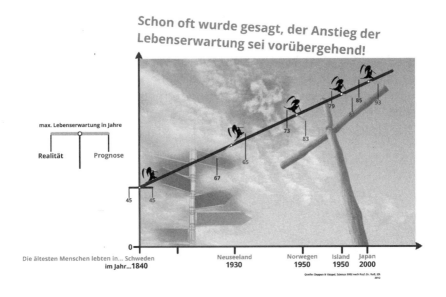

Die Aussage dieser Grafik ist so einfach wie erschreckend: Bei der Demografie haben sich alle Wissenschaftler zu allen Zeiten und in allen Ländern verrechnet.

Zu Bismarcks Zeiten war die Welt noch in Ordnung. Damals war Sozialversicherung hochprofitabel durch späte Rente und frühen Tod der Versicherten. Umgekehrt wird das aber in Zukunft bei der Pflege laufen. Das Problem hat drei Dimensionen: Kosten, Leistungsniveau und Zahl der Empfänger. An jeder dieser Schrauben kann der Staat drehen, und er wird es tun, wegen des Geldes.

Die Mehrheit ist auf den demografischen Wandel nicht vorbereitet. Aber Veränderungen solchen Ausmaßes bieten immer auch Chancen und neue Geschäftsideen. Unsere Zukunft, unsere Geschichte ist offen. Wie es kommt, haben wir in der Hand.

Die Meinung der Branchenexperten ist eindeutig: Die AO ist ein Auslaufmodell. Die Vertriebsmusik spielt künftig woanders. Nur die Makler legen noch zu. Schon die Bezeichnung Versicherungsmakler klingt ja auch besser, obwohl besonders der Immobilienmakler einen denkbar schlechten Ruf hat.

Deutschland ist ja das Land der Dichter und Denker. Und da gibt es ein Wort, das hat einen schlechten Klang. Das Wort „Verkaufen". Dabei gibt es unter Brachenkennern kaum Widerspruch, dass Versicherung immer Geschäft sein wird, das man aktiv bewegen muss. Doch inzwischen lassen es die Versicherungen lieber durch andere bewegen, wie die Grafik zeigt.

Abbildung 3: Künftige Bedeutung der Vertriebswege

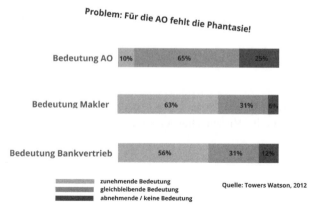

Doch die AO blutet personell aus, ihre künftige Rolle entfacht wenig Phantasie, dann noch Preiskämpfe und Bestandssanierungen – das kostet Vertriebskraft. Deshalb wird nur ein Wandel der Vertriebsstrategien weitere Zukunftschancen eröffnen. Welche Rolle spielt der Mensch in Zukunft im Versicherungsvertrieb?

Der „Lifespan-Consultant" als Modell

In Zukunft wird ein Job frei, den es heute noch gar nicht gibt. Der Personale Vertrieb als Lifespan-Consultant für das Finanzielle. So wir früher der Hausarzt, zu dem man ging, kann man die Zukunft des Personalen Vertriebs sehen als lebensbegleitende Beratung in allen Lebenslagen und über Generationen hinweg. Der Lifespan-Consultant kann eine Rolle dabei spielen, denn in einem längeren Leben gibt es mehr zu regeln. Er ist anders als der heutige Vermittler, und er hat ein anderes Standing, weil er mehr Nutzen schafft.

„Ich leite ein kleines Familienunternehmen" sagt die Frau in dem TV-Werbespot für Vorwerk, deren Staubsauger ihr helfen, den Haushalt entspannt zu bewältigen. Der Haushalt ist ein kleines Unternehmen. Und er hat den Zwang zur ständigen Optimierung. Hier ist der strategische Begegnungspunkt mit einem Vermittler, der als Unternehmens-/Familien-Berater im Dickicht aller finanziell relevanten Bereiche helfen kann. Energie, Telekommunikation, Bank – es gibt viele Branchen, in denen personaler Vertrieb als umfassender Ansprechpartner des Haushalts eine Rolle spielen kann.

Aber das erfordert, dass man für den Haushalt auch wirklich Lösungen anbieten kann, die übergreifend und integriert sind. Es ist für den personalen Vertrieb keine Chance, wenn er einfach nur weitere Produkte in seinen Bauchladen nimmt – „ich hätte da noch …" wird nicht reichen. Das kann Amazon besser mit seinen Empfehlungen – „Kunden, die diesen Artikel kauften, kauften auch …"

Wer treue Kunden hat, hat Macht

Das geht weit über den Verkauf von Versicherungen hinaus. Das erfordert Wissen in mehreren Disziplinen. Das erfordert einen Vermittler, der integer ist, der Format und Charakter hat. Kurz: Das erfordert jemanden, der sich auch in jedem anderen Job gut machen würde. Und das ist meine Überzeugung: Die guten Vermittler im Versicherungsbereich können gut mithalten mit den guten Kundenberatern aus anderen angesehenen Branchen.

Welche Dimension das annehmen kann, zeigt eine der erfolgreichsten Versicherungen in ihrem Gebiet: Die HUK-Coburg gab im April 2014 bekannt, dass sie selbst in den Markt der Kfz-Werkstätten einsteigen wird. Sie hat bereits 1300 Vertragswerkstätten, und ein Teil davon soll ab 2015 normale Reparaturen und Wartungsservices übernehmen. Die Vorteile für den Kunden: Die Preise sollen transparent einheitlich vertraglich geregelt sein, die Werkstätten müssen strenge Qualitätskontrollen bestehen – und vor allem soll es bis zu 30 Prozent günstiger werden als bisher die Werkstätten der Hersteller. Dort kann der einzelne Autofahrer doch nie erfahren, was an seinem Auto wirklich repariert wurde und was es eigentlich kosten dürfte. Die HUK aber kann ganz anders auftreten und dreht den Spieß um – zum Nutzen der gut arbeitenden Werkstätten und vor allem der HUK-Versicherten. Ein strategischer Schachzug, der zeigt, was noch alles möglich sein wird.

Bleibt nur eine Frage: Was machen dann die Gökers und Konsorten? Keine Ahnung. Manche Beobachter rechnen mit der Rückkehr zu bodenständiger Arbeit, etwa wieder als Türsteher vor dem Nachtclub.

Die entscheidende Rolle der Mobilität

Mobilität wird entscheidend sein in einer zunehmend älter werdenden Gesellschaft, die damit oft auch immobil wird. Vor allem in jenen Gegenden Deutschlands, in denen der Strukturwandel durch die Demografie nicht umkehrbar ist – also eben nicht die großen Städte, sondern das flache Land. So paradox es klingt: In der Großstadt, wo man für alles ein Ladengeschäft finden kann, floriert gleichzeitig auch der Internet-Handel. Man muss nur mal in einer Straße, in der es einen Buchladen gibt, einen der vielen Paketboten fragen, wie viele Amazon-Päckchen jeden Tag zugestellt werden.

Für den Vertrieb heißt die Übersetzung von mobil sein: Menschen, die sich bewegen. Zum Kunden hin, aber auch für den Kunden. Der mobile Vertrieb durch Menschen hat Vorteile, die es zu nutzen gilt, indem man sie in neue Formen der Dienstleistung und Wertschöpfung überführt. Für die Versicherungswelt heißt das: Solange eine Versicherungsgesellschaft mobiler ist als ihre Versicherungsnehmer, so lange ist sie im Geschäft.

Personaler Vertrieb hat Zukunft! Man muss dazu die Strategie neu ausrichten, und zwar nach demografischen und gesellschaftlichen Bedürfnissen. Es kommt dabei auf zwei Dinge an: entsprechende Produkte und ein neues Vertriebsverständnis.

Eigentlich sollte es bei einer strategisch gut aufgestellten Versicherung so sein, dass der Vertrieb die Produkte in der Hand hat und das Vertriebsverständnis im Kopf und im Herzen. Gut, wenn das schon so ist – für die anderen ist es ein Ziel, dass sich anzusteuern lohnt.

Müll, Steuern und Geld: Eine letzte Frage

Warum verdienen Müllmänner und Steuerberater so gut? Weil sie unangenehme oder schwierige Dinge für uns erledigen. Wer für andere Menschen unangenehme oder schwierige Dinge erledigen kann, der wird immer Geschäft haben. Doch auch das beste Produkt der Zukunft muss verkauft werden – auch immer noch von Mensch zu Mensch. Tun wir dies mit heißem Herzen und klarem Verstand, dann sind wir auch in Zukunft erfolgreich.

Prof. Dr. Leif Erik Wollenweber / Stefan Steden

Strategisches IT Outsourcing durch Cloud Computing

1. Cloud Computing als Königsweg des strategischen IT Outsourcings?

Der Begriff Cloud Computing umfasst Technologien und Geschäftsmodelle, die Daten und Softwareanwendungen dynamisch zur Verfügung stellen. Dies kann unternehmensintern oder extern erfolgen. Die Abrechnung der Nutzung erfolgt dynamisch, so dass für den Nutzer fixe Kosten in variable Kosten verwandelt werden. Anstelle IT-Ressourcen, beispielsweise Server oder Anwendungen, in unternehmenseigenen Rechenzentren zu betreiben, sind diese bedarfsorientiert und flexibel in Form eines dienstleistungsbasierten Geschäftsmodells über das Internet oder ein Intranet verfügbar. Diese Art der Bereitstellung führt zu einer hochspezialisierten und -differenzierten Industrialisierung von IT-Dienstleistungen. Firmen können durch den Einsatz von Cloud Computing langfristige Investitionsausgaben für den Nutzen von Informationstechnologie (IT) vermindern, da für IT-Ressourcen, die von einer Cloud bereitgestellt werden, oft hauptsächlich operationale Kosten anfallen.[174]

Da der praktische Einsatz und auch die wissenschaftliche Diskussion um Cloud Computing erst an ihren Anfängen stehen, gibt es noch keine allgemeingültige Definition der Begrifflichkeit. Unter Experten vorherrschend ist jedoch die Fassung des US-amerikanischen National Institute of Standards and Technology (NIST): „Cloud computing is a model for enabling convenient, on-demand network access to a shared pool of configurable computing resources (e.g., networks, servers, storage, applications, and services) that can be rapidly provisioned and released with minimal management effort or service provider interaction." [175]

Die Bezeichnung als Cloud, also Wolke, ist dabei wohl aus der Nutzerperspektive entstanden, aus der die Datenspeicherung und -verarbeitung in

---

[174] Vgl. Fehling (2011), in: Gabler Wirtschaftslexikon Verlag, Vol. 53, Nr.3, S. 123–125.
[175] National Institute of Standards and Technology (2011), http://www.nist.gov/itl/cloud/.

die Ferne rückt und dem unmittelbaren Durchblick entzogen werden. Gerade vor dem Hintergrund der Diskussion um Datensicherheit und Wirtschaftsspionage spricht dieser Aspekt auch zentrale Kritikpunkte der Cloud an, wenngleich die Datenspeicherung gerade in mittelständischen Unternehmen oft über geringere Ressourcen, niedrigere Sicherheitsstandards und mangels Spezialisierung über weniger Know-how verfügt, so dass die Datensicherheit objektiv bei spezialisierten Cloud-Anbietern signifikant größer sein dürfte.

Sicher ist, dass das Cloud Computing erst an seinen Anfängen steht.[176] Seine Möglichkeiten sind bei weitem noch nicht ausgeschöpft. Das gilt insbesondere für Industrien mit einem hohen Datenaufkommen, starker Vernetzung und dem Bedarf nach zentralem Datenaustausch. Es ist unschwer zu erkennen: Gerade die Versicherungswirtschaft – und genauso der Bankensektor – kann hier enorm profitieren.[177]

Dass deutliche Effizienzsteigerungen erzielt werden können, wird im Folgenden weiter betrachtet, liegt aber bereits auf der Hand. Über ein optimiertes Datenhandling, bessere Prozesskenntnisse, erweiterte Analysemöglichkeiten und eine erheblich erleichterte Übertragbarkeit von Best Practices kann aber auch die Effektivität der Unternehmen insgesamt gesteigert werden.[178] Spätestens hiermit erhielte Cloud Computing auch eine strategische Dimension.

Im Vordergrund steht vermutlich jedoch zunächst der Aspekt der Kostensenkung. Aufgrund des hart umkämpften Marktes suchen Versicherungen nach Möglichkeiten, Wettbewerbsvorteile zu generieren. Dies ist zunehmend schwierig, da große Teile der Versicherungsdienstleistungen weitgehend homogen sind und vom Kunden auch so empfunden werden. Deshalb verfügt ein Versicherungsunternehmen nur über wenig Spielraum, sich über sein Leistungsangebot zu differenzieren und als Premiumanbieter zu positionieren. Während Porsche gerade aufgrund seiner bekannt hochprei-

---

[176] Vgl. Han, K. / Mithas, S. (2013), The Real Savings From IT Outsourcing, in: MIT Sloan Management Review, Research Highlight.

[177] Vgl. Kloch, C. / Petersen, B. / Madsen, O. (2011): Cloud Based Infrastructure, the New Business Possibilities and Barriers, in: Wireless Personal Communications 2011 Vol.58, Nr. 1, S. 17–30.

[178] Vgl. Wiesehahn, A. (2001): Geschäftsprozessoptimierung für Versicherungsunternemen, München.

sigen Produkte prosperiert, fällt die Vorstellung schwer, dass Versicherungskunden stolz darauf sind, die teuerste Police im ganzen Bekanntenkreis abgeschlossen zu haben.

Bei allem Wunsch nach Differenzierung ist der Produktpreis einer der entscheidenden Faktoren im Versicherungsgeschäft. Das erklärt den konstanten Kostensenkungsdruck. Die IT-Funktion zählt mittlerweile zu den größten Kostenblöcken in Versicherungsunternehmen. Entsprechende Kostensenkungspotenziale stehen deshalb im Raum. Da die IT-Ausstattung zudem bestimmten Mindestanforderungen zu genügen hat, gilt die Faustregel „je kleiner das Versicherungsunternehmen, desto höher sind die anteiligen IT-Kosten". Wem es hier also gelingt, schneller, konsequenter und erfolgreicher anzusetzen als die Konkurrenz, für den erschließen sich erhebliche Wettbewerbsvorteile.

Einer der Gründe, warum gerade der Finanzsektor besonders hohe IT-Kosten aufweist, hängt nicht nur mit internen Prozessen und der Verwaltung von Kundendaten zusammen, sondern auch mit der überdurchschnittlichen Regulierung. Beispielhaft zu nennen wären hier Berichtspflichten nach Solvency II oder FATCA (oder bei Banken Basel III).

Freilich fallen diese Aufgaben für alle Versicherungsunternehmen gleichermaßen an, jedoch spricht gerade dies für gemeinsame Lösungen. Zumal die rechtlichen Regularien regelmäßig verändert und meist verschärft werden, entsteht dem Finanzsektor jedes Mal ein leistungsfremder Anpassungsbedarf und damit ein nicht unerheblicher betrieblicher Aufwand. Durch den Einsatz von Cloud Computing allein in diesem Bereich könnten die Kosten für die notwendigen Änderungen minimiert werden.

Für Cloud Computing spräche auf diesem Gebiet ein weiterer Vorteil. Gemeint sind nicht nur IT-Dienstleistungen, sondern der Cloud-Anbieter könnte auch als hochspezialisierter Know-how-Träger fungieren, der gesamte Dienstleistungspakete von Versicherungen übernimmt. Solche homogenen Aufgaben können ohnehin von den Versicherungen nicht zur Marktdifferenzierung genutzt werden und stellen insofern nur eine kernleistungsferne Last dar.

Mit jedem weiteren Nutzer der Cloud-Leistung steigt die Auslastung des IT-Anbieters. Dieser kann dann seine Skalen- und Lernkurveneffekte entsprechend an seine Kunden zurückgeben, so dass eine dynamische Kosteneinsparungskurve entsteht.

Dies gilt für alle Aufgaben, die auf den Cloud Computing-Dienstleister übertragen würden, nur sind gerade die Vorteile in den Bereichen besonders augenfällig, in denen Versicherungsunternehmen gleichartige Informationen an staatliche Stellen oder Prüforganisationen übermitteln. Ähnlich verhält es sich mit einem zentralen Datenpool und einer Schnittstelle, wo gleichartige Informationen ausgetauscht werden können, die die Leistungserbringung gegenüber dem Kunden nicht unmittelbar berühren. Gemeint sind Datenbanken zur Prävention von Versicherungsbetrug oder die Datensatzübergabe beim Wechsel der Gesellschaft, wie es regelmäßig am Jahresende bei Kfz-Versicherungen der Fall ist.

Ein weiterer, eher technischer Vorteil der Cloud Dienste liegt in der Skalierbarkeit. Wie angesprochen, müssten Versicherungsunternehmen nur Ressourcen bezahlen, die sie tatsächlich in Anspruch nehmen. Im Gegensatz dazu sehen sich viele Unternehmen dazu gezwungen, Rechnerkapazitäten für eine Maximalauslastung auszulegen, die faktisch jedoch höchst selten vorkommt. Offensichtlich ist es kostenintensiv, solche Redundanzen aufzubauen. Die Cloud eröffnet nun die Chance, diese entweder nur als Überlaufventil zu nutzen oder bestimmte, interne wie externe IT-Dienstleistungspakete komplett auszulagern. Die entsprechenden Kosten könnten dann zumindest auf das Maß der tatsächlichen Auslastung reduziert werden.

Speziell was das Vorhalten von Reservekapazitäten angeht, wäre eine Cloud-Lösung besonders effizient, gerade wenn davon ausgegangen werden kann, dass Auslastungsspitzen bei einzelnen Cloud-Kunden nicht zur gleichen Zeit auftreten. Dann käme der Cloud-spezifische Vorteil zum Tragen, dass freie Ressourcen kurzfristig an einer Stelle abgezogen werden können, um ein drohendes Defizit an einer anderen Stelle auszugleichen. Ein einzelnes Versicherungsunternehmen, unabhängig welcher Größe, wäre nicht annähernd in der Lage, ähnliche Vorteile zu realisieren. Nun treten bestimmte Auslastungsspitzen, beispielsweise Ende des Jahres bei Autoversicherern konzentriert auf, jedoch sind nicht zwingend alle Cloud-Nutzer Autoversicherer, sondern in anderen Sparten tätig.

Nun ist es so, dass die Versicherungswirtschaft über äußerst sensible Kundendaten verfügt. Entsprechend hoch ist das rechtliche Schutzniveau in Deutschland und in der EU. Doch nicht allein aus formalen Gründen, sondern auch aus dem ethischen Selbstverständnis der Branche heraus, ist ein maximal umsichtiger und vertrauenswürdiger Umgang mit Informationen obligatorisch.

Nun hinken gesetzliche Kodifizierungen der Entwicklung der Technik und Märkte hinterher, was in der Natur der Sache liegt. Folglich gibt es derzeit auch noch keine rechtlichen Bestimmungen zum Cloud Computing. Übergangsweise werden deshalb analoge Regelungen aus anderen Rechtsbereichen und provisorische Abmachungen herangezogen. Eine Taskforce bestehend aus Juristen der Bundesministerien, IT-Experten und Vertretern der Versicherungswirtschaft ist im Begriff, die bestehenden Lücken zu schließen. Allerdings wird dies erfahrungsgemäß längere Zeit in Anspruch nehmen.

Ein weiterer Grundpfeiler sind die technischen Voraussetzungen und Anforderungen. Dass Cloud Computing funktioniert, ist erwiesen, nur sind in der Versicherungswirtschaft die IT-, Prozess- und Datenstrukturen bereits ausreichend dafür geeignet, auf externe Datenträger und Onlineverfügbarkeit ausgerichtet zu werden? Es bedarf also der Untersuchung und Testung, welche Restriktionen und Probleme in der IT-Technologie und im Workflow der Versicherungsgesellschaften eventuell bestehen, die eine Anpassung erforderlich machen. Hinzu kommt die Frage, inwieweit Effizienzgewinne tatsächlich notwendige Investitionskosten amortisieren.[179]

---

[179] Earl, M. (1996): The Risks of Outsourcing IT, in: MIT Sloan Management Review, Research Feature.

2. Effizienzgewinne durch Cloud Computing

Versicherungen werden nur zum Cloud Computing wechseln, wenn sie dadurch handfeste Vorteile erhalten, die zudem zu einer besseren Position im Wettbewerb führen. Unterscheidbar sind unmittelbare quantifizierbare Effekte im IT-Bereich durch geringere Investitionskosten in IT-Hardware und Software, geringere Instandhaltungskosten, kürzere und schlankere Prozesse und auch niedrigere Personalkosten, da die eigene Personalabteilung verkleinert werden kann.[180] Weitere Effizienzgewinne können in der eigentlichen Erbringung der Versicherungsdienstleistungen entstehen, wiederum durch optimierte Prozesse und Personaleinsparungen.[181]

Zunächst qualitative und damit nur mittelbar messbare Vorteile können außerdem durch höhere Lernkurveneffekte, Serviceverbesserungen und Imagegewinne entstehen. Letztere Vorteile wären möglich, etwa indem der Versicherungsvermittler im Kundentermin durch die Online-Anbindung an die Cloud nicht nur alle Optionen realitär berechnen, sondern auch gleich alle notwendigen Formalitäten erledigen kann. Praktisch alle Routineabläufe bedürften damit keiner längeren Prüfverfahren, sondern könnten sofort erledigt werden, so dass es im Idealfall innerhalb nur eines Kundentermins zu einem vollständigen Abschluss kommt.

Die für die Versicherungsbranche innovativste Möglichkeit, die Kostenvorteile von Cloud Computing zu realisieren, wäre im Rahmen von strategischen Allianzen. Die sogar noch stärker staatlich regulierte Luftfahrtindustrie hat es vorgemacht, wie erhebliche Effizienzsteigerungen und Kosteneinsparungen durch die Bündelung von Ressourcen ohne den Zusammenschluss von Unternehmen realisiert werden können. Die Lufthansa, die mit der Star Alliance in den 90er Jahren eine Vorreiterrolle übernahm, stellte sogar fest, dass die Kostenvorteile durch den gemeinsamen Einkauf und Kooperationen bei sekundären Services sogar die positiven Effekte bei der eigentlichen Beförderungsleistung übertrafen.[182]

---

[180] Vgl. Wiesehahn, A. (2001): Geschäftsprozessoptimierung für Versicherungsunternemen, München.
[181] Vgl. Han, K. / Mithas, S. (2013): Information Technology Outsourcing and Non-IT Operating Costs: An Empirical Investigation, in: MIS Quarterly, Vol. 37, Nr. 1,S. 315–331.
[182] Pompl, W. (2007): Luftverkehr, in: Eine ökonomische und politische Einführung, 5. Auflage, Berlin.

Für Versicherungsunternehmen unbedingt zu prüfen wäre deshalb, inwieweit die Bildung von Kooperationen – Joint Ventures mit oder ohne Eigenkapitalbeteiligung – die ideale Form der Übertragung von IT-Prozessen auf Cloud-Computing-Lösungen sein könnten.[183]

Da es Cloud Computing zumindest hinsichtlich der IT-Kosten erlaubt, Größennachteile zu reduzieren, könnten insbesondere in Bezug auf Kundenzahl, Umsatz und Gewinn kleinere Versicherungsunternehmen besonders profitieren.

Die betrachteten IT-Kosten setzen sich zusammen aus Hardware, Software und der IT-Abteilung, die für den IT-Service, die Instandhaltung der Technik, oft auch Schulungen und nicht zuletzt Software-Updates verantwortlich ist, die aufgrund technischer, rechtlicher oder marktwirtschaftlicher Veränderungen notwendig werden.

Die Software- und die Hardwarekosten können in Erwerbs- und Instandhaltungskosten aufgeteilt werden. Typischerweise gibt es bei der internen IT Kostensprünge, wenn aufgrund erhöhter Anforderungen ein neuer Server angeschafft oder ein neuer Mitarbeiter eingestellt werden muss. Ein großer Vorteil der Cloud für kleinere wie größere Nutzer liegt deshalb im „dynamic resource provisioning", also der dynamischen, flexiblen und schnellen Zurverfügungstellung von IT-Ressourcen. Anders als aus eigener Kraft kann durch Cloud Computing auf Zuruf über IT-Kapazitäten verfügt werden.[184] Dies ist besonders wichtig für Wachstumsunternehmen, die sprungfixe Kosten meiden wollen.

Versicherungsunternehmen können also annahmegemäß den IT-Aufwand durch Outsourcing auf Cloud Computing reduzieren. Sie können darauf verzichten, Kapazitäten für eine Maximalauslastung vorzuhalten, und zumindest den Überlauf auf externe Anbieter verlagern. Und auch die Verwandlung von (sprung)fixen Kosten in variable Kosten an sich stellt einen Vorteil für die Unternehmen dar, die sie nun IT-seitig mühelos auch ein starkes Kunden- und Umsatzwachstum bewältigen können.

---

[183] Vgl. Han, K. / Mithas, S. (2013), The Real Savings From IT Outsourcing, in: MIT Sloan Management Review, Research Highlight.
[184] Vgl. Zhang, Qi. / Cheng, L. / Boutaba, R. (2010): Cloud computing, in: state-of-the-art and research challenges.

Auch wenn der Fokus hier auf den Chancen von Cloud Computing für Versicherungsunternehmen liegt, kann davon ausgegangen werden, dass die Cloud-Anbieter bei steigender Nutzerzahl in erheblichem Maße Kostendegressions- und Lernkurveneffekte erreichen können.[185] Die Gewinnspanne, die ein externer Cloud-Anbieter auf seine Leistungserbringung aufschlagen wird, könnte dadurch aus Sicht der Versicherungsunternehmen durch die anderweitigen Vorteile überkompensiert werden. Diese verschiedenen Gesichtspunkte werden nachfolgend noch genauer betrachtet.

Von zentraler Bedeutung für den Erfolg von Cloud Computing für die Versicherungswirtschaft dürften die Rolle und das Modell der Cloud-Anbieter sein. Im Wesentlichen wären folgende Konzepte denkbar:

1. Bestehende Cloud-Anbieter wie Microsoft, Google, Amazon, IBM oder Deutsche Telekom nehmen Cloud-Services in ihr Portfolio auf. Nicht-EU-Anbieter sehen sich aber erhöhten Zweifeln hinsichtlich Datensicherheit, Rechtsschutz und Integrität ausgesetzt. Zudem müssten sie spezielles Know-how aufbauen.

2. Größere Versicherungskonzerne bauen ihren eigenen Cloud-Dienstleister auf. Dieser agiert exklusiv oder bietet seine Dienste auch im Markt an. Konzerngebundene Anbieter sind dann aber dem Verdacht ausgesetzt, die Belange ihres Mutterkonzerns zu präferieren.

3. Mehrere Versicherungsunternehmen gründen ein Joint Venture, um dort ihre Cloud-Anwendungen zu poolen. Die Cloud-Dienstleistung wird damit zum Club-Gut.

4. Von Dritten werden auf die Versicherungswirtschaft spezialisierte Cloud-Anbieter gegründet, die (exklusiv) mit einem bestimmten Kreis von Versicherungsunternehmen zusammenarbeiten. Auch hier würde der Cloud-Service zum Club-Gut. (Vom Procedere

---

[185] Vgl. Weinhardt, C./ Anandasivam, A./ Blau, B. et al. (2009): Cloud Computing – A Classifcation, Business Models, and Research Directions, in: Business & Information Systems Engineering, Vol. 1, Nr. 5, S. 391–399; Kushida, K. /Murray, J. /Zysman, J. (2011): Diffusing the Cloud: Cloud Computing and Implications for Public Policy, in: Journal of Industry, Competition and Trade, Vol.11, Nr. 3, S. 209–237.

durchaus vergleichbare Club-Lösungen gibt es bereits im Bereich der Krankenkassen und Kassenärztlichen Vereinigungen). Den Club-Mitgliedern könnten zudem durch eine gleichartige Standardisierung der zum Cloud-Service gerichteten Prozesse und eine tiefere Kooperation weitere Effizienzgewinne entstehen.

Nicht zuletzt aus der Betrachtung der Umwelt- und Marktrisiken heraus sind die Modelle drei und vier zu bevorzugen, da die beteiligten Versicherungsunternehmen einen Club bilden, bei dem jeder zu den gleichen Konditionen auf die Cloud-Services zugreifen kann. Die Vorteile des Cloud Computing können dadurch optimal genutzt und die politischen, gesellschaftlichen und ökonomischen Risiken weitgehend minimiert werden. Beide Modelle basieren auf Joint-Venture-Modellen, die entweder eine unmittelbare Eigenkapitalbeteiligung oder die Bildung einer strategischen Allianz vorsehen. Freilich kann die enge Zusammenarbeit, die zugleich zu immer homogeneren internen Leistungsprozessen führt, auch zum weiteren Zusammenwachsen von zuvor unabhängigen Versicherungsunternehmen führen. Zumindest aus Shareholder-Sicht wäre eine Effizienzsteigerung durch Fusionen aber sicher nicht unwillkommen.

3. Fazit

Alle Gedankenspiele zum Cloud Computing basieren auf der Annahme, dass bei zwei oder mehr Teilnehmern steigende Skalen- und Lernkurveneffekte zu fortschreitenden Effizienzgewinnen führen, die zwischen dem Cloud-Provider und seinen Kunden aufgeteilt werden. Die Cloud-Nutzer verwandeln dabei (hohe) fixe Kosten in variable Kosten, die sich nach dem tatsächlichen Gebrauch richten. Die Anpassung erfolgt im Gegensatz zu konventionellen IT-Lösungen schnell, flexibel und stufenlos.[186] Durch das adaptive Zahlungsmodell für Cloud-Services werden damit nicht nur Fixkosten, sondern auch variable Kosten reduziert.

---

[186] Vgl. Yoo, C. (2011): Cloud Computing: Architectural and Policy Implications, in: Review of Industrial Organization, Vol. 38, Nr. 4, S. 405–421.

Analysiert man die Einzelbereiche, erlaubt es Cloud Computing, Anlageinvestitionen in der IT drastisch zu reduzieren, Leistungsprozesse spürbar effizienter zu organisieren und Personal, übrigens nicht nur im IT-Bereich, zu reduzieren. Versicherungsunternehmen können daraus signifikante Wettbewerbsvorteile generieren.

Selbst wenn die Konkurrenz nachzieht, können die realisierbaren Effizienzgewinne die Marktkonditionen verändern, indem Versicherungsdienstleistungen günstiger angeboten werden können oder indem bestimmte, zuvor aufgrund hoher Anfangsinvestitionen für Newcomer unzugängliche Marktbestandteile aufgeschlossen werden.

Die größten Risiken für Cloud Computing liegen in der gesellschaftlichen Akzeptanz. Vorgänge wie die deutsche Energiewende nach dem Atomunfall in Fukushima haben gezeigt, dass auch irrationale Abwehrreaktionen die Politik bestimmen können. Cloud-Lösungen in der hochsensiblen Versicherungswirtschaft müssen ein mindestens ebenso hohes – besser freilich, höheres – Sicherheits- und Datenschutzniveau bieten wie die konventionelle lokale Datenverwaltung. Dies gilt es nicht nur technisch zu garantieren, sondern auch überzeugend und vertrauensbildend zu dokumentieren und nach außen zu signalisieren.

Aus diesen Gründen wird hier für Cloud Computing plädiert, allerdings nicht aus der Hand von branchenfremden Drittanbietern. Für die EU und speziell Deutschland wird geraten, auf die besonderen Belange der Versicherungswirtschaft ausgerichtete Cloud-Lösungen innerhalb von Joint-Venture-Modellen zu entwickeln. Als interessante Vorbilder könnten hier die strategischen Allianzen in der Luftfahrt oder in der Automobilindustrie dienen.

Prof. Dr. Thomas Berger / Egle Maksimaite

Der Einfluss von Priming und Framing auf Entscheidungen

Einleitung

Bei praktisch allen Entscheidungen – beruflich wie privat – lassen sich Menschen von Eindrücken und Gefühlen leiten, vertrauen eher intuitiven Überzeugungen oder folgen bestimmten Präferenzen. Trotz des Wissens über derartige Verhaltensweisen können diese Fehler in der Praxis auch bei geschulten Personen beobachtet werden.[187] Das Problem ist hier, das Menschen nicht nach der optimalen Alternative suchen, sondern sich aufgrund der Begrenztheit des eigenen Wissens und der begrenzten Kapazität, Informationen zu verarbeiten – oder manchmal auch einfach aus Faulheit oder um Zeit zu sparen – nur noch nach einer zufriedenstellenden Alternative suchen („begrenzte Rationalität").[188].

Ein weiteres Charakteristikum dieser begrenzten Rationalität ist, dass aufgrund der begrenzten Gehirnkapazität Menschen oft dazu neigen, auf eine vollständige, rationale Analyse eines Problems zu verzichten und sich ihrer Intuitionen und gewohnheitsmäßigen Verhaltensregeln bedienen, die aus früheren Erfahrungen in ähnlichen Problemsituationen entstanden sind. Das mag bei Entscheidungen im Rahmen des Wochenendeinkaufs oder der Essenswahl in einem Restaurant vollkommen ausreichend sein, ist jedoch bei grundlegenden, weitreichenden Konsequenzen einer Entscheidung wie der Altersvorsorge, einer Versicherungslösung oder bei betrieblichen Entscheidungen etwas anderes.

---

[187] Günther und Detzner (2012) haben in einer umfangreichen Studie das Entscheidungsverhalten von Managern unter Risiko untersucht. Sie kamen zu dem Ergebnis, das neben den beiden Manager-Typen risikoscheu und risikofreudig vor allem noch die beiden Typen rational und irrational eine wesentliche Rolle spielen. Sie kommen zu dem Schluss, dass die Ergebnisse „ein von den klassischen Entscheidungstheorien abweichendes Entscheidungsverhalten unter Risiko" zeigen würden. Vgl. Günther, T. / Detzner, M.: Sind Manager und Controller risikoscheu?, in: Controlling Nr. 4/5 (2012), S. 247–254.

[188] Vgl. Simon, H.: Theories of Decision Making in Economics and Behavioral Science, in: American Economic Review Nr. 3(1959), S. 253–283.

Aus Sicht von Unternehmen ist dies in manchen Situationen vorteilhaft: So kann es für ein Unternehmen mit einer starken Marke und einem hohen Ansehen sehr hilfreich sein, wenn Kunden als einfache Verhaltensregel immer „ihrer" Marke vertrauen und Stammkunden werden. Für die Unternehmen besteht dann die Herausforderung, dieses Vertrauen nicht zu zerstören und den Kunden dadurch langfristig an „seine" Marke zu binden.

Wenn jedoch Entscheider in Unternehmen an gewissen Regeln starr festhalten, ohne eine angemessene Analyse durchzuführen und auf der Grundlage dieser Faktenlage zu entscheiden, kann dies negative Konsequenzen haben, in dem z. B. aufgrund vergangener Erfolge durch bestimmte Verhaltensweisen diese auch zukünftig ohne Anpassungen und Reflexion angewandt wird. Man spricht hier auch von systematischen Fehlern (wenn eine Regel immer wieder angewandt wird, obwohl diese nicht weiter begründet wird), kognitiven Verzerrungen (in dem bspw. bestimmte Fakten nicht wahrgenommen werden), Urteils- und Bewertungsanomalien (bei denen z. B. die Bedeutung einzelner Sachverhalte oder Informationen stärker betont wird) und von Fehlern im intuitiven Denken des Menschen (z. B. aufgrund gewisser Gefühle eine Entscheidung lieber nicht zu treffen, obwohl auch das eine Entscheidung darstellt).

Einen wesentlichen Beitrag zur Weiterentwicklung dieses Ansatzes lieferten die Ergebnisse von Daniel Kahneman und Amos Tversky, die sich unter anderem mit Verzerrungen des intuitiven Denkens bei verschiedenen Aufgaben wie bei der Zuschreibung von Eintrittswahrscheinlichkeiten befassten. Im Jahre 1974 veröffentlichen Sie in einem Artikel Ergebnisse ihrer Studien zu kognitiven Verzerrungen und Heuristiken des intuitiven Denkens und erläuterten die Wirkung bei Urteilsbildungen.[189] Dabei stechen zwei Phänomene besonders hervor, die im Folgenden kurz beschrieben werden: Priming und Framing.

---

[189] Vgl. Kahnemann, D. / Tversky, A.: Judgment under Uncertainty: Heuristics and Biases, in: Science Nr. 185 (1974), S. 1124–1131.

Priming

„Priming-Effekte" („Bahnungs-Effekte") sind unbewusste Assoziationen die auf eine Entscheidung wirken bzw. auf die Verarbeitung eines Reizes. In der Psychologie wird unter der Assoziation die Verknüpfung zweier oder mehrerer Bewusstseinsinhalte, Erlebnisinhalte, Sinnesempfindungen, Gefühle und Verhaltensweisen verstanden. Assoziationen entstehen hauptsächlich durch Ähnlichkeit, Kontiguität in Zeit und Raum sowie Kontrast. Es entstehen schließlich zahlreiche Assoziationsketten in unserem Gedächtnis, die als Grundlage der Gedächtnisleitung liegen. Wenn eines der Assoziationsmitglieder somit z. B. eine Vorstellung aktiviert, so ruft diese nicht nur eine andere Vorstellung wach, sondern aktiviert gleichzeitig viele Vorstellungen, die wiederum weitere hervorrufen. Assoziationen können sowohl bewusst, als auch unbewusst ablaufen, wobei der größte Teil des assoziativen Denkens im Unterbewussten stattfindet.[190]

Unter Priming versteht man somit die unbewusste Voraktivierung von Gedächtnisinhalten durch vorausgegangene Hinweisreize. Diese führen bei nachfolgenden Urteilen zu Angleichungseffekten, d. h. die Wahrnehmung von Ereignissen wird entsprechend des Vorreizes eingefärbt.[191] Dieser Vorreiz kann aus Wörtern bestehen – „schlecht", „alt", „jung" – als auch aus Handlungen – einen Bleistift in den Mund auf verschiedene Arten klemmen[192] oder schlicht der Gehgeschwindigkeit – langsames Gehen hilft, Wörter zu erkennen, die mit „altern" assoziiert werden.[193]

Das Problem ist, dass in jeder Umgebung und zu jedem Zeitpunkt Menschen vielen verschiedenen Reizen ausgeliefert sind, die unbewusst die Einstellungen, Handlungen und Entscheidungen beeinflussen und kontrollieren und zwar viel stärker, als wir erkennen können und auch manchmal zugeben wollen. Der Priming-Effekt wird dabei auch oft in Zusammen-

---

[190] Vgl. Hehlmann, W.: Wörterbuch der Pädagogik. Alfred Kröner Verlag. Stuttgart 1971, S. 26.

[191] Vgl. Wiswede, G.: Einführung in die Wirtschaftspsychologie, 4. Auflage, Ernst Reinhardt GmbH & Co KG, München 2007, S. 32.

[192] Vgl. Strack, F. / Martin, L.; Stepper, S.: Inhibiting and Facilitating Conditions of the Human Smile: A Nonobtrusive Test of the Facial Feedback Hypothesis, Journal of Personality an Social Psychology Nr. 54 (1988), S. 768–777.

[193] Vgl. Mussweiler, T.: Doing Is for Thinking! Stereotype Activation by Stereotypic Movements, in: Psychological Science Nr. 17 (2006), S. 17–21.

hang mit der „selektiven Wahrnehmung" in Verbindung gebracht. Die selektive Wahrnehmung ist ein psychologisches Phänomen, bei dem nur bestimmte Informationen aus der Umwelt wahrgenommen werden. Die selektive Wahrnehmung kann durch den Priming-Effekt hervorgerufen werden. Dieses Phänomen trägt häufig zur Vereinfachung der Entscheidungssituation bei, wobei Menschen die eher unbekannten oder auch unerwünschten Informationen ausblenden. Für das Marketing hat dies den Vorteil, dass durch Priming – z. B. mit einem attraktiven Modell – die Aufmerksamkeit auf ein Produkt gelenkt werden kann, dass den Kunden später beim Kauf bekannt vorkommen wird. Bei betrieblichen Entscheidungen wiederum muss darauf geachtet werden, dass die benötigten Informationen und Daten vorhanden sind, die für eine Entscheidung bedeutsam sind. Dabei ist streng zu beachten, dass bei der Erhebung der Daten und beim Erstellen der Berichte möglichst objektiv vorgegangen wird (quantitativ erhobene Daten). Insbesondere ist es wichtig, dass die Führungskräfte auch die relevanten Informationen erhalten, die sie davor noch nicht kannten. Ganz vermeiden lässt sich der Priming-Effekt jedoch nie. Sich darüber im Klaren zu sein, kann jedoch bereits dafür sorgen, eigene Entscheidungen stärker zu reflektieren.

Framing

Unter dem „Framing-Effekt" (auch „Einrahmungs-" oder „Einordnungseffekt" genannt) wird das Phänomen verstanden, dass verschiedene Darbietungsweisen derselben Information einer identischen Sachlage oft unterschiedliche Emotionen und Reaktionen hervorrufen, sprich zu unterschiedlichen Konsequenzen führen.[194]

Bekannter wurde dieses Phänomen durch die Untersuchungen von Kahneman und Tversky in den 1980er Jahren, die unter dem Namen „Asian disease problem" bekannt wurden. Mehreren Probanden wurde folgende Situation vorgestellt: „Stellen Sie sich vor, die USA bereitet sich auf den Ausbruch einer ungewöhnlichen asiatischen Krankheit vor, die erwartungsgemäß 600 Menschenleben fordern soll. Zwei alternative Pläne zur

---

[194] Vgl. Kahneman, D.: Schnelles Denken, Langsames Denken, 6. Auflage, Siedler Verlag, München 2012, S. 115.

Bekämpfung der Krankheit wurden vorgeschlagen. Angenommen, die exakten wissenschaftlichen Schätzungen der Konsequenzen der Pläne lauten folgendermaßen:

- „Wird Plan A umgesetzt, werden 200 Menschenleben gerettet.
- Wird Plan B umgesetzt, besteht eine Wahrscheinlichkeit von einem Drittel, dass 600 Menschenleben gerettet werden, und eine Wahrscheinlichkeit von zwei Dritteln, dass niemand gerettet wird."[195]

Werden die beiden Alternativen um die Wahrscheinlichkeiten gewichtet und miteinander verglichen, wird deutlich, dass beide den gleichen Erwartungswert aufweisen. A hat 200 Menschenleben, die mit 100 % gerettet werden (1 x 200 = 200), während B eine Wahrscheinlichkeit von 1/3 aufweist, dass 600 Menschenleben gerettet werden und 2/3, dass keine Menschen gerettet werden. Wird der Erwartungswert von Alternative B ausgerechnet, ergibt sich 1/3 x 600 + 2/3 x 0 = 200 gerettete Menschenleben. Obwohl beide folglich gleichwertig sind, hat sich die Mehrheit aller Befragten, 72 Prozent, für den Plan A entschieden. Anschließend wurde das Problem umformuliert:

- „Wird Plan C umgesetzt, werden 400 Menschen sterben.
- Wird Plan D umgesetzt, besteht eine Wahrscheinlichkeit von einem Drittel, dass niemand sterben wird, und eine Wahrscheinlichkeit von zwei Drittel, dass 600 Menschen sterben werden."[196]

Auch hier sind die Erwartungswerte identisch (C: 1 x 400 vs. D: 1/3 x 0 + 2/3 x 600). Jetzt entschieden sich jedoch 78 Prozent der Teilnehmer für Plan D.

Somit haben sich die Befragten bei den zwei Varianten mit einem identischen Inhalt für die umgekehrte Option entschieden. Ausschlaggebend ist hier laut den Autoren die sprachliche Darstellung, „retten" vs. „sterben". In der ersten Variante, Plan A und B spricht man von Menschenleben retten

---

[195] ebd., S. 550 f.
[196] ebd., S. 551.

(was als positives Framing bezeichnet wird), in der zweiten Variante, Plan C und D spricht man jedoch davon, das Menschen sterben (negatives Framing).

Wie man am diesem Beispiel deutlich sehen kann, handeln Menschen in Entscheidungen nicht konsequent, sondern orientieren sich immer am Kontext des Problems, in dem die Entscheidung getroffen werden soll (dem „Rahmen" oder „Frame").[197] Menschen entscheiden folglich nicht rational aufgrund der „nackten Tatsachen", sondern lassen sich von der Art der Darstellung beeinflussen. Die meisten Frames laufen unbewusst ab. Jedoch kann man Frames auch gezielt und bewusst einsetzen, um ein bestimmtes Verhalten auszulösen. Bewusste Frames kommen häufig in der Werbebranche vor. So wird z. B. ein Aufschnitt, der als „75 Prozent fettfrei" bzw. „lean beef" beschrieben ist, attraktiver eingeschätzt als ein Aufschnitt mit „25 Prozent Fettanteil" oder „fat beef".[198]

Alle möglichen Frames, sprich Varianten von Darstellungen bestimmter Sachverhalten rufen beim Empfänger bestimmte Gefühle hervor. Je nachdem ob es sich um eher positive oder ein negative Gefühle handelt, treffen Menschen anschließend bestimmte Entscheidungen. Positiv formulierte Rahmen rufen ein beruhigenderes Gefühl hervor als negative formulierte Rahmen. Unsere Entscheidungen und Präferenzen sind somit an Frames gebunden, an der Beschreibung der Wirklichkeit, und nicht realitätsgebunden, an der Wirklichkeit selbst.

Um den Framing-Effekt teilweise aufzudecken, eignet sich häufig das „Reframing". Das Reframing sollte vor der eigentlichen Entscheidung stattfinden, d. h. man sollte überlegen, wie der Sachverhalt aussehen würde, wenn er anders formuliert wäre, und diese Variante ebenso ausformulieren.[199] Man muss sich jedoch der Tatsache bewusst sein, dass alles einem Framing unterliegt. Man kann nichts darstellen, ohne dabei einem Sachverhalt einen gewissen Rahmen zu geben, da man als Mensch stets

---

[197] Vgl. Kahneman, D./Tversky, A.: Rational Choice and Framing of Decision, in: The Journal of Business Nr. 59 (1986), S. 251–278.
[198] Vgl. Levin, H.: Associate effects of information framing, in: Bulletin of the Psychonomic Society, Nr. 25 (1987), S. 85–86.
[199] Vgl. Kahneman, D.: 2012, S. 452.

einen gewissen Tonfall, Gesichtsausdruck, eine Körperhaltung oder ähnliches haben wird, was als positiv oder negativ wahrgenommen werden könnte.

Der Framing-Effekt zeigt sich auch als ein sehr robustes Phänomen, trat er doch ein, wenn dieselben Befragten beide Varianten des Beispiels innerhalb weniger Minuten beantworten sollten, und sogar dann, wenn die Probanden mit ihren Widersprüchen konfrontiert wurden.[200] Auch sind von diesem Effekt nicht nur Laien betroffen, sondern auch Experten. Tversky führte dazu dieses Experiment der asiatischen Krankheit mit einer Gruppe von Fachleuten aus dem öffentlichen Gesundheitswesen durch, mit dem erschreckendem Ergebnis, dass diese Fachleute genau dieselben Ergebnisse lieferten und somit genauso anfällig für den Framing-Effekt waren wie die Befragten ohne fachliche Kenntnis.[201] Um diesen Effekt unter Experten selbst einmal zu untersuchen haben wir im Rahmen einer Risikomanagement-Konferenz von den etwa 150 Teilnehmern 51 einen Online-Test an einem Rechner durchführen lassen. Im Rahmen dieses Tests mussten die Teilnehmer zunächst allgemeine Fragen zu bestimmten Risiken beantworten. Jedoch waren zwei Varianten dieses Fragebogens per Zufall freigeschaltet, bei denen sich die Fragen im Hauptteil leicht unterschieden. In diesem Beispiel ging es um ein Unternehmen, die Innovativ AG, welches sich im Rechtsstreit mit einem Kunden befindet. Fragebogen A war positiv formuliert: „Sie haben Ihren Anwalt befragt und aufgrund vergleichbarer Fälle ist er eher optimistisch und rechnet mit einer **Wahrscheinlichkeit von 30 % mit einem Sieg**. Im Falle eines Sieges vor Gericht zahlen Sie nichts, ansonsten genau 2 Mio. Euro". Im Falle des Fragebogens B war diese Aussage nahezu identisch: „Sie haben Ihren Anwalt befragt und aufgrund vergleichbarer Fälle ist er eher pessimistisch und rechnet mit einer **Wahrscheinlichkeit von 70 % mit einer Niederlage**. Im Falle einer Niederlage zahlen Sie genau 2 Mio. €, ansonsten zahlen Sie nichts." Beide Fragen haben den gleichen Erwartungswert (0,3 x 0 €+ 0,7 x 2 Mio. € = 1,4 Mio. €). Bei Frage A ist jedoch der Anwalt als optimistisch dargestellt und es wird die Wahrscheinlichkeit des Sieges fett gedruckt hervor-

---

[200] Vgl. Kahneman, D.: 2012, S. 551f.
[201] Vgl. ebd., S. 454.

gehoben, während bei der Frage B der Anwalt als pessimistisch beschrieben und die Wahrscheinlichkeit der Niederlage fett gedruckt dargestellt ist.

Zunächst wurden beide Gruppen gefragt, wie viel sie maximal als sofortige Vergleichszahlung bezahlen würden, wenn damit alle Risiken aus dem Prozess beseitigt wären. Bei der Risikoquantifizierung B bietet die gegnerische Partei einen Vergleich an. Das Unternehmen müsste 1,3 Mio. Euro bezahlen, und es würden alle Ansprüche gegen das Unternehmen fallen gelassen werden. Hierbei mussten die Befragten sich entscheiden, ob sie zustimmen oder nicht. Die rationalen Antworten wären auf die erste Frage 1,4 Mio. € (der Erwartungswert) und die Zustimmung zum Vergleich, da dieser mit 1,3 Mio. € unter dem Erwartungswert liegt.

Die Antworten der beiden Gruppen unterschieden sich bei der ersten Frage signifikant (0,967 Mio. € vs. 1,265 Mio. €) und es trat der vermutete Effekt aus dem positiven bzw. negativen Framing ein. Dem Vergleich von 1,3 Mio. € stimmten anschließend 47,1 % der Befragten zu. Bei der negativ geframten Gruppe waren dies 52,0 % und bei der positiv geframten Gruppe nur 42,3 %. Beide Gruppen antworteten folglich, wie man durch das Framing erwartet hätte, jedoch auf einem sehr niedrigen Niveau und auch nicht signifikant unterschiedlich, so dass dieses zweite Ergebnis auch auf einem Zufall beruhen könnte.

Insgesamt sind jedoch zwei wichtige Erkenntnisse hieraus relevant für die Praxis. Erstens sind Risikomanager – obwohl geschult in den Verfahren zur Quantifizierung von Risiken – auch anfällig für das Framing und zweitens auch nicht sehr sicher im Umgang mit Wahrscheinlichkeiten. Letzteres lässt sich aus den niedrigen Werten ableiten, die in beiden Gruppen genannt wurden (0,967 und 1,265 Mio. €) und sich von dem korrekten Ergebnis von 1,4 Mio. € teils deutlich unterscheiden. Dies wurde später auch noch in einem weiteren Test bestätigt.[202]

---

[202] Vgl. Berger, T. / Maksimaite, E.: Ein Test: Kognitive Reflexion bei Risikomanagern, in: www.risknet.de [Stand: 31.7.2013].

Fazit

Die Teilnehmer des oben genannten Experiments ließen sich im ersten Teil von der Art und Weise der Darstellung beeinflussen und haben auch im zweiten Teil mehrheitlich nicht die rationale Antwort gewählt, obwohl es sich um einen Teilnehmerkreis mit Expertenwissen handelte. Es sollte jedoch klar geworden sein, das es nicht möglich ist, derartigen Phänomenen wie dem Framing-Effekt oder dem Priming ganz zu entkommen. Sich jedoch den eigenen Schwächen des intuitiven Denkens bewusst zu sein, stellt den ersten entscheidenden Schritt für die Verbesserung der eigenen (unternehmerischen) Entscheidungen dar. Dazu können Entscheidungen auch im Expertenkreis – sofern dieser Aufwand vertretbar ist – getroffen oder diskutiert werden, um diese zu „objektivieren". Gruppenentscheidungen sind jedoch auch wieder mit speziellen Problemen konfrontiert. Andererseits kann gerade im Marketing mit diesen Phänomenen gearbeitet werden, um Kunden in eine gewünschte Richtung zu lenken. So konnte gezeigt werden, dass positiv formulierte Botschaften eher die gewünschte Wirkung erzielen als negativ oder neutral formulierte Botschaften. Dabei helfen neben niedergeschriebenen Signalen auch Signale durch Farben, Gerüche, Motive oder Musik. Die Wirkung dieser Stimuli wird momentan vor allem durch neurowissenschaftliche Studien erforscht (z. B. im Rahmen des Neuromarketings), um vermutete Zusammenhänge genauer erforschen zu können.

Michael Langer
Wie ein Versicherungskonzern mit der Blue Ocean Strategy einen neuen Markt eroberte

Einführung – wie sah es am Anfang aus?

Der Markt für Versicherungen zeichnet sich durch aggressive Konkurrenz, austauschbare Produkte, sich verändernde Kundenwünsche und steigende regulatorische Anforderungen aus. Um Wettbewerbsdruck und Preiskampf zu entkommen, sind Manager der Versicherungsbranche heute mehr denn je gefordert, ihre Strategie zukunftssicher aufzusetzen und mit Nachdruck zu realisieren. Hierzu reicht es oftmals nicht mehr aus, klassischen Wettbewerbsstrategien zu folgen[203] und sich als Qualitäts- oder Preisführer zu etablieren oder gar einen ‚bunten Blumenstrauß' an Qualitäts- bzw. Preisstufen anzubieten. Vielmehr müssen Versicherungskonzerne sich frühzeitig mit einem differenzierten Angebot von der Konkurrenz absetzen – dies gilt für etablierte wie auch für neu entstehende Produktmärkte.

Einer dieser neu entstehenden Produktmärkte war vor einigen Jahren der Markt für private Pflegezusatzversicherungen. Das Gabler Wirtschaftslexikon definiert die Pflegeversicherung wie folgt: „selbstständiger Zweig der Sozialversicherung zur Absicherung des Risikos der Pflegebedürftigkeit (Pflegefall). Eingeführt mit dem Pflegeversicherungsgesetz vom 26.5.1994 (BGBl. I 1014) m. spät. Änd. – eingegliedert als Elftes Buch Sozialgesetzbuch (SGB XI) – soziale Pflegeversicherung – in das Sozialgesetzbuch." Schon die Definition lässt darauf schließen, dass es sich bei der Pflegeversicherung um ein komplexes und für Privatkunden – wie oftmals bei Versicherungen – zwar sinnvolles, aber eben wenig attraktives Angebot handelt. Doch mit einer alternden Gesellschaft wird auch das Thema der Pflege immer wichtiger. Daher hatte sich ein großer internationaler Versicherungskonzern vorgenommen, den Markt für private Pflegezusatzversicherungen zu erobern. Da bereits klassische Wettbewerbsstrategien zu

---

[203] Für mehr Informationen über die Entscheidung zwischen Qualitäts- und Kostenführerschaft, vgl. Michael E. Porter (2004): Competitive Strategy: Techniques for Analyzing Industries and Competitors.

scheitern schienen, das ambitionierte Ziel der Marktführerschaft zu erreichen, startete das Unternehmen einen strukturierten Blue-Ocean-Strategy-Prozess, um die Komplexität in diesem hochdynamischen Wettbewerbsumfeld erfolgreich zu managen und neue Geschäftsmodelle zu entwickeln.

Blue Ocean Strategy – Was ist das?

Die Blue Ocean Strategy wurde von dem koreanischen Professor W. Chan Kim und seiner kanadischen Kollegin Professorin Renée Mauborgne an der renommierten INSEAD Business School in Fontainebleau bei Paris entwickelt. Zunächst hieß das Konzept noch Value Innovation, aber erst mit der Umbenennung auf Blue Ocean Strategy begann der Siegeszug dieser einzigartigen Innovationsmethode. Das Buch, das die zentralen Punkte der Blue Ocean Strategy beinhaltet, ist das meistgekaufte Managementbuch der letzten Dekade, wurde in 43 Sprachen übersetzt und hat Einzug in die Strategielehre führender Hochschulen gehalten.

Die Blue Ocean Strategy basiert auf den Ergebnissen aus 15 Jahren Forschung, bei der die Professoren über 100 führende Unternehmen in 30 unterschiedlichen Industrien analysierten. Während ihrer Forschung fanden sie heraus, dass man zwischen Unternehmen, die sich in Roten Ozeanen bewegen, und solchen, die Blaue Ozeane kreieren, unterscheiden sollte.

Rote Ozeane sind dabei bekannte Märkten, auf denen Unternehmen um Marktanteile konkurrieren. Die Marktgrenzen sind bekannt, Branchenstandards akzeptiert. Jedes Unternehmen kennt die Spielregeln, nach denen konkurriert wird.[204] Mit der Zeit wird die Konkurrenz größer und die Aussicht auf Profite und Wachstum schwindet. Produkte werden austauschbar und der Wettbewerb immer „blutiger". Der Preis ist oftmals der einzige Faktor, der über Kauf und Nicht-Kauf entscheidet.

Blaue Ozeane vereinen hingegen alle (noch) unbekannten Märkte. Sie bezeichnen unberührte Märkte, bei denen die Nachfrage noch entwickelt wird und die Möglichkeit für hoch profitables Wachstum besteht. Zwar gibt es auch Blaue Ozeane, die fernab bekannter Marktstrukturen entwi-

---

[204] Für Fragen, wie solche Marktgrenzen entstehen und wie sich die Spielregeln entwickeln, vgl. H. C. White (1981) und J. Porac und J. A. Rosa (1996).

ckelt werden, was die Entwicklung von Blauen Ozeanen jedoch auszeichnet, ist, dass die meisten aus Roten Ozeanen entstehen. Hierbei wird mit bekannten Spielregeln gebrochen (Branchenstandards hinterfragt), teilweise sogar ein neues Spiel entwickelt (völlig neue Nutzen schaffen).

Rote und blaue Wachstumsstrategien – wo liegt der Unterschied?

So kann man auch rote von blauen Wachstumsstrategien unterscheiden. Während rote Wachstumsstrategien versuchen, sich in bekannten Gewässern auszuweiten, ist es das Ziel der Blue Ocean Strategy, systematisch neue Gewässer zu entwickeln und Unternehmen dadurch längerfristiges Wachstum zu ermöglichen.

Rote Wachstumsstrategien sind meist zweistufig:

(1) *Benchmarking!* Ist ein Unternehmen nicht der „Branchenprimus", wird zunächst versucht, die Lücken im Angebot zum Hauptkonkurrenten zu schließen. Doch was passiert eigentlich, wenn ein Unternehmen sich an der Konkurrenz orientiert, alle Lücken geschlossen hat und das gleiche Angebot wie der Hauptkonkurrent anbieten kann? Der Kunde ist nicht mehr in der Lage zwischen den Angeboten zu unterscheiden – die Angebote werden komplett austauschbar und der entscheidende Wettbewerbsfaktor ist der Preis.

(2) *More!* In einem zweiten Schritt wird dann oftmals der Einsatz erhöht und Unternehmen machen mehr von dem, was sie bereits tun (z. B. mehr Vertrieb durch den Ausbau von Filialen oder des Maklernetzes). Das Problem mit dieser Strategie ist, dass die meisten Unternehmen aus der Branche versuchen werden, sich ebenfalls mit „*more!*" abzusetzen. Innerhalb der Branche kommen die Unternehmen so auf die gleichen Ideen und versuchen, die existierende Nachfrage zu nutzen und die Konkurrenz zu schlagen. Das Spiel verändert sich nicht.

Die Blue Ocean Strategy unterscheidet sich hierbei stark von konventionellen Wachstumsstrategien, indem Unternehmen gezielt versuchen, neue Nachfrage zu erschließen, um somit bewusst der Konkurrenz auszuweichen. Das erreichen sie, indem sie sich systematisch fragen, was eigentlich die Alternativen zu ihrem Angebot sind, und versuchen, ihre Nicht-

Kunden[205] besser kennenzulernen. Zuletzt entscheiden sich Unternehmen bei einer Blue Ocean Strategy nicht für Qualitäts- oder Kostenführerschaft, sondern versuchen, den Nutzen aus ihrem Angebot konsequent zu erhöhen und gleichzeitig Komplexität herauszunehmen.

... und was bedeutet die Blue Ocean Strategy für die Praxis?

Bei der Entwicklung einer Blue Ocean Strategy mit dem Ziel, die Marktführerschaft bei privaten Pflegezusatzversicherungen zu erreichen, kamen verschiedenen BOS-Instrumente zum Einsatz: So wurden die Marktpositionierung im Vergleich zum Hauptwettbewerber mithilfe von BOS-Wertekurven analysiert und erste strategische Handlungsfelder abgeleitet. Zusätzlich nutzte das Unternehmen unter anderem mit der Nicht-Kunden-Analyse, der Marktexploration[206] und dem 4-Aktionen-Raster drei weitere Instrumente aus dem BOS-Werkzeugkasten, um neue Einsichten und Ideenansätze zu generieren.[207]

Reduktion von Komplexität: Gesundheitsprüfung vereinfachen!

Nachdem sich das Projektteam mit der BOS-Methode vertraut gemacht hatte, wurde zunächst die Wettbewerbssituation analysiert. Mithilfe der BOS-Wertekurve wurde die eindeutige strategische Ausgangssituation schnell deutlich: Das eigene Unternehmen war bisher nicht in der Lage, sich vom Hauptwettbewerber zu differenzieren.

---

[205] Es gibt drei Arten, Nicht-Kunden zu gewinnen: 1. Wettbewerbskunden abwerben; 2. Nicht-Kunden gewinnen, die gleiche/ähnliche Bedürfnisse anders befriedigen; 3. Neue Kunden erschließen, weit entfernt von der heutigen Zielgruppendefinition – je weiter weg die Kunden, desto höher die Wahrscheinlichkeit für einen Blauen Ozean.

[206] Die Marktexploration ist kein expliziter Bestandteil der in dem Buch „Blue Ocean Strategy" von W. C. Kim und R. Mauborgne (2005) beschriebenen Instrumente, sondern wurde von Blue Ocean Strategy Partners GmbH als elementarer Bestandteil der (Nicht-)Kundenbetrachtung in die Entwicklung einer ganzheitlichen Blue Ocean Strategy eingeführt.

[207] Zur Information: Tatsächlich nutzte der Versicherungskonzern weitere BOS-Instrumente und entwickelte viele Ideen und Konzepte. Die Elemente des hier präsentierten Erfolgsmodells lassen sich aber speziell auf den Einsatz der Wertekurven, der Nicht-Kunden-Analyse, der Marktexploration und dem 4-Aktionen-Raster zurückführen. Folglich werden auch nur diese im Detail erwähnt.

Abbildung 1: BOS-Wertekurve im Bereich der Pflegezusatzversicherung

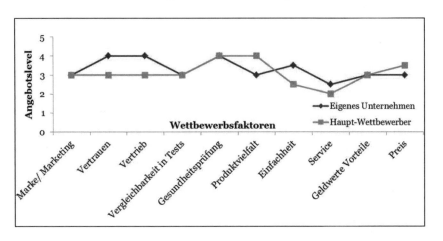

Hinzu kam, dass das bestehende Angebot kein „Profil" hatte: Es gab keine Fokus- oder Divergenzpunkte.

Fokuspunkte zeichnen sich dadurch aus, dass ein Unternehmen bei diesem Wettbewerbsfaktor besonders gut ist. Gleichzeitig ist es wichtig, dass sich ein Unternehmen auf wenige Wettbewerbsfaktoren konzentriert, um die Vorzüge auch entsprechend kommunizieren zu können.

Divergenzpunkte auf der anderen Seite zeigen die Abstände zum Hauptwettbewerber. Hier haben Unternehmen die Chance, sich vom Wettbewerb zu differenzieren. Eine Divergenz entsteht immer dann, wenn ein Unternehmen bei den Wettbewerbsfaktoren besonders gut ist, bei denen der Wettbewerb eher schwächelt. Gleichzeitig gilt es aber auch, bewusst zu Schwächen zu stehen. Oftmals haben sich bestimmte Wettbewerbsfaktoren als Branchenstandards etabliert, ohne dass sie beim Kunden einen besonderen Stellenwert genießen. Hier gilt es, mit den Branchenstandards bewusst zu brechen, um Komplexität zu reduzieren und die eigentlichen Wertetreiber aus Kundenperspektive hingegen bewusst auszubauen.

Im nächsten Schritt wurden daher besondere Werte- und Kostentreiber identifiziert. Sie helfen dabei, erste Stoßrichtung abzuleiten, Fokus- und

Divergenzpunkte zu entwickeln. Schnell zeigte sich, dass die extrem detaillierte Gesundheitsprüfung eine der größten Barrieren bei der Kundenansprache ist und gleichzeitig einen Kostenfaktor darstellt. Nicht nur Kunden empfanden den Prozess als unangenehm, auch für den Vertrieb stand der Aufwand einer detaillierten Gesundheitsbefragung meist nicht in einem positiven Verhältnis zum Nutzen (im Sinne einer Vermittlungsprovision). Selbst das Unternehmen konnte durch die detaillierte Gesundheitsprüfung nicht profitieren: So wurden zwar vermeintlich bessere Versicherungsnehmer aufgenommen, bei vielen potenziellen Kunden kam es aber aufgrund der Gesundheitsfragen erst gar nicht zu einem Antrag. Zusätzlich musste eine ganze Abteilung zur Prüfung der Gesundheitsfragen unterhalten werden. Im Gegensatz zur Krankenversicherung ist die detaillierte Prüfung des Gesundheitszustandes bei Pflegeversicherungen in dieser Form aber gar nicht nötig, sondern hatte sich zu einem bis dahin nicht hinterfragten Branchenstandard entwickelt. Schlussendlich konnte eine Aufnahme in die private Pflegezusatzversicherung mit nur wenigen Fragen geklärt werden[208] – für die Kunden, den Vertrieb und den Versicherungskonzern ein Gewinn.

Erschließen von Nicht-Kunden: Unternehmen ansprechen!

In einem nächsten Schritt wurde eine Nicht-Kunden-Analyse durchgeführt. Während Unternehmen als Zielgruppe in der Versicherungsbranche keine Seltenheit sind, so gibt es dennoch einige Produkte (wie die private Pflegezusatzversicherung), bei denen ausschließlich die Endkunden im Fokus stehen. Diese Tatsache machte sich das Unternehmen zunutze und identifizierte im Rahmen der Marktexploration die Bedürfnisse von Unternehmen als Kunden einer privaten Pflegezusatzversicherung.

Mithilfe des neu entwickelten Pflegetarifs für Unternehmen können diese nun ihren Mitarbeitern eine Pflegezusatzversicherung zu niedrigen Kosten anbieten.

---

[208] Ganz konkret wurden die Gesundheitsfragen von 17 auf 4 reduziert.

Hier entstehen gleich mehrere Vorteile für das Unternehmen:

1. Ein Unternehmen kann sich als Arbeitgeber differenzieren und (potenziellen) Mitarbeitern ein Extra bieten, welches das Unternehmen wenig kostet, den Mitarbeitern aber einen großen Nutzen bietet. Vor allem beim Eintritt eines Pflegefalls werden Mitarbeiter die Unterstützung durch den Arbeitgeber sehr schätzen.
2. In Deutschland haben Arbeitnehmer, die einen nahen Angehörigen pflegen wollen, seit dem 1. Juli 2008 nach dem Pflegezeitgesetz[209] unter bestimmten Voraussetzungen einen Rechtsanspruch, bis zu zehn Tage der Arbeit fernzubleiben und zusätzlich für eine bis zu sechs Monate dauernde Pflegezeit freigestellt zu werden. Dementsprechend ist auch dem Unternehmen daran gelegen, den Mitarbeiter optimal beim Einrichten der Pflegesituation zu unterstützen. So können nicht nur dem Mitarbeiter Sorgen genommen, sondern auch ein baldiges Rückkehren an den Arbeitsplatz gewährleistet werden.

Mit der Nicht-Kunden-Analyse konnten Unternehmen als eine neue Zielgruppe identifiziert werden, die bis dahin nicht im Fokus für private Pflegezusatzversicherungen standen. Mit der Ansprache von Unternehmen gelang es, eine völlig neue Zielgruppe durch den Vertrieb aufwandsarm[210] anzusprechen, ohne sich dem üblichen Preiskampf auszusetzen.

Entwicklung neuer Geschäftsmodelle: Der „Pflege-ADAC"!

Im letzten Schritt wurde noch einmal der Nutzen der privaten Kunden untersucht. Auch hier verließ man den Pfad der klassischen Wettbewerbsstrategien und fragte nicht, ob die Kunden sich in den bestehenden Angeboten mehr Qualität oder günstigere Beiträge wünschen. Stattdessen ging man mit Kunden und Nicht-Kunden in einen Dialog und erforschte bis dahin unbefriedigte und dem Unternehmen unbekannte Bedürfnisse.

---

[209] Artikel 3 des Gesetzes zur strukturellen Weiterentwicklung der Pflegeversicherung, BGBl. I S. 874, 896.

[210] Mit einer Ansprache ergibt sich die Chance auf den Abschluss vieler Pflegezusatzversicherungen.

Abbildung 2: DILO – Von bekannten zu unbekannten Bedürfnissen

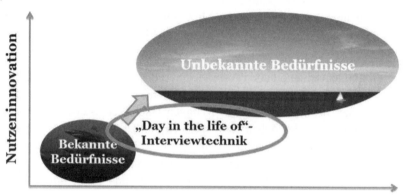

So fand man schließlich heraus, dass den Kunden alles, was vor und nach der eigentlichen Leistung[211] – dem Bezahlen des Pflegegeldes – anstand, meist wichtiger war.

„Das Geld ist zunächst zweitrangig, wichtig ist die Hilfe im Notfall – dass sich jemand kümmert."

Der Kunde wollte Unterstützung beim Ausfüllen der Anträge und beim Einsatz des Geldes. So wurde eine Zusatzoption zur klassischen Pflegezusatzversicherung entwickelt, mit der die Kunden Zugriff auf eine Art „Pflege-ADAC" haben, der beim Eintritt des Pflegefalls da ist und unterstützt.

---

[211] Der Wert eines Angebotes ist oft durch andere Produkte/Services beeinflusst. Wichtig ist es, zu verstehen, nach welcher kompletten Lösung gesucht wird. Jeder einzelne Schritt (vor, während, nach) sowie das Zusammenspiel zwischen den Schritten sollte betrachtet werden.

Was mit der Blue Ocean Strategy erreicht werden kann ...

Die Anwendung der Blue Ocean Strategy und das konsequente Durchlaufen des Prozesses hatten für das Unternehmen eine indirekte und eine direkte Konsequenz. Die neue Art, Strategieprozesse zu entwickeln und Märkte neu zu betrachten, hat das Unternehmen und dessen Innovationskultur verändert. Branchenübliche Prozesse (auch in anderen Bereichen des Unternehmens) werden seitdem systematisch hinterfragt und das Unternehmen entwickelt sich kontinuierlich weiter.

Doch auch in direkter Konsequenz profitierte das Unternehmen: Durch die unbeirrte Weiterentwicklung des Angebots mithilfe der Blue Ocean Strategy gelang es dem Unternehmen, die Marktgrenzen für diesen noch jungen Markt frühzeitig für sich neu zu definieren, doppelt so schnell zu wachsen als der Markt und neue Kunden im 6-stelligen Bereich zu gewinnen.

Uwe Rotermund / Kerstin Linnemann

Innovationskraft durch Dynamik und Capabilities und Vertrauenskultur

1. Die Innovation der Innovation

In der neueren Innovationsforschung lässt sich ein grundlegender Paradigmenwechsel verzeichnen, von der reinen Grundlagenforschung hin zu einer neuen Art der Innovation, die wir als *Ressourcen Rekombination* bezeichnen. Matthias Horx, Gründer des Zukunftsinstituts, mit dem wir als Future Circle Mitglied verbunden sind, hat das einmal sehr bildhaft umschrieben mit dem folgenden Zitat:

„So wie in einem Dschungel irgendwann einmal alle bunten Schmetterlinge, alle Würmer und Lianen „erfunden" worden sind, besteht die Zukunft der Technik vor allem in Variation und Rekombination."[212]

Was er uns damit sagen will ist, dass wir im heutigen Zeitalter das Rad nicht grundlegend neu erfinden müssen, sondern vielmehr lernen müssen, mit den bestehenden Ressourcen sorgfältig umzugehen, um Innovation durch die intelligente Verknüpfung und Rekombination bereits existierenden Wissens zu schaffen. Künftig, so die These der neueren Innovationsforschung, wird der Innovationsprozess nicht mehr durch radikale Durchbrüche, sondern vor allem durch die Synthetisierung, Kopplung und Kreuzung bereits vorhandener Erkenntnisse und Erfahrungen gelenkt.[213] Auch empirische Arbeiten bestätigen diese Hypothese, so belegen Gassmann und Enkel, bekannte Innovationsforscher der St. Gallener Schule, dass 80 Prozent aller Innovationen auf existierendem Wissen, Technologien, Produkten und Services basieren.[214]

---

[212] Horx, M. (2011): Das Megatrend-Prinzip: Wie die Welt von morgen entsteht, Frankfurt, Deutsche Verlags-Anstalt, S. 195.

[213] Vgl. Horx, M. (2011): Das Megatrend-Prinzip: Wie die Welt von morgen entsteht, Frankfurt, Deutsche Verlags-Anstalt, S. 195 ff.

[214] Vgl. Gassmann, O. / Enkel, E. (2006): Open Innovation – Die Öffnung des Innovationsprozesses erhöht das Innovationspotenzial, Zeitschrift Führung und Organisation (zfo), 75 (3), S. 132–138.

Gerade im Versicherungs- und Bankensektor wird dieses Phänomen besonders deutlich. Innovative Produkte und Dienstleistungsangebote entstehen hier vielfach durch die intelligente Verknüpfung bestehender Prozesse und Ressourcen. Die effiziente Nutzung, unternehmensübergreifende Integration und kreative Verbindung interner und externer Ressourcen und Fähigkeiten eröffnen damit eine Vielzahl von Innovationsmöglichkeiten, die bislang oft ungenutzt bleiben.[215] Im Resultat bedeutet dies, dass die systematische Förderung und Verankerung dieser Art der Innovation auch neuer Ansätze für ein ganzheitliches Innovationsmanagement im Unternehmen bedarf. Wenn Unternehmen also dieser neuen Form der Innovation durch *Ressourcen Rekombination* gerecht werden möchten, ergibt sich daraus eine grundlegende Änderung des Innovationsprozesses: „Der Innovationsprozess hört nicht auf, verändert aber sein Wesen, seine Richtung, seinen Schwung",[216] weg vom klassischen Innovationstrichter, hin zu neuen durchlässigeren Formen des Innovationsprozesses.

Maßgebende Schlagworte des 21. Jahrhunderts sind dabei *Open Innovation* und *Interorganisationale Innovationsnetzwerke*. *Open Innovation*[217] beschreibt die Öffnung des Innovationsprozesses sowohl durch die Einbindung externe Partner wie Kunden, Lieferanten, Forschungseinrichtungen etc. (Inbound Open Innovation), als auch durch die frühzeitige Kommerzialisierung von Ideen und Technologien durch Ausgliederung oder Lizenzierung (Outbound Open Innovation).[218] Bedeutsam erweisen sich aber auch zunehmend *Interorganisationale Innovationsnetzwerke*, diese sind charakterisiert durch die firmenübergreifenden Zusammenarbeit und die Stärkung von Verbundaktivitäten zur Förderung der Verknüpfung unterschiedlicher Wissensbereiche (Cross Innovation), mit dem Ziel, das eigene Innovationspotenzial zu vergrößern.

---

[215] Vgl. Kliewe, T., Marquardt, P., and Baaken, T. (2009): Leveraging Organizational Resources by Creative Coupling: An Evaluation of Methods for Intellectual Asset Identification', Journal of Knowledge Globalisation, 2 (2), S. 1–23.

[216] Horx, M. (2011): Das Megatrend-Prinzip: Wie die Welt von morgen entsteht, Frankfurt, Deutsche Verlags-Anstalt, S. 195.

[217] Vgl. Chesbrough, H. W. (2003): Open Innovation: The new imperative for creating and profiting from technology. Boston, Harvard Business School Press.

[218] Vgl. Gassmann, O. / Enkel, E. (2006): Open Innovation – Die Öffnung des Innovationsprozesses erhöht das Innovationspotenzial, Zeitschrift Führung und Organisation (zfo), 75 (3), S. 132–138.

Abbildung 1: Die Öffnung des Innovationsprozesses

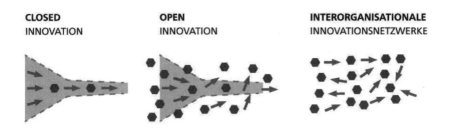

Wie die Abbildung 1 zeigt, sorgen beide Strömungen folgerichtig dafür, dass die Membran des klassischen Innovationstrichters sich verändert, durchlässiger wird bzw. ganz verschwindet. Die abteilungs- und unternehmensübergreifende Zusammenarbeit rückt damit stärker in den Fokus, denn Innovation geschieht größtenteils über Abteilungs- gar Unternehmensgrenzen hinweg.

Allerdings erweist sich die Übertragung der Theorie in die gelebte Unternehmenspraxis als eine höchst komplexe organisationale Herausforderung und Aufgabe, die auch geänderte organisationale Rahmenbedingungen erfordert, denn mit jedem Teilnehmer, der im Innovationsprozess hinzukommt, steigt zwar die Möglichkeit der Innovation durch *Ressourcen Rekombination* durch ein vergrößertes Portfolio an verfügbaren Ressourcen, allerdings gleichermaßen auch die Komplexität der Zusammenarbeit und des Wissenstransfers.

Es bedarf also auch der notwendigen organisationalen Rahmenbedingungen, die Ressourcen zu managen und in neuer Art und Weise zu kombinieren. Nach der alten „Schumpeterischen Sichtweise" des Unternehmens als *Umsetzung neuer Kombinationen*,[219] können wir uns dieses als eine Art *Legobaukasten* vorstellen, mit einer Vielzahl verschiedener Bauteile (Kompetenzen, Technologien, Wissen, HR etc.) die in unterschiedlicher Art und Weise kombinieren werden können. Es kommt nicht mehr alleine

---

[219] Vgl. Schumpeter, J. A. (1934): The Theory of Economic Development: An Inquiry into Profits, Capital, Credit, Interest, and the Business Cycle, Cambridge, MA, Harvard University Press.

darauf an, die notwendigen Bauteile für Innovationen zur Verfügung zu haben, sondern vor allem auf den richtigen Umgang mit diesen Ressourcen. Daher stellt sich uns die Frage, mit welchen Rezepten sich Unternehmen im zweiten Jahrzehnt des 21. Jahrhunderts souverän steuern lassen, so dass Innovation nicht nur funktioniert, sondern auch im Unternehmen aktiv und überzeugt gelebt wird, die Beteiligten innovativ und effektiv macht und angemessene Erfolge sichert?

Als erste Säule und wesentliche organisationale Rahmenbedingung sehen wir die Prozesse und Strukturen, die Innovation im Unternehmen nachhaltig und systematisch ermöglichen, sogenannte *Dynamic Capabilities*. Dies sind organisationale Fähigkeiten, die ein Unternehmen dazu befähigen, den richtigen Umgang mit bestehenden Ressourcen sicherzustellen. Innovation durch *Ressourcen Rekombination* bedarf dieser dynamischen Veränderungsfähigkeiten, wie wir im Folgenden erläutern möchten. In ähnlicher Weise betrachten wir die Entwicklung einer *vertrauensbasierten Unternehmenskultur* als zweite, wesentliche Säule einer erfolgreichen Innovationspraxis.

Während *Dynamic Capabilities* die notwendigen organisationalen Fähigkeiten („abilities") zur Entwicklung von Innovationen beschreiben, spiegelt die zweite Säule die *Unternehmenskultur* die generelle Bereitschaft („willingness") für Innovation und bildet damit deren Voraussetzung. Warum dynamische Veränderungsfähigkeiten Unternehmen helfen können, sich in einem ständig ändernden Marktumfeld dynamisch den veränderten Kundenwünschen anzupassen, und wieso eine Vertrauenskultur die Basis für nachhaltigen Innovationserfolg bildet, möchten wir im Folgenden näher erläutern.

2. Dynamic Capabilities

Dynamic Capabilities beschreiben die Fähigkeiten eines Unternehmens, sich an ein ständig änderndes Marktumfeld schnell und dynamisch anzupassen, also die eigenen bestehenden Prozesse, Ressourcen und Kompetenzen fortlaufend zu erneuern, anzupassen und zu rekombinieren.

*"**Dynamic Capability** is defined as the firm's ability to integrate, build, and reconfigure internal and external competences to address rapidly changing environments."* (Teece, 1997)[220]

Dynamic Capabilities helfen sowohl dabei, das Baumaterial für Innovationen (i. S. des Legobaukastens) zu schaffen und fortlaufend zu erneuern, als auch durch die erfolgreiche Integration und Verknüpfung der Bausteine deren Innovationspotenzial effektiv auszuschöpfen und durch innovative *Ressourcen Rekombinationen* am Markt zu realisieren. Die dahinterliegende Annahme ist, dass relevante Einflussfaktoren für den Innovationserfolg nicht mehr alleine auf personeller Ebene zu suchen sind. Es geht nicht mehr einzig darum, den einen „Steve Jobs" zu finden, um Innovationen in das Unternehmen hineinzutragen. Vielmehr – so der Tenor der *Dynamic Capabilitiy* Forschung – ist die Fähigkeit für eine entsprechende Verknüpfungsleistung auch auf Organisationsebene zu finden und kann durch den Aufbau entsprechender Prozesse und Routinen im Unternehmen verankert werden. Genau an dieser Stelle setzen über die Bildung entsprechender Prozesse, Routinen und Aktivitäten die *Dynamic Capabilities* an[221]. Doch um *Dynamic Capabilities* als ein für die Geschäftsleitung sinnvolles und anwendbares Managementinstrument einsatzfähig zu machen, müssen wir zunächst klären, was genau sich dahinter verbirgt[222].

Ganz konkret lassen sich die *Dynamic Capabilities* herunterbrechen auf die folgenden vier Fähigkeiten:[223, 224]

Die **Sensing Capacity** beschreibt die organisationale Fähigkeit eines Unternehmens, frühzeitig neue Kundenbedürfnisse, relevante technologische

---

[220] Teece, D. J., Pisano, G., and Shuen, A. (1997): Dynamic Capabilities and Strategic Management, Strategic Management Journal, Vol. 18, Nr. 7, S. 510.

[221] Vgl. Teece, D. J. (2007): Explicating Dynamic Capabilities: The Nature and Microfoundations of (Sustainable) Enterprise Performance, Strategic Management Journal, 28 (13), S. 1319–1350.

[222] Vgl. Ambrosini, V. and Bowman, C. (2009): What are dynamic capabilities and are they a useful constructs in strategic management, International Journal of Management Reviews, Vol. 11, Nr. 1, S. 29–49.

[223] Vgl. Linnemann, K. (2012): Exploring the Role of Dynamic Capabilities in the Process of Resource Recombination in Firms, Proceedings of the 13th International CINet Conference "Continuous Innovation Across Boundaries", Sept., Rome, Italy.

[224] Pavlou, P. A. and El Sawy, O. A. (2011): Understanding the Elusive Black Box of Dynamic Capabilities, Decision Sciences, Vol. 42, Nr. 1, S. 239–273.

Entwicklungen, Aktivitäten der Wettbewerber wie auch vielversprechende Markttrends wahrzunehmen, um sich daraus ergebende Opportunities im Marktumfeld rechtzeitig zu identifizieren. Eine hohe *Sensing Capacity* ist untermauert durch Prozesse und Routinen zur Generierung einer hohen Customer Intelligence, Competitor Intelligence und Market Intelligence.

Die **Learning Capacity** beschreibt die organisationale Fähigkeit, neues Wissen extern zu akquirieren, zu verinnerlichen und so unternehmensintern neues Wissen zu generieren, um so eine breite und umfassende Wissensbasis – das Rohmaterial für Innovation – bereitzustellen und gleichermaßen dafür zu sorgen, dass diese stetig erneuert und fortentwickelt wird. Grundlegende Prozesse und Routinen umfassen die Einbindung externen Wissens, die interne Generierung neuen Wissens (z. B. durch eigene R&D), sowie ein systematisches Wissensmanagement zur Pflege und Erhaltung des Wissens.

Die **Integrating Capacity** beschreibt die organisationale Fähigkeit, die unterschiedlichen Wissensbausteine in neuer Art und Weise zusammenzubringen, kreative Verknüpfungen herzustellen und intelligente Kombinationen existierenden Wissens zu fördern, um so die Entwicklung neuer, innovativer Produkte und Dienstleitungen oder Geschäftsfelder voranzutreiben. Einer hohen *Integrating Capacity* liegen ebenfalls verschiedene Prozesse und Routinen zugrunde, von der Überführung des individuellen Wissens zu einem kollektiven Wissen, über die abteilungs- und unternehmensübergreifenden Verknüpfung unterschiedlicher Wissensdomänen durch interdisziplinäre und interorganisationale Zusammenarbeit, bis hin zur Förderung der kreativen Bündelung ansonsten separierter Disziplinen (z. B. Cross Innovation).

Die **Coordinating Capacity** beschreibt letztlich die organisationale Fähigkeit, die unternehmensinternen Ressourcen entsprechend der neu gefunden Innovationsideen zu allokieren und die Aufgaben zuzuweisen (z. B. die richtigen Leute zur richtigen Aufgabe zuzuteilen, Synergien zu identifizieren etc.) und damit die unternehmerischen Aktivitäten entsprechend des neu gebildeten Produkt- und Dienstleistungsangebots zu koordinieren. Eine hohe Coordinating Capacity wird unterstützt durch Prozesse zur Mobilisierung und Allokation von Ressourcen sowie zur Unterstützung einer effizienten Implementierung der neue entwickelten Produkt-/Dienstleistungsangebote im Markt.

Abbildung 2: Dynamic Capability Framework

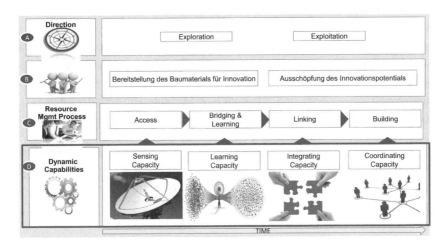

Während die *Sensing Capacity* und *Learning Capacity* dazu beitragen, das Rohmaterial für Innovation unternehmensintern auf- und auszubauen und damit das unternehmensinterne Wertschöpfungspotenzial zu bilden (Exploration), sorgen die *Integrating Capacity* and *Coordinating Capacity* dafür, dass dieses vom Unternehmen auch ausgeschöpft werden kann (Exploitation).

Aus diesem Grund erweisen sich Unternehmen, die eine ausgewogene Mischung dieser vier *Dynamic Capabilities* besitzen, langfristig als zukunftsfähiger und innovativer als Unternehmen mit weniger ausgeprägten *Dynamic Capabilities*. Auch empirische Forschungsergebnisse bestätigen einen positiven Zusammenhang zwischen der erfolgreichen Entwicklung der *Dynamic Capabilities* eines Unternehmens und dessen langfristigem Innovationserfolg.[225] Ein interessantes Ergebnis unserer qualitativen und

---

[225] Pavlou, P. A. and El Sawy, O. A. (2011): Understanding the Elusive Black Box of Dynamic Capabilities, Decision Sciences, 42 (1), S. 239–273.

quantitativen Forschungsarbeit ist ferner, dass das Vorhandensein qualitativ hochwertiger Ressourcen ebenso wichtig ist wie der Umgang mit diesen, um nachhaltig Innovation zu schaffen. *Dynamic Capabilities* führen also zu einer erhöhten Veränderungs- und Innovationsfähigkeit im Unternehmen und erweisen sich damit als wichtiger Stellhebel für den langfristigen Innovationserfolg.

Im anglo-amerikanischen Raum werden *Dynamic Capabilities* bereits seit mehr als einer Dekade umfassend diskutiert, wobei es bislang meist noch an konkreten Managementkonzepten fehlt, diese auch zielgerichtet in Unternehmen umzusetzen und auf konkrete Maßnahmen herunterzubrechen. Genau an dieser Stelle haben wir auf Grundlage einer empirischen Arbeit angesetzt, denn genau wie die operativen Fähigkeiten erlernt und verfeinert werden können, können auch diese dynamischen Veränderungsfähigkeiten in Firmen verankert, erlernt und entwickelt werden, denn auch sie basieren letztlich auf Prozessen und Strukturen, die im Unternehmen unterstützend aufgesetzt werden können.

3. Vertrauensbasierte Unternehmenskultur

Als zweite Säule zur Stärkung der Innovationkraft in Unternehmen sehen wir eine vertrauensbasierte Unternehmenskultur als wesentliche organisationale Rahmenbedingung.

Ein „Great Place to Work®" ist da, wo man denen vertraut, für die man arbeitet, stolz ist auf das, was man tut, und Freude hat an der Zusammenarbeit mit anderen.

(Robert Levering, Mitbegründer Great Place to Work® Institute, Inc.)[226]

Das Great-Place-to-Work®-Konzept des gleichnamigen in den USA gegründeten Instituts macht für uns sehr deutlich, worauf es bei dem Wandel von der Industriegesellschaft zur Wissens- oder Kreativökonomie ankommt. Auf Vertrauen statt auf Kontrolle. Auf Individualisierung statt auf Masseneffizienz. Auf Wertschätzung statt auf Leistungsdruck. Auf Fair-

---

[226] http://www.greatplacetowork.de/unser-ansatz/was-bedeutet-ausgezeichnete-arbeitsplatzkultur, [Stand: 28.2.2014].

ness statt auf Gewinnmaximierung. Das Faszinierende an dieser Sichtweise ist, dass damit nicht nur die Zufriedenheit der Mitarbeiter deutlich steigt, sondern dass gleichzeitig auch eine intelligente Voraussetzung für den wirtschaftlichen Erfolg des Unternehmens gegeben ist, sofern die Vertrauenskultur durch eine starke Orientierung mittels eines allgegenwärtigen Ziel- und Wertesystems ergänzt wird. Fast alle Menschen wollen Spitzenleistungen erbringen. Eine Führungskraft der Zukunft muss dieses Potenzial „nur" entfesseln. Die Great Place to Work® Methodik bietet dazu einen hervorragende Ansatz.

Die erste Dimension der Great Place to Work® Methode ist die Messung des individuellen Erlebens der Unternehmenskultur aller Mitarbeiter im Unternehmen, der sog. „Trust Index". Dabei führt das Great Place to Work® Institut anonyme Mitarbeiterbefragungen in Form von ca. 60 Fragen in den Themen „Glaubwürdigkeit des Managements", „Respekt des Managements gegenüber den Mitarbeitern", „Fairness zu allen Mitarbeitern", „Teamgeist der Mitarbeiter untereinander" und „Stolz der Mitarbeiter auf das Unternehmen" durch. Die Befragten haben so die Chance, auf Thesen wie „Mein Chef ist kompetent" oder „Ich würde meinem besten Freund empfehlen, hier zu arbeiten" ihre Zustimmung oder Ablehnung geschützt mitzuteilen.

Abbildung 3: Trust Index – Befragungsbereiche

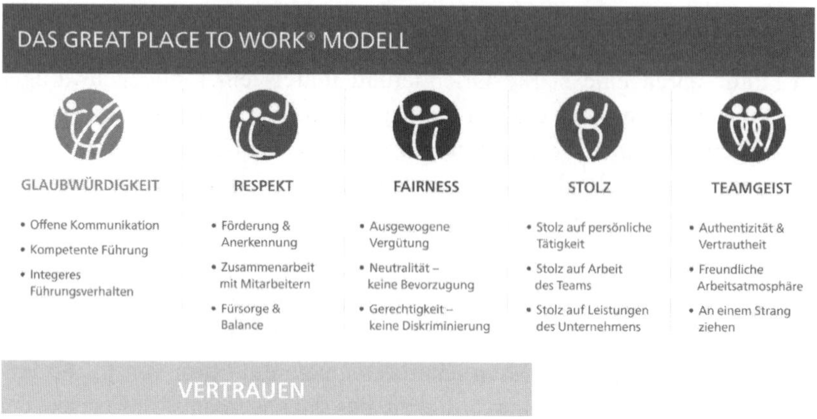

DAS GREAT PLACE TO WORK® MODELL				
GLAUBWÜRDIGKEIT	RESPEKT	FAIRNESS	STOLZ	TEAMGEIST
• Offene Kommunikation • Kompetente Führung • Integeres Führungsverhalten	• Förderung & Anerkennung • Zusammenarbeit mit Mitarbeitern • Fürsorge & Balance	• Ausgewogene Vergütung • Neutralität – keine Bevorzugung • Gerechtigkeit – keine Diskriminierung	• Stolz auf persönliche Tätigkeit • Stolz auf Arbeit des Teams • Stolz auf Leistungen des Unternehmens	• Authentizität & Vertrautheit • Freundliche Arbeitsatmosphäre • An einem Strang ziehen
VERTRAUEN				

Quelle: Great Place to Work® Deutschland

Für die zweite Dimension, den sog. „Culture Audit", analysieren Mitarbeiter des Great Place to Work® Instituts die Strukturen, Prozesse und Werkzeuge des Human Ressource Managements zur systematischen Pflege einer vertrauensvollen, wertschätzenden und leistungsorientierten Unternehmenskultur.

Abbildung 4: Culture Audit – Erhebungsdimensionen

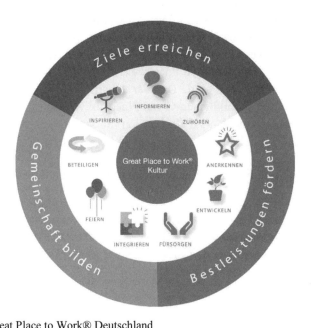

Quelle: Great Place to Work® Deutschland

Hierzu müssen die Unternehmen, die sich einer Analyse unterziehen, in neun Bereichen Ihre jeweiligen Maßnahmen erläutern und beweisen. Wie werden neue Mitarbeiter akquiriert und integriert? Wie inspiriert die Führung die Mitarbeiter und vermittelt die Ziele und Werte des Unternehmens? Wie wird umfassend und glaubwürdig informiert? Wie hört die Führung auf Ideen, Wünsche und Beschwerden der Mitarbeiter? Wie zeigt die Führung Wertschätzung gegenüber den Mitarbeitern? Wie werden individuelle und umfassende Mitarbeiterentwicklungskonzepte erstellt? Wie zeigt das Unternehmen gegenüber seinen Mitarbeitern Fürsorge? Wie werden außergewöhnliche Ereignisse gefeiert? Wie werden die Früchte des Erfolges geteilt?[227]

---

[227] Die Fragen sind verkürzt dargestellt und entstammen dem Great Place to Work® Kultur Audit© Fragebogen, interne Arbeitsdatei, Stand 08/2013.

Beide Dimensionen werden in der Folge zu einer Gesamtbewertung und zu einem Report zusammengeführt, in dem die Ergebnisse in vielfältigen Perspektiven analysiert werden. Die Auswertungen aus Befragung und Audit lassen u.a. erkennen, welche Prozesse und Strukturen der Mitarbeiterführung einen wesentlichen Anteil an einer bei den Mitarbeiten erlebten Vertrauenskultur haben und wo noch wesentliche Handlungsfelder in der erlebten Vertrauenskultur sind. Darüber hinaus werden geeignete „best practices" anderer vorbildlicher Great Place to Work® Kunden in dem Report mitgeliefert, die dann als Inspiration für den Prozess der kontinuierlichen Weiterentwicklung der Vertrauenskultur dienen.

Abbildung 5: Great Place to Work® Beispielauswertung

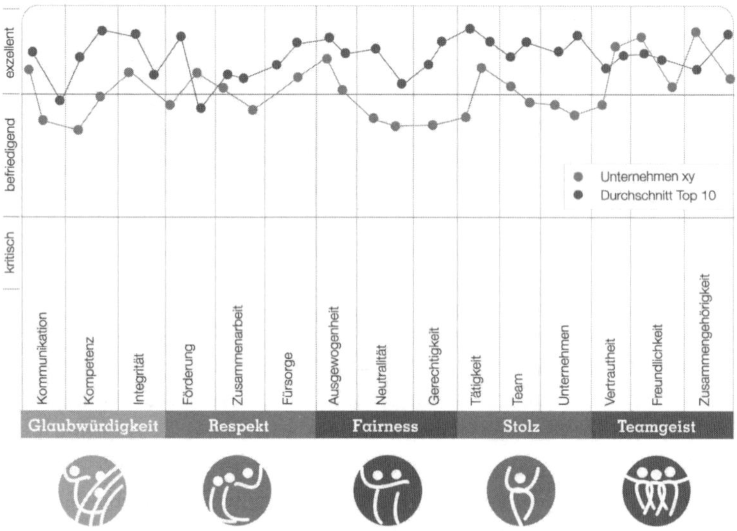

Quelle: Great Place to Work® Deutschland

Langzeitstudien des Great Place to Work® Instituts haben nachgewiesen, dass Unternehmen mit einer stark ausgeprägten Vertrauenskultur über eine besonders starke Innovationskraft verfügen. Vertrauenskultur ist eine gute Voraussetzung dafür, dass die Mitarbeiter angstfrei und mutig „ihr" Unternehmen immer wieder neu erfinden wollen und dies in enger und vertrauensvoller Kooperation mit Ihren Führungskräften.

4. Dynamic Capabilities und Vertrauenskultur bei noventum

In dem IT-Beratungsunternehmen noventum, welches ich im Jahre 1996 im Rahmen eines Management Buy-Out gegründet habe und seitdem als geschäftsführender Mehrheitsgesellschafter steuere, wenden wir die oben genannten Prinzipien der „Dynamic Capabilities" und der Vertrauenskultur seit langem erfolgreich an, auch schon bevor wir mit diesen Begriffen vertraut waren. Seit der Unternehmensgründung war es mir persönlich sehr wichtig, eine tiefe Vertrauensbeziehung zu meinen Mitarbeitern zu pflegen, um auf dieser Basis ein rasantes Wachstum von 1 auf 80 Mitarbeiter innerhalb von 5 Jahren zu ermöglichen. Mit Hilfe einer auf Vertrauen basierenden Delegationskultur gab ich einigen leitenden Mitarbeitern den Freiraum, sich zu entfalten und für Wachstum zu sorgen. Gleichzeitig habe ich dafür gesorgt, dass mein Unternehmen klare Werte, Prozesse und Kennzahlen besaß, damit die Energie in eine Richtung gelenkt wurde. Dass diese Unternehmenskultur nicht unangreifbar ist, zeigte sich in der großen IT-Krise im Jahre 2002. Unsere Kunden mussten drastisch die Budgets für IT-Berater kürzen, wovon auch unser Unternehmen in erheblichem Maße betroffen war. Unser Umsatz ging in dieser Zeit um ca. 30 Prozent zurück, unsere Kosten aufgrund einer hohen Festangestelltenquote nicht. In dieser Zeit zeigte sich, dass die bei uns gelebte Vertrauenskultur auch in der Krise sehr wichtig für die Schadensbegrenzung war. Mit großer Transparenz gingen wir gemeinsam mit unseren Mitarbeitern in eine intensive Suche nach Wegen aus der sehr schwierigen Situation. Unsere Mitarbeiter zeigten auch in dieser Phase ein Höchstmaß an Solidarität, so dass wir unsere Kosten unseren Umsätzen anpassen konnten und somit das Überleben der Gesellschaft sicherten.

Die Krise war im Jahre 2003 bereits überstanden, wir schauten wieder optimistisch in die Zukunft. Bei uns entwickelte sich während und nach der Krise allerdings die Erkenntnis, dass das ungezügelte Wachstum der 90er Jahre endgültig der Vergangenheit angehörte. Wir mussten lernen, uns zu konzentrieren und zu fokussieren, um mit mehr Kundennutzen mehr Sicherheit zu erlangen. Auf der Suche nach einer geeigneten Methode zur systematischen Ausrichtung an den Kundenbedürfnissen der Zukunft bin ich mit dem Zukunftsinstitut von Matthias Horx in Kontakt gekommen. Die Thesen und Methoden, die ich bei ihm und in seinem Netzwerk innovativer Menschen kennengelernt habe, haben mich sehr inspiriert und boten mir die Orientierung, mein eigenes Unternehmen systematisch auf die Zukunft vorzubereiten. Ich machte mich vertraut mit der Szenariotechnik, mit dem Eltviller Modell der fünf Zukunftsbrillen, mit dem Cross-Innovation-Game und vielen anderen sehr hilfreichen Werkzeugen und Vorgehensweisen. Gern und erfolgreich wandte ich einige geeignete Elemente zur Weiterentwicklung des Unternehmens noventum an. Ein besonders großer Teil meiner Aufmerksamkeit bei der Zukunftsausrichtung des Unternehmens galt der Vernetzung mit dem gesamten Business-Öko-System unseres Unternehmens, um somit im Sinne des Open Innovation- und Networking-Ansatzes viele Inspirationen und Mitgestalter zu gewinnen. Auch wenn mir in den frühen Jahren des neuen Jahrtausends der Begriff „Dynamic Capabilites" noch nicht bekannt war, so wandte ich mit meinem Team und meinen Kooperationspartnern bereits einiges davon praktisch und erfolgreich an.

Als Unternehmer hatte ich das große Bedürfnis, eine Vertrauenskultur in meinem Unternehmen zu etablieren und zu pflegen. Von Beginn an führten wir ausgiebige 360°-Feedbacks durch und entwickelten und verstärkten dadurch die Beziehung zwischen Mitarbeitern und Führung. Im Jahre 2004 begannen wir, die anfangs „hemdsärmelige" Vorgehensweise zur Analyse und Entwicklung unserer Unternehmenskultur auf eine sehr professionelle Grundlage zu stellen. Wir beauftragten das Great Place to Work® Institut Deutschland, in einem Benchmarking mit weiteren 350 deutschen Unternehmen den Reifegrad der Vertrauenskultur bei noventum zu erheben. Wir nahmen im Jahr 2005/2006 erstmalig an dem Wettbewerb zur Identifizierung der besten 50 Arbeitgeber Deutschlands teil und stiegen damit in einen intensiven Lern- und Optimierungsprozess ein, der für unser Unternehmen von entscheidender Bedeutung war. Das Ergebnis des ersten deutschlandweiten „Arbeitgeberbenchmarkings" war für uns ernüchternd. Ja, unsere Mitarbeiter gaben unseren Führungskräften bzw. unserem Unternehmen ordentliche Noten in den Bereichen Glaubwürdigkeit, Respekt, Fairness, Stolz und Teamgeist, doch unsere Instrumente zur Weiterentwicklung der Vertrauenskultur waren im Vergleich zu den besten Arbeitgebern Deutschlands noch deutlich verbesserungsfähig. Also machten wir uns auf den Weg und unterzogen uns jedes Jahr wieder der ausführlichen Mitarbeiterbefragung und dem aufwändigen Kulturaudit um aus den Ergebnissen zu lernen und unsere Unternehmenskultur kontinuierlich und maßnahmengestützt weiterzuentwickeln. Gemeinsam nutzten die Führungskräfte und alle Mitarbeiter die ausführlichen Reports des Great Place to Work® Instituts, um jedes Jahr eine deutliche Steigerung zu erzielen.

Im Jahr 2010 waren wir schließlich ganz an der Spitze angekommen. Auf der feierlichen Gala zur Prämierung der besten Arbeitgeber Deutschlands im Berliner Hotel Adlon überreichte uns der damalige Arbeitsminister Olaf Scholz die Urkunde für den Arbeitgeber Nr. 1 in der Größenklasse bis 500 Mitarbeitern. Diese Ehre war zugleich Ansporn, das hohe Niveau der Unternehmenskultur zu halten. Mit großer kollektiver Kreativität gelang es uns tatsächlich, den Erfolg in den Jahren 2011 und 2012 zu wiederholen. Zusätzlich wurden wir in 2012 als drittbester Arbeitgeber Europas hinter einem finnischen und einem norwegischen Unternehmen ausgezeichnet. Ausgestattet mit einem inzwischen sehr umfassenden Wissen, wie man eine vertrauensbasierte Unternehmenskultur systematisch entwickelt und beseelt von der Mission, dass es für das gesamte Wirtschaftssystem von großem Nutzen ist, wenn auch über Unternehmensgrenzen hinweg mit Vertrauen agiert wird, haben wir eine neue Rolle für das Great Place to Work® Institut übernommen. Wir wurden ab dem Jahr 2013 Great Place to Work® Botschafter und haben als langjährige Praktiker viele Unternehmen von dem Nutzen der Etablierung der Vertrauenskultur und von der Teilnahme an dem Great Place to Work® Benchmarking überzeugt. Eine Teilnahme an dem Wettbewerb zum besten Arbeitgeber Deutschlands kam in diesem Zusammenhang nur noch außer Konkurrenz infrage.

Was für noventum von Nutzen ist, kann auch unseren Kunden helfen, dachten wir, nachdem wir einige gute Erfahrungen mit Innovationsmanagement und Unternehmenskulturentwicklung im eigenen Unternehmen noventum gemacht hatten. Also beschlossen wir, dem bisherigen Geschäftsfeld IT-Beratung erst das neue Geschäftsfeld *Zukunftsmanagement* und später das Geschäftsfeld *Unternehmenskulturentwicklung* hinzuzufügen. In diesem Zusammenhang halten wir Vorträge, organisieren Workshops und bestreiten komplette Projekte, um sowohl das kreative Potenzial von Unternehmen zu entfesseln als auch die systematische Entwicklung von vertrauensbasierter Unternehmenskultur zu unterstützen. In diesem Zusammenhang empfehlen wir oft die Nutzung des Great Place to Work® Werkzeugkastens.

Mit den beiden neuen Geschäftsfeldern verfolge ich als Unternehmer eine sehr persönliche Mission, denn ich bin davon überzeugt, dass Menschen in Unternehmen mit Vertrauenskultur glücklicher, gesünder und erfolgreicher sind. Noch mehr: Wenn viele Unternehmen auch in diesem Sinne miteinander interagieren, ist eine gesamte Gesellschaft glücklicher, gesünder und erfolgreicher. Dafür lohnt es sich meines Erachtens, sich zu engagieren. Als angenehmer Effekt entsteht für das Unternehmen noventum ein außergewöhnliches Profil, das sich deutlich von der Masse der „normalen" IT-Beratungsunternehmen abhebt.

Tatsächlich bin ich zutiefst davon überzeugt, dass sich Vertrauenskultur in vielfacher Hinsicht lohnt. Mit glücklichen, gesunden, engagierten und kreativen Mitarbeitern entstehen erfolgreiche Unternehmen mit starker Innovationskraft, geringem Krankenstand, niedriger Fluktuation und begeisterten Kunden. Die Schaffung der Strukturen für Vertrauenskultur gibt es selbstverständlich nicht zum Nulltarif. Auch ist Vertrauenskultur nicht der einzige Erfolgsschlüssel. Marktgerechte Produkte, passende Kunden, eine attraktive Unternehmensvision und ein ausgefeiltes Managementsystem sind weitere wichtige Zutaten. Unstreitig ist aus meiner Sicht, dass jeder Euro, den die Führung in Vertrauenskultur investiert, dauerhaft mit hoher Verzinsung zurückkommt.

In meinem Buch „Glücklich Führen", welches ich 2013 geschrieben habe, habe ich die Zusammenhänge zwischen Zukunftsmanagement, Vertrauenskultur, Unternehmensvision und Managementsystem am Beispiel meines Unternehmens noventum consulting ausführlich dargestellt. Es versteht sich als eine umfassende Sammlung von Anregungen, aus denen sich Führungskräfte anderer Unternehmen, die von dem Potenzial der Vertrauenskultur überzeugt sind, bedienen können, um ihren eigenen Weg zu finden. Ich wünsche dabei von Herzen viel Erfolg.

Hans-Josef Homscheid

Data Logistics wird zum Kernelement moderner Versicherungsanwendungslandschaften – und gleichzeitig erfordern die kommenden Herausforderungen ein Umdenken der IT-Strategie

Einleitende Grundaussagen

Versicherungen stehen unterschiedlichsten, teilweise gravierenden Änderungen gegenüber. Neben den geostrategischen und regulatorischen Herausforderungen muten die Markt- und Prozessüberlegungen fast kleinlich an; sind jedoch für die Versicherungsunternehmen von signifikanter Bedeutung. Die in den letzten Jahrzehnten viel diskutierten regionalen „Marktangriffe" unterschiedlich regional Marktfremder hat nicht stattgefunden. Bisher hat die jeweils regionale Gegebenheit für eine faktisch gesicherte Aufteilung gesorgt. Anstatt Markteintritte wurden „Marktkäufe" durch Übernahmen und Fusionen realisiert. Längst sind überregionale Player auf dem Weg zu sich entwickelnden neuen Märkten. Wachstum ist das antreibende Momentum im Versicherungssegment. Markteffekte, Kostensituationen und regulatorische Gegebenheiten begünstigen große Player.

In diese Entwicklungen kommt nun der Trendstudie „Versicherungen 2020"[228] zufolge die Nutzung neuer Medien. Langfristig betrachtet werden diese erheblichen Einfluss auf das strategische Marketing und die Vertriebsarbeit haben. Daneben entfacht sich parallel die alte Diskussion über Markteintritte „Fremder". Jedoch hat dies plötzlich andere Dimensionen durch Austausch der „Angreifer". Nicht internationale Wettbewerber sondern Internetkonzerne bzw. Plattformen beeindrucken. Wachstum in gesättigten Märkten erfordert die richtigen Produkte, Schnelligkeit in der Abwicklung und vor allem die richtigen Marktkanäle zu adressieren. Im Umfeld der neuen Medien trauen viele Experten den neuen Internetunternehmen entsprechende Innovationskraft und Marktwirkung zu.

---

[228] Vgl. 2b AHEAD Think Tank: Trendstudie Versicherungen 2020, Februar 2014; Lünendonk; Versicherungen 2020, November 2013.

Der Wachstumspfad ist im Wandel: „Vom personifizierten Markenvertrieb zum mechanisierten „App"-Vertrieb." Längst sind diese Mechanismen bei Tourismus oder Konsum bestimmend im direkten „maschinellen" Kundenkontakt. In einer zukünftigen Welt eines schrumpfenden deutschen Versicherungsmarktes bei gleichzeitiger Dominanz der sogenannten „Digital Natives" werden die mechanisierten Applikationen, mit Empfehlungscharakter anderer User, auch bei Versicherungen eine signifikante Rolle spielen.

Neben den prozessualen und regulatorischen Anliegen werden der Informatik zusätzlich unterschiedlichste vertriebliche- und damit mobile Anforderungen aufgebürdet. Serviceorientierte Apps, sogenannte „mobile solutions", welche dem Kunden selbst die Administration wesentlicher Vertragsbestandsdaten in einer Funktionalität kurzlaufender Prozesse – und Verträge – ermöglichen, stellen für die bestehenden Anwendungen der Versicherungen große Herausforderungen dar. Mehr und mehr müssen Informatikleistungen zum Enabler von Innovationen werden. Eine auf Empfehlung (social media) reagierende und selbstorganisierte Kundenwelt mit „Insurance on Demand" ist wirtschaftlich nur mit innovativen technologischen Maßnahmen zu realisieren.

Abstrakt betrachtet haben neue Marktteilnehmer in diesem Veränderungsprozess, aufgrund ihrer fehlenden alten Infrastruktur, die besseren Möglichkeiten. Ohne die Lasten aus vergangen Zeiten können diese schnell angepasste Applikationen entwickeln. Aufgrund bewusst reduzierter Komplexität, Nutzung effizienter moderner Entwicklungstechnologie und dem Vorteil der Bestandsdatenlosigkeit, können etwaige neue Marktteilnehmer auf Kundengruppen adjustiert ansprechende Lösungen entwickeln und im schnellen Rhythmus im Markt platzieren.

Daher wird die bevorstehende gesellschaftliche Evolution den etablierten Versicherungen, zumindest im Neugeschäft, die volle Innovationskraft abverlangen. Dieser Artikel wird vor diesem Hintergrund lediglich die informationstechnischen Herausforderungen fokussieren. Dem Autor sind natürlich die zusätzlichen organisatorischen und juristischen Hürden bewusst. Auch ist selbstverständlich, dass eine binäre monokausale Betrachtungsweise dem Thema als Gesamtes nicht gerecht wird. Jedoch ist der Autor der Meinung, dass durch diese fokussierte Betrachtung eines durchaus komplexen Zusammenhangs ein pointierter und innovationsoffener Blick Impulse im Gesamtprozess freizusetzen imstande ist.

Ohne über den Gesamtprozess vollständig sein zu wollen, sollen aus informationstechnischer Sicht die Fähigkeiten zum schnellen Produktivsetzen – inkl. deren Entwicklung – kleinerer Anwendungen mit der benötigten Funktionalität angemerkt werden.

Alle Versicherungsunternehmen arbeiten derzeit mit mehr oder weniger individuell entwickelten Versicherungskernanwendungen. Standardisierungsbemühungen haben zu vergleichbaren funktionalen Applikationen geführt; echte Standards sind jedoch zumindest auf die Kernanwendungen fokussiert nicht zu finden. Dies führt zu einer riesigen Komplexität verschiedenster Daten und einer Vielzahl von unterschiedlich organisierten Datenbanken aus verschiedenen technologischen Epochen. Zum Weiteren führt die Vielfalt der Anwendungen, meist sind mehr als ein Bestandssystem eingesetzt, zu einer exponentiellen Komplexität im Schnittstellenverhalten der Gesamtanwendungslogik. Übergreifend durchlaufende Prozesse (und Daten) sind in diesem Umfeld aufwändig zu entwickeln. Die bestehenden Anwendungen mit neuen Produkten oder Funktionalitäten auszustatten, ist im Aufwand entsprechend hoch.

Die meisten IT-Strategien basieren auf dem Grundgedanken einer für alle Sparten übergreifend neuen Bestandsanwendung, um diese mit dann zugekauften Serviceanwendungen (z. B. Leistung, Provision, In-Exkasso) im Quasi Standard mit umfangreichem Customizing zu vervollständigen. Oft wird bereits während entsprechenden Umsetzungsprojekten mit der Erneuerung des Vertriebssystems begonnen. Leider lassen sich diese dann nur schrittweise im Abgleich des Wachsens der „neuen Welt" auf der Bestandsseite in Produktion bringen. Eine solche Strategie erfordert Geduld, Zeit, enormes Kapital und unzählige motivierte Ressourcen. Nach Jahren des unternehmerischen – im vertrieblich marktfokussierten Sinne – Stillstands endet eine solche IT-Strategie in einer neuen Anwendungslandschaft, welche den Status Quo von Jahren zuvor oft nicht mal erreicht. In Zeiten der Serviceversicherer, bei denen der Kunde noch bedient wurde und sich nicht selbst bedienen wollte – oder durfte –, waren solche Strategien umsetzbar und sinnhaft.

Aus Sicht der Kunden und des Marktes sind solche IT-Strategien, wie oben aufgeführt, meist weder sichtbar noch erkennbar und schon gar nicht nachgefragt. Der Kunde möchte seine Daten sehen, seine Korrespondenz betrachten und wenn möglich seine eigenen Daten weitestgehend selbst administrieren. Dabei sollen Versicherungen abgeschlossen, verändert oder storniert werden können. Modernste, am „life cycle" orientierte Versicherungsprodukte werden das ständige und zyklische „Abwählen und Zuwählen" von Risiken oder versicherten Objekten am Self-Service-Desk zulassen. Zum Verdruss der Informatik sollen diese Services dann noch 7x24 Stunden verfügbar sein. Dies ist mit derzeitigen Anwendungssystematiken vermutlich nicht zu erreichen.

Drei Bereiche der IT-Landschaft einer Versicherung sollen in diesem Artikel auf diese Ziele hin unabhängig voneinander zu ihrer Innovationsfähigkeit betrachtet werden:

1. Data for mobile solutions
2. Innovation of policy management
3. Data-Interoperability between applications

1. Data for mobile solutions

Die meisten Anwendungen, die aktuell in Versicherungen zu finden sind, gehen von einer synchronisierten Datenpflege aus. Meist im Innendienst beschäftigte Mitarbeiter pflegen die Daten mit individuell entwickelten transaktionsorientierten Anwendungen. Sobald die im Hintergrund laufenden Transaktionssysteme technisch nicht verfügbar sind oder der Datenbankzugriff nicht direkt möglich ist, kann mit den Anwendungen nicht gearbeitet werden. Direkte Kopplungen „always online" sind eine Idee – allerdings auch recht aufwändig zu programmieren. Dabei muss man zusätzlich berücksichtigen, dass die herkömmlichen Anwendungen eine relativ lange „down-time" über Nacht zur Batchbearbeitung haben. Für eine echte mobile 7x24-Stunden-Anwendung ist daher eine direkte Kopplung nach außen eher ungeeignet.

Als Lösung für mobile Anwendungen sollte daher ein fokussierter Datenbestand im Ziel stehen. Orientiert an der mobil anzubietenden Funktionalität kann dieser aufgebaut, sowie nach und nach zeitgleich zum Ausbau der mobilen Funktionalität erweitert werden.

Dabei ist die Synchronisierung mit den zentralen Daten von besonderer Bedeutung. Eine Herausforderung wird dabei das Verhindern von konkurrierenden Datenveränderungen mit sich bringen. Jeder hat die Erfahrungen mit Kalenderanwendungen gemacht, sobald mehr als eine Person die Möglichkeit der Datenänderungen erhält. Mittlerweile haben die Synchronisierungsprogramme diese Problematik gelöst. Dies war jedoch ein Weg über Jahre und beinhaltete eine Standardisierung der Kalenderdaten. Vergleichbares ist aufgrund fehlender Standardisierung bei Versicherungsdaten auf absehbare Zeit nicht zu erkennen. In diesem Punkt muss jede Versicherung einen individuellen eigenen Weg gehen. Übergreifend – Bestände, Leistungen, Produkte etc. – sollten diese Daten für Mobilanwendungen einheitlich organisiert, gleich historisiert und harmonisiert symbolisiert vorliegen. Think big – start small; dieser Grundsatz gilt auch für diese Datenbestände. Alleine die Aufzählung der Merkmale eines solchen Datenbestandes weckt Erinnerungen an Data-Warehouse-Beschreibungen. Lässt man die Datenübertragungstechnologie für einen Moment aus dem Sinn, liegt man sehr nahe am Optimum eines Datenbestandes für mobile Anwendungen. Wenn dieser spartenübergreifend vereinheitlicht vorliegen würde, wären auch die Hürden der vielfältigen Innendienstanwendungen für die Anforderungen mobiler Anwendungen wie weggefegt.

Zur Definition eines solchen Datenbestandes kann man Anleihen beim Data Warehouse vornehmen. Zumindest können damit Festlegungen und Sprachstandards übernommen werden, welche den Entwicklern wie den Systemanalytikern das Arbeiten extrem vereinfachen können. Auch der Aufbau als relationales Kern-Datenmodell ist als Anleihe akzeptabel. Auch wenn mobile Anwendungen mit objektorientierten Methoden entwickelt werden, so ist die Verwendung einer relationalen Datenbank derzeit die wirtschaftlich sinnvollste Lösung.

Ein unweit größeres Problem wird die bidirektionale Synchronisierung der Daten bereiten. Es ist fachlich und prozessual zu bewerten, wie hoch die Wahrscheinlichkeit der konkurrierenden Bearbeitung gleicher Daten ist. Die Erwartung, dass mobile Anwendungen quasi Echtzeit Daten verändern, kommt der Lösung dabei zugute. Viele Versicherungen lassen bereits heute Datenadministrationen über Internet zu. Erfahrungen haben gezeigt, dass das Problem der konkurrierenden Datenveränderungen Außen (Kunde) und Innen (Bearbeiter oder Programme) über Tag nicht so groß ist. Technisch müssen die Datensynchronisierungen überwacht werden und im Friktionsfall maschinell oder manuell gelöst werden. Eine Häufung von Synchronisationsfriktionen ist nachts zu vermuten. Durch den Start umfangreicher Batchprogramme können parallele Datenveränderungen entstehen. Jedoch sind diese oft maschinell in eine dem Businessaspekt entsprechende Reihenfolge zu bringen. Ein diesen Gegebenheiten folgender Business-Monitor zur Überwachung von Datenströmen, Bearbeitungen und der Behandlung von Friktionen ist zwingend einzusetzen.

Um insgesamt den Datenbestand aufzubauen, können zur Lösung der Datentransformationen ebenfalls Anleihen bei der Data-Warehouse-Vorgehensweise helfen. Die unterschiedlichen Bestandsanwendungen im Innendienst müssen strukturell vereinheitlicht überführt werden. Der Aufbau unterschiedlicher „Daten-Layer" helfen dabei, das Staging wie auch die Data Quality zu ermöglichen. Die Synchronisierung wird ähnlich komplex wie bei Data Warehouse.

Um mobile Anwendungen langfristig stabil und unabhängig der bestehenden Innendienst-Anwendungen betreiben zu können, müssen dezidierte, redundante Datenbestände aufgebaut werden. Dabei wird der Datenlogistik gesteigerte Aufmerksamkeit zukommen müssen. Ein Aufbau einer solchen Datenbasis erfordert insbesondere bei Versicherungen gesteigertes Maß an Know-how und langfristige Erfahrungen im Betrieb solcher Datenschnittstellen. Die Beherrschung dieser Datenflüsse und die konsequente Entkopplung der „alten" von der mobilen „neuen" Welt wird auch den bestehenden Versicherungsunternehmen im kommenden „App-orientierten" Markt Chancen ermöglichen. Neben den mobilen Funktionalitäten könnten diese dann auch ihre etablierte Marke platzieren.

Innovation of policy management

Als Monolithen geprägt, sind diese Anwendungen meist für ganze Bündel von Sparten und unterschiedlichsten Tarifen verantwortlich. Viele Versicherungen leisten sich eine Vielfalt von Tarifen, welche alle „verkaufsoffen" zu verwalten sind. In den vergangenen Jahren sind häufig Innovationen eingebracht worden; die nachhaltigste war sicher das An- und Einbinden von Produktservern und die architektonische Aufbereitung zu einer serviceorientierten Anwendung. Trotz allem sind diese Anwendungen sehr komplex, sehr teuer und fast nicht ablösbar. Technologisch sind viele dieser Anwendungen auf einem alten Stand.

Für Innovationen können diese Systeme nicht sorgen. Viel zu lange dauern Neuerungen und wirklich neue Versicherungsprodukte einzubauen bedeutet oft langwierige Prozesse. Die ständige Priorisierung zwischen Markterneuerungen und Compliance-Anforderungen führt oft zu Verzögerungen.

Was diese Systeme wirklich perfekt können, ist das Beherrschen großer Datenmengen und Abwickeln der Vertragsdaten bis hin zum „dunklen" Durchführen von Buchungslogik und Druckanstößen. Diese Prozesse sind meist sehr eng abgestimmt mit der Arbeitsplanung, Rechenzentren kennen die benötigten Abläufe bestens.

Jedes Versicherungsunternehmen für sich muss die jeweilige Strategie selbst entscheiden. Dabei wird es immer um „Vereinfachung", Automatisierung und Performance gehen. Inwieweit Sachbearbeiter der Zukunft noch eine vollständige Administrationsoberfläche benötigen, ist ebenfalls eine organisatorisch zu untermauernde Unternehmensentscheidung. Eine service- und schichtenorientierte Bestandanwendung sollte jedoch auch den Weg der entkoppelten Oberfläche kennen und unterschiedliche Nutzenmerkmale in Vertrieb, Service Center und Level-II-Bearbeitung mit einer Entwicklungstechnologie ermöglichen.

Aber wie kann eine Versicherung innovativ sein, wenn die Kernanwendung „schwerfällig" und nur durch lange Zyklen veränderbar ist? Ein Innovationskiller ist im Grundgedanken – möglichst eine Bestandsanwendung für alle Produkte – behaftet. Daher werden Innovationsfreude – Investition muss erhebliches Potenzial bedeuten – und Zeitaspekte – größter Aufwand bei Bestandführungen sind Compliance-Projekte anstatt Innovation – oft nicht realisierbar. Will man wirklich zyklisch modern am Markt Innovationen testen, benötigt man ein entsprechendes Environment. So wie in der Industrie „Prototypen" vor Produktionsbeginn Marktfähigkeiten und Qualitäten testen, so müssten Versicherungen eine Bestandanwendung separiert zur „Kernanwendung" kennen. Für ein einzelnes Produkt für einen begrenzten Nutzen zu programmieren, ist heutzutage unterjährig erreichbar. Natürlich kann dann diese Anwendung nicht ebenbürtig und harmonisiert in allen Prozessen (In-/Exkasso, Druck und Provision) mithalten. Allerdings können Anwendungen entstehen, welche dem Markt entsprechen und das Angebot der Versicherung modernisieren.

Aus Informatiksicht ist die Dauer zum Betrieb einer solchen Anwendung frühzeitig zu definieren. Zum Zeitpunkt X müssen Entscheidungen für eine jeweilig dauerhafte Verfahrensweise getroffen werden. Eine Beendigung des Bestandes darf dann auch nicht ausgeklammert werden. Bei Erfolg ist der Zeitpunkt der Überführung des Bestandes in die Kernanwendung festzulegen. Nachdem der Bestand beendet (organisatorisch oder migrationstechnisch) oder in die Kernanwendung überführt wurde, kann die „Probe-Prototypanwendung" verändert wieder für andere Innovationen genutzt oder mit der Zeit entsorgt werden. Kleine schnelle Bestandanwendungen mit begrenzter Haltbarkeit wären für deutsche Versicherungsunternehmen durchaus etwas Neues; aus Sicht des oben aufgezeigten Szenarios – App-orientierter Vertrieb – für etablierte im „Fight" um neue Kunden jedoch durchaus eine Alternative.

2. Data-Interoperability between Applications

Das Thema Data Interchange ist im Grunde ein Thema, das von Versicherungen erfunden sein könnte. Unzählige Datenschnittstellen funktionieren im Großen bereits seit langem in der Versicherungsindustrie. So haben die übergreifenden Themen immer einen signifikanten Vereinheitlichungscharakter dargestellt und natürlich auch die individuellen Bedürfnisse zurückstehen lassen. So wurden GDV-Schnittstellen zum Datenaustausch definiert, werden EVB vollständig elektronisch abgewickelt und das HIS des GDV zum integralen Human Information Service etabliert, um nur einige der bestehenden Beispiele zu nennen. Millionenfach werden täglich Informationen zwischen Applikationen ausgetauscht, ohne dass ein Sachbearbeiter einbezogen ist. Übergreifend funktioniert dies bestens.

Datenhandlings zwischen Applikationen, die häufig aufgerufene Daten zur weiteren Verarbeitung austauschen. Innerhalb der Organisation – versicherungsintern – tut man sich dagegen mit dem professionellen Abwickeln solcher Dateninteraktionen schwerer.

Aus einer Zeit kommend, in der alle Anwendungsproblematiken möglichst mit einer oder wenigen Anwendungen gelöst wurden, waren Datenschnittstellen nicht beliebt. Aktuell erleben wir jedoch architektonisch eine Wandlung. Von den Monolithen geht es übergangslos und schnell zu vielen kleinen Anwendungen – mobil, webfähig, und technologisch different (siehe obere Absätze zu Einführung und Mobilität). Diese Anwendungen bedingen quasi den Austausch über Datenschnittstellen oder Datenspeicher, will man nicht immer die Daten redundant eingeben. Moderne Schnittstellensprachen ermöglichen schnelle Entwicklungszyklen und einfaches Datenhandling. Aber ist dies unkontrolliert dauerhaft beherrschbar?

Unterstellt man den zahlenmäßigen Anstieg dieser Form von Schnittstellen und unterstellt den zukünftig noch häufigeren Gebrauch, kommen einem aus Betriebssicht Zweifel. Wer soll all diese Schnittstellen inhaltlich wie ablauftechnisch im Produktiv halten? MaRisk, oder auch Solvency II, sieht vor, den operativen Risiken entgegenzuwirken und Vorsorge zu deren Erkennen zu betreiben. Wenn nun unzählige Datenschnittstellen, da technisch einfach und fachlich gewollt, entwickelt und im Einsatz sind, müssen entsprechende Vorkehrungen getroffen werden. Als Maßnahme selbst wenig innovativ, aber trotzdem die Innovation – viele kleine miteinander kommunizierende Anwendungen anstatt weniger großer – unterstützend, stößt da der Vorschlag einer detaillierten, ständig aktuellen Schnittstellendokumentation und deren Monitoring auf Zustimmung. Jede Datenschnittstelle erweitert sich mit der Dauer ihres Lebenszyklus. Schmal (geringes Datenvolumen) begonnen, werden nach Jahren der Nutzung ganze funktionale Bündel innerhalb einer Schnittstelle bearbeitet. Prinzipiell ist nichts dagegen einzuwenden, jedoch aus Gründen der fachlichen Beherrschbarkeit, der technischen Wartbarkeit und der Produktionssicherheit muss die Dokumentation und das Betriebsmonitoring als ständige Aufgabe in die Weiterentwicklung und den Betrieb dimensioniert werden. Jede Datenschnittstelle ist zu definieren, bei deren Entwicklung das Betriebsgeschehen antizipiert und Kontrollmeldungen in vorgesehene Datenspeicher während des Echtbetriebes persistiert werden. Im Anschluss kann ein Betriebsmonitor übergreifend (über alle derart vorgesehenen Schnittstellen) als Dashboard gestaltet werden. In solchen Dashboards werden technisch wie fachlich die Datenflüsse jederzeit abgebildet. In der jeweiligen Ablauforganisation ist die Lösung zu etwaigen Datenfriktionen vorzusehen.

Was sind in diesem Datenschnittstellenzusammenhang „Friktionen"? Grundsätzlich stellt jedes nicht verarbeitete Datum eine Friktion dar. Allerdings ist spezifisch die Frage, welchen Einfluss eine „Nichtverarbeitung" auf das Ergebnis hat. Werden Prozesse aufgehalten, Daten unberechtigt abgelehnt, Prozesse durchlaufen – jedoch auf der falschen Linie – oder Daten erst gar nicht erkannt? Das Umfeld „Friktion" ist vielfältig und je nach fachlicher Motivation komplex. Trotzdem müssen diese im Versuch der Automatisierung soweit wie möglich technisch erkannt und möglichst technisch beseitigt werden. Dies kann ohne Analyse und tägliches Optimieren nur schwer erreicht werden. Umso mehr empfiehlt sich eine Lösung in Form eines Betriebsmonitors als Grundlage zur Optimierung.

Fazit

Veränderungen und Innovationen werden immer und ständig eine Herausforderung auf bestehende Technologie darstellen. Allerdings stehen die Versicherungsunternehmen entgegen früheren Innovationsschüben einem parallelen gesellschaftlichen Wandel gegenüber. Neben der Infragestellung ganzer Geschäftszweige wird es eine Herausforderung die richtigen Antworten zu den Anforderungen aus dem mobilen Applikationsumfeld zu geben. Schnelle Produktinnovationen sind trotz behäbiger und stabiler Bestandsanwendungen zu meistern und dabei gleichzeitig den erlebten Support aus Kundensicht bis zu „mobile devices" zu beherrschen.

Die entsprechende Datenlogistik in nicht standardisierten Begriffen und Datenwelten in transaktionsstarken Umgebungen sicherzustellen, wird bei dieser Entwicklung eine besondere Bedeutung zukommen. Nur wer diese meistert, kann den „Fightern" von außen etwas entgegenstellen. Wer natürlich davon ausgeht, dass Versicherungen nichts mit Internet oder mobilen Anwendungen zu tun haben, der kann und muss versuchen mit, Monolinern und wenig internen Datenschnittstellen auszukommen. Dies hat zumindest gestern funktioniert.

Thomas Barsch
GoogleINSURANCE™[229]

1. Einleitung

Sie stehen morgens auf und denken, dass heute ein ganz normaler Wochentag ist ... Doch dann kommt alles anders. Alle Medien berichten und Ihr Mobiltelefon läuft heiß. „Hast Du schon gehört, Google steigt in die Versicherungsbranche ein und bietet ab sofort weltweit die GoogleINSURANCE™ an!" Inspiriert durch das Buch von Jeff Jarvis „Was würde Google tun?"[230] und sowohl praktischer als auch theoretischer Kenntnisse über das Unternehmen Google schrieb der Autor diesen Zukunftsartikel. Die zentrale Frage hierbei ist: „Wie sind Sie darauf vorbereitet bzw. was könnten Sie entgegensetzen?" Denn so viel ist sicher: Google hat eine hervorragende Ausgangsbasis, um in neue Branchen einzusteigen.

2. Warum Google eine hervorragende Ausgangsbasis für das Finanz- und Versicherungsgeschäft hat!

Im Folgenden werden die einzelnen Erfolgsbausteine von Google beschrieben und zum Geschäftsmodell GoogleINSURANCE™ zusammengeführt. Wie bei Google so üblich, wird auch hier groß gedacht.

2.1 Globales Versicherungsangebot mit lokaler Marktadaption

Google wäre in der Lage, kurzfristig weltweit Versicherungen auf den Markt zu bringen, da es bereits heute etwa 104 Sprachen oder Dialekte unterstützt und eine personalisierte Version seiner Suchengine für 85 Länder vorschlägt.[231] Als Produkt für jedermann wird der Translator mit 80 Sprachen angeboten. Eine lokale Kundenansprache erfolgt über Google Adwords Express. Der Schwerpunkt liegt in der regionalen Einblendung

---

[229] Ersponnenes bzw. frei erfundenes Warenzeichen des Autors ohne absichtliche Markenverletzung.
[230] Vgl. Jarvis (2009): Was würde Google tun?, München, Wilhelm Heyne Verlag.
[231] Vgl. http://c.asselin.free.fr/french/googlewelt.htm [Stand: 24.2.2014].

von Anzeigen, z. B. im Umkreis von 50 km vom Firmenstandort entfernt. So wird es in Zukunft möglich sein, im Anschluss an die Suchanfrage „Fieber, Schnupfen, Halsweh", standortspezifische Anzeigen z. B. von Apotheken mit den verfügbaren Medikamenten und der bestehenden Entfernung zum aktuellen Standort zu erhalten.

2.2 Einzigartige Kenntnisse über den weltweiten Datenschutz

Der Datenschutz ist nicht zuletzt durch die NSA-Affäre in den Mittelpunkt gerückt. Nach wie vor ist das Thema Sicherheit ein Ablehnungsgrund, um Online-Aufträge bzw. Bankgeschäfte abzuwickeln. Zu groß ist die Sorge, dass die persönlichen Daten in unbefugte Hände gelangen, wie z. B. der Datenklau von Millionen Playstation-Kunden bei Sony im Jahre 2010[232] oder das Hacken von 16 Millionen E-Mail-Adressen.[233] Aber wie geht Google damit um? Man könnte annehmen, dass es kein zweites Unternehmen auf der Welt gibt, das sich im länderspezifischen Datenschutz so gut auskennt. Interessant ist aber Googles Selbstverpflichtung: „Unser Ziel ist es, Ihnen die weltweit leistungsstärksten Datenschutz- und Sicherheitstools bereitzustellen. Sicherheit und Datenschutz sind uns ebenso wichtig wie Ihnen und haben bei uns oberste Priorität. Auf unserer Website „Gut zu wissen" finden Sie hilfreiche Informationen darüber, wie Sie für mehr Online-Sicherheit für sich und Ihre Familie sorgen können. Dort erfahren Sie außerdem, was Google tut, um Sie und Ihren Computer zu schützen und die Kriminalität im Internet einzudämmen."[234] Nennen Sie mir ein Unternehmen der Versicherungsbranche, welches annähernd das gleiche Know-how hat?

---

[232] Vgl. http://www.sueddeutsche.de/digital/datenklau-bei-sony-hacker-stehlen-millionen-geheime-kundendaten-1.1089569 [Stand: 25.2.2014].

[233] Vgl. http://www.handelsblatt.com/technologie/it-tk/it-internet/bsi-raet-zur-pruefung-16-millionen-e-mail-accounts-gehackt/9362082.html [Stand: 25.2. 2014].

[234] Vgl. https://www.google.de/policies/ [Stand: 25.2.2014].

2.3 Weltweites Onlinevertragswerk

Wer bei Google Kunde wird, der durchläuft in Deutschland den ganz normalen Prozess des Doppel-Opt-In Verfahrens (das heißt: anmelden – E-Mail erhalten & bestätigen – Freischaltung des Accounts). Mit dieser Anmeldung sind alle kostenlosen Google-Dienste nutzbar. Sobald man aber eine bezahlte Leistung in Anspruch nimmt, werden Bankverbindung, Steuernummer etc. abgefragt und man muss sich auch legitimieren – aber das nur einmal! Bei Änderungen in den Stammdaten bekommt man einen Code auf das zugeordnete Handy.

2.4 Predictive Search – Google weiß was Sie in 24 Stunden tun!

Predictive Search heißt das neue Zauberwort. Google weiß schon vorher, was der Nutzer will – und sagt das Verhalten voraus. Google Now heißt der dazugehörige Such-Assistent, der Ihnen proaktiv mitteilt, dass es auf Ihrem Weg zur Arbeit zu Staus kommt und Sie getrost später losfahren können oder besser die Bahn nehmen sollten.

Abbildung 1: Selbstständig kreierte Meldung von Google Now

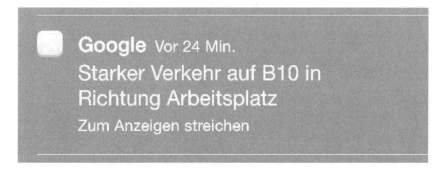

Doch wie funktioniert das? Der Dienst Google Now durchforstet E-Mails und Kalender und weiß, was der Nutzer in Zukunft tut. Ist z. B. ein Urlaub in Las Vegas geplant, wird Google Now bereits schon ein paar Tage vor der Abreise Wetterinfos, den Wechselkurs und vielleicht ein paar nette Restaurants am Urlaubsort anzeigen oder aktiv eine Reiseversicherung anbieten.

2.5 Telematik – Prämienermittlung auf der Basis von nutzerspezifischen Bewegungs- und Verhaltensdaten

Mit Google Maps kann der aktuelle Aufenthaltsort zur Auswertung an Google geschickt werden. Die gespeicherten Daten stellt Google seinen Anwendern wiederum mit dem Standortverlauf zur Verfügung. Die Übermittlung des aktuellen Standortes, zum Beispiel um schnell den nächsten Bahnhof oder ein Kino in der Nähe zu finden, ist eine praktische Sache. Mit Google Now ist der Suchmaschinengigant noch einen Schritt weiter gegangen und versucht aufgrund vergangener Aufenthaltsorte auch an anderen Tagen Informationen parat zu halten, so zum Beispiel die Abfahrtszeit der nächsten Bahn zur Arbeit. Die regelmäßige Überprüfung des Aufenthaltsortes führt zu einer gewaltigen Datenbank, in der Ihre Aufenthaltsorte mit Datum und Uhrzeit gespeichert werden. Möchten Sie wissen, wo Sie am 21. Februar 2014 um 12:39 Uhr waren? Google Standortverlauf hilft Ihnen weiter und zeigt Ihnen den genauen Ort oder gleich die ganze Reiseroute von diesem Tag.

Einen Schritt weiter gedacht: Man könnte die jeweilige Tagesroute des Nutzers mit den Unfallorten in der Region und einer abgeleiteten Unfallwahrscheinlichkeit und Schadenshöhe verknüpfen und so ein individuelles Risikoprofil erstellen. Und was für einen Tag möglich ist, könnte auch für einen Zeitraum, zum Beispiel in dem Jahr vor der Verlängerung der Kfz-Versicherung ermittelt werden. Auf Knopfdruck erhalten die Versicherung und der Nutzer selbst eine Prämienermittlung auf der Basis der eigenen nutzerspezifischen Bewegungs- und Verhaltensdaten für einen gewünschten Zeitraum.

Abbildung 2: Bewegungsdaten von Thomas Barsch
am 21. Februar 2014

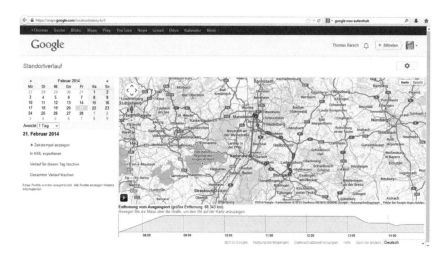

Die Kilometeranzahl, das Befahren von Straßen mit erhöhter Unfallgefahr sowie die Häufigkeit der Nutzung, aber auch das Fahrverhalten selbst könnten über einen Algorithmus in ein Prämienmodell einfließen. Wer also die Geschwindigkeitsbeschränkungen bzw. die Straßenverkehrsordnung verletzt, wird in einen höheren Tarif eingestuft. Über eine App könnte in Echtzeit (Realtime) zu jeder Zeit an jedem Ort der eigene Prämienverlauf angesehen werden.

2.6 Proaktiver Echtzeitdialog mit dem Kunden

Jetzt könnte man noch einen Schritt weiter denken: Warum sollte der Kunde nicht während der Autofahrt bei der Nutzung von Google Maps als Navigationssystem proaktive Fahrempfehlungen eingeblendet bzw. per Sprachmitteilung bekommen? So zum Beispiel: „Achtung in 50 Metern vor Ihnen hinter der Kurve gibt es einen Stau!" Indem der Nutzer sein Fahrverhalten anpasst, hat das wiederum Einfluss auf die Versicherungsprämie.

2.7 Online-Reichweite

Abbildung 3: Online-Reichweite der Top 10 Web-Konzerne weltweit im August 2013[235]

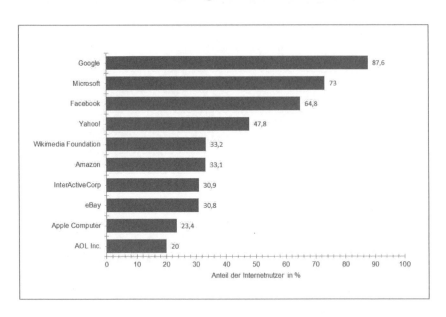

Welchen Zusammenhang gibt es zwischen der Online-Reichweite und GoogleINSURANCE™? Eine alte Marketingweisheit besagt: „Bekanntheitsgrad kommt vor Bevorzugungsgrad". Das heißt bei der weltweiten Bekanntheit/Verbreitung von Google ist die Vermarktungschance als sehr günstig zu beurteilen. Hinzu kommt noch der Google Global Market Finder, der Ihnen die Möglichkeit bietet, über 1,9 Milliarden Kunden weltweit zu erreichen.

---

[235] Vgl. http://de.statista.com/statistik/daten/studie/160133/umfrage/web-konzerne-mit-der-hoechsten-online-reichweite [Stand: 24.2.2014].

2.8 Integration von Innovationen wie fahrerlose Autos, Google Glass und Roboter

Google experimentiert seit Jahren mit selbstfahrenden Autos – doch das muss nicht bedeuten, dass Google Autohersteller wird. Stattdessen verfolgt der Konzern einen Ansatz wie bei Android: Mit dem Android-Betriebssystem zur Steuerung und Darstellung von Navigation, Multimedia und Internet-Inhalten im Fahrzeug lockt der Konzern die Autohersteller zum Beitritt in seine Open Automotive Alliance.[236] In dem Zusammenschluss sitzen neben Google auch Nvidia sowie die Automobilhersteller Audi, General Motors, Honda und Hyundai.[237]

Mit der **Datenbrille Google Glass** rückt uns Google ganz besonders nah. Nicht nur das Web haben Nutzer damit vor Augen, auch zahlreiche Google-Dienste lassen sich mit einem Augenzwinkern bedienen. Über die Kamera, Maps und andere Funktionen ist bekannt, wo sich der Nutzer aufhält und was er gerade sieht.

Außerdem entwickelt Google nicht nur selbst, sondern ist auch auf großer Einkaufstour. Allein im Jahr 2013 kaufte Google 18 Unternehmen. Fünf davon arbeiten an **Robotik**. Während Redwood Robotics, Bot & Dolly, Holomni und Meka Robotics eher kleine Unternehmen sind, hat Google auch einen äußerst prominenten Namen auf der Liste: Boston Dynamics. Laut einem Bericht der „New York Times" ist das ein deutlicher Hinweis darauf, dass Google in Zukunft autonome Systeme anbieten könnte, die Aufgaben wie etwa Lagerarbeiten, Paketzustellungen oder sogar die Betreuung von Senioren übernehmen.[238]

2.9 Wissen über das aktuelle Käuferverhalten

Der Kaufentscheidungsprozess (customer decision journey) ist heute komplexer geworden. Bevor eine Online-Kaufentscheidung gefällt wird, befasst sich ein Kunde mit dem Unternehmen oder einer Marke über viele

---

[236] Vgl. http://www.openautoalliance.net [Stand: 26.2.2014].
[237] Vgl. http://www.netzwelt.de/news/114261-android-autos-google-schliesst-automotive-allianz.html [Stand: 26.2.2014].
[238] Vgl. http://www.spiegel.de/wissenschaft/technik/google-kauft-hersteller-fuer-militaerroboter-boston-dynamics-a-939088.html [Stand: 25.2.2014].

verschiedene Medienkanäle und das mehrere Tage lang. Google hat ein Tool entwickelt, das hilft, den Kaufentscheidungsprozess zu erforschen und zu verstehen, um somit die eigenen Marketingkampagnen zu verbessern.

Wie beeinflussen verschiedene Marketing-Kanäle die Kaufentscheidungen? Marketing-Kanäle (wie E-Mail, Display-Anzeigen, bezahlte Suchmaschinen-Anzeigen, soziale und direkte Besuche auf der Website) beeinflussen den Kunden an verschiedenen Berührungspunkten (Touchpoints) auf dem Weg zum Kauf.

Abbildung 4: Der Kaufentscheidungsprozess beim Onlinekauf[239]

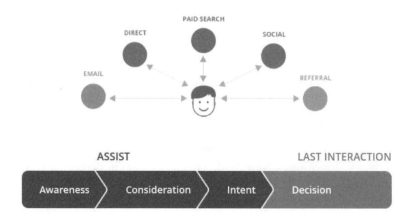

ASSISTING channels build awareness, consideration, and intent earlier in the customer journey or "purchase funnel."

LAST INTERACTION channels act as the last point of contact prior to a purchase.

---

[239] Vgl. http://www.thinkwithgoogle.com/tools/customer-journey-to-online-purchase.html [Stand: 25.2.2014].

Beim dem nachstehenden Google Tool kann man rechts oben (siehe Abbildung 5) die gewünschte Branche und das entsprechende Land auswählen und der Kaufentscheidungsprozess wird sofort angezeigt.

Abbildung 5: Der Kaufentscheidungsprozess beim Onlinekauf speziell für die Finanzbranche in Deutschland[240]

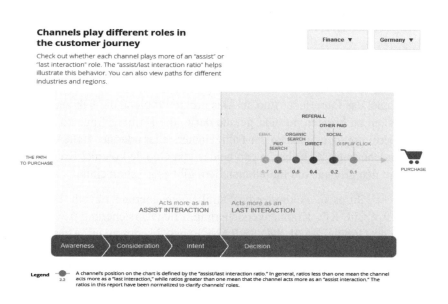

2.10 Topaktuelle IT-Infrastruktur

Google hat eine hochmoderne IT-Infrastruktur in weltweit mehreren Rechenzentren. Google hat auch keine Vertragsaltlasten und den Vorteil „der grünen Wiese". Es müssen keine Plausibilitäten zu anderen Kalkulationsmodellen beachtet werden.

---

[240] Vgl. http://www.thinkwithgoogle.com/tools/customer-journey-to-online-purchase.html [Stand: 25.2.2014].

2.11 Keine Vertragsaltlasten

Google hat auch keine Vertragsaltlasten und den Vorteil „der grünen Wiese". Es müssen keine Plausibilitäten zu anderen Kalkulationsmodellen beachtet werden.

3. Vernetzung der Systeme & Dienste zu GoogleINSURANCE™

Im vorangegangenen Kapitel wurden einige Erfolgsbausteine von Google erläutert (es sind mit Sicherheit noch mehr). Besonders spannend wird es, wenn man das Vorhandene mit dem Zukünftigen kombiniert. Nimmt man als Beispiel das fahrerlose Auto an. Das größte Problem, die Fahrzeuge auf die Straßen zu bringen, besteht gerade darin, die Haftungsfrage zu klären. Wer übernimmt den Schaden der Fahrzeughersteller oder der Halter, sprich die Versicherung? Was aber, wenn beides von Google kommt? Kooperationen mit den großen Automobilherstellern gibt es ja schon einige.

Vielleicht gibt es in Zukunft eine Familienversicherung für alle Belange wie Haftpflicht, Kfz, Krankenversicherung, Pflegeversicherung usw.? Wer dann eine GoogleFAMILY-INSURANCE hat, bekommt im Alter einen kostenlosen Pflegeroboter zur Verfügung gestellt, weil in Zukunft ohnehin nicht mehr ausreichend Pflegepersonal vorhanden sein wird. Und mit dem fahrerlosen Auto bleibt man dann auch im Alter noch mobil, ohne die Sicherheit anderer und die eigene zu gefährden.

Durch die weltweite Präsenz und Verfügbarkeit ergeben sich für Google bisher nie dagewesene Starthilfen und Vermarktungschancen über alle Branchen hinweg. Die Automobil-OEM stehen schon Schlange. Vielleicht gibt es schon früher als erwartet eine Google Open Insurance Allianz.

Abbildung 6: Übersicht der Erfolgsbausteine

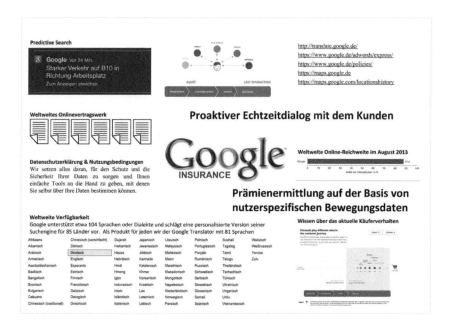

4. Fazit

GoogleINSURANCE™ hätte die besten Chancen, eine neue Cashcow des Weltunternehmens zu werden. Entscheidende Erfolgsbausteine sind bereits heute vorhanden und müssten nur zusammen als Geschäftsmodell kombiniert werden. Welche dramatischen Auswirkungen dies für kleinere Versicherungen haben wird, wird sich in Kürze zeigen.

Die Autoren

Prof. Dr. Thomas Abele studierte Wirtschaftsingenieurwesen an der Universität Karlsruhe (TH) sowie der University of Massachusetts in Boston. Danach war er als Projektleiter am Fraunhofer-Institut für Produktionstechnik und Automatisierung tätig. Er promovierte zum Thema »Verfahren für das Technologie-Roadmapping zur Unterstützung des strategischen Technologiemanagements«. In der Unternehmensentwicklung der Alfred Kärcher GmbH & Co. KG und war er u. a. für die Strategieentwicklung verantwortlich. Zuerst war er als Professor für Technologie- und Innovationsmanagement an der German University in Kairo, Ägypten, tätig. Danach wechselte er an die FOM Stuttgart.

Prof. Dr. Stefanie Auge-Dickhut, CVA, leitet die angewandte Forschung des Schweizerischen Instituts für Finanzausbildung (SIF) an der Kalaidos Fachhochschule. Themenschwerpunkte sind kundenzentrierte Geschäftsmodelle der Finanzindustrie, Risikomanagement, Unternehmensbewertung und M&A. Sie hat über 10 Jahre Projektleitungserfahrung bei diversen M&A- sowie Beratungs-Mandaten von börsennotierten als auch Mid-Cap-Unternehmen. Ihre berufliche Ausbildung umfasst neben Banklehre und Studium der Wirtschaftswissenschaften eine mehrfach prämierte Promotion an der RWTH Aachen.

Thomas Barsch ist Geschäftsführer der pionierfabrik UG. Die Beratungsschwerpunkte liegen im Bereich Blue-Ocean-Strategy, Mindset Marketing & Vertrieb 3.0 und der Innovationsvermarktung.

Er ist seit 2009 als Dozent an der FOM Hochschule für Oekonomie & Management tätig. Außerdem berät er den Mittelstand und Konzerne als Spinner, Dozent, Autor, Blogger, Ideen-Scout, Speaker, Marketer und Vertriebler.

Prof. Dr. Thomas Berger studierte Betriebswirtschaft an der Berufsakademie Stuttgart und promovierte in Regionalökonomik an der Cardiff University in Großbritannien. Seit mehr als 10 Jahren ist er als Berater bei Banken, Finanzdienstleistern und anderen Unternehmen strategisch und operativ tätig. Er hat bei zahlreichen Fusionen und Strategieentwicklungen erfolgreich mitgewirkt.

Im Jahr 2010 wurde er zum Professor berufen, seit 2013 lehrt und forscht er an der DHBW Stuttgart im Bereich Marketing, Risikomanagement und Projektmanagement. Zudem lehrt er an anderen Hochschulen im In- und Ausland.

Dr. Andreas Eckstein ist Innovationsmanager bei Hannover Rück SE und hat die wichtigsten Trends und vielversprechendsten Geschäftsmodelle im Versicherungsbereich im Blick. Schwerpunkte seiner Tätigkeit bildet der Bereiche Business Development im Bereich Climate Change und New Mobility.

Nach dem Studium der Betriebswirtschaftslehre an den Universitäten Würzburg, Göttingen und der University of South Carolina (USA) promovierte er an der Universität Göttingen über strategische Optionen der Internationalisierung mittelständischer Unternehmen in einem globalen Wettbewerb.

Andreas Eckstein hält Vorträge zu den Themen Innovationen, Management, Klimawandel sowie New Urban Mobility. Zusammen mit anderen Experten gründete er den Verband Europäische Zukunftsforschung e.V.

Dr. Andreas Grahl ist Digitalisierungs-Experte und verantwortet strategische Konzernprojekte im Rahmen des Digital-Programms der Allianz SE zur Entwicklung von innovativen mobilen Versicherungsservices. Zuvor hat er den Bereich Projektmanagement und –controlling im Ressort Bankbetrieb der Allianz Deutschland AG geleitet und war hier verantwortlich für das Online-Banking Projektportfolio und die Entwicklung mobiler Finanzapplikationen.

Er verfügt über mehrjährige Erfahrung in der internationalen Management Beratung. Davor war er bei der Commerzbank AG im internationalen Privat- und Firmenkundengeschäft aktiv.

Dr. Nadine Guhr ist seit 2013 akademische Rätin a. Z. am Institut für Wirtschaftsinformatik der Leibniz Universität Hannover. Zu ihren Forschungsgebieten zählen u. a. Mobile Systeme und Services, Empirische Studien zur Technologieakzeptanz sowie Privacy und Informationssicherheit. Vor ihrer akademischen Laufbahn absolvierte sie eine Ausbildung zur Industriekauffrau und war im Verkauf eines Stahlkonzerns tätig.

Frau Dr. Nadine Guhr hält Vorlesungen an der Leibniz Universität Hannover zu innovativen Themenbereichen, insbesondere M-Business, Informationsmanagement, Geschäftsprozessmodellierung und -implementierung am Beispiel SAP ERP 6.0. Sie verbindet als Forscherin und Lehrbeauftragte Praxis und Theorie.

Dr. Michael Hartschen ist leidenschaftlicher Vereinfacher und Innovator. Er promovierte am Betriebswissenschaftlichen Institut (BWI) der ETH Zürich mit Themenschwerpunkt Innovationsmanagement.

Seit 1995 ist er als Unternehmer, Coach, Trainer, Speaker und Buchautor im Umfeld von Innovation, Unternehmensentwicklung und Simplicity/Einfachheit unterwegs.

Er ist seit 2001 Dozent für Unternehmensführung und Innovationsmanagement an der ZHAW und seit 2004 ehrenamtlich im Stiftungsrat einer Sozialinstitution tätig. 1998 gründete er in Zürich die BRAIN CONNECTION GmbH.

Jörg Heinze ist diplomierter Wirtschaftspsychologe und spezialisiert auf den Bereich Markt- und Konsumentenpsychologie sowie Human Capital Management. Er ist Doktorand bei der Allianz Managed Operations and Services SE und befasst sich mit der Akzeptanz von Versicherungen im mobilen Markt. Nach Arbeitsaufenthalten im Silicon Valley und in mehreren DAX-30-Unternehmen sowie der wissenschaftlichen Arbeit am Lehrstuhl für Wirtschafts- und Organisationspsychologie der LMU München, ist er bei der Allianz gegenwärtig für die inhaltliche Gestaltung innovativer mobiler Anwendungen mitverantwortlich und betreut das Forschungsprojekt Mobile Finance Services.

Hans-Josef Homscheid ist IT- und Unternehmensberater für Versicherungen und Senior Partner bei der vericos GmbH. Er beschäftigt sich als Manager oder IT-Berater seit 25 Jahren mit IT-Innovationen innerhalb der Versicherungswirtschaft.

Seit seiner Ausbildung zum IT-Systemspezialist und dem Studium der BWL ist er in unterschiedlichsten Funktionen tätig. Als IT-Manager innerhalb einer Versicherung verantwortete er Projekte zur Erneuerung, als Berater überzeugte er durch Praxisbezug und Technologiekompetenz. Mittlerweile widmet er sich dem Business Development und der Beratung von IT-Lösungen bei Versicherungen rund um das Thema „Data Logistics".

Malte Johannes, Dipl.-Jurist und Asessor des Rechts, ist geschäftsführender Gesellschafter der WetterProtect GmbH. Zuvor war er in mehreren leitenden Funktionen verschiedener KMUs tätig. Seine langjährige Erfahrung in der erfolgreichen Betreuung von Startup-Unternehmen, sowohl von der Gründung bis hin zur „post merger integration", zeichnet ihn aus. Sein Tätigkeitsschwerpunkt liegt im Bereich Business Development, Sales und Legal. Im Rahmen seiner Tätigkeit für die WetterProtect GmbH setzt er sich für die Entwicklung und Etablierung innovativer und kundenorientierter Versicherungslösungen ein.

Henrik Kant studiert Betriebswirtschaftslehre an der Georg-August-Universität Göttingen. Dort erreichte er zunächst den Abschluss Bachelor of Science mit Fokus auf Finance, Versicherungstechnik und Controlling. Aktuell erfolgt eine weitere Vertiefung dieser Schwerpunkte im Masterstudium „Finanzen, Rechnungswesen und Steuern" der Universität.

Erste praktische Erfahrungen sammelte er während eines mehrmonatigen Praktikums bei der WetterProtect GmbH.

Jacob-Christian Klages studierte in Hannover Wirtschaftswissenschaften mit dem Schwerpunkt Banken und Versicherungen. Während seines Studiums arbeitete er für die HDI Versicherung AG im Bereich Produktmarketing. Im Rahmen dieser Tätigkeit wirkte er an strategischen und innovativen Projekten mit, wie der Umsetzung einer mobilen Applikation zum Vertrieb von Versicherungsprodukten. Mit der Realisierung von Innovationen in der Versicherungsbranche ist er seither gut vertraut.

Nach seinem erfolgreichen Abschluss als M. Sc. Wirtschaftswissenschaften wechselte Jacob-Christian Klages zur Mecklenburgischen Versicherungsgruppe in Hannover. Dort bringt er heute die im Laufe seiner Jahre angeeigneten fundierten versicherungstechnischen Kenntnisse im Bereich der Revision ein.

Tom Köhler ist ein international anerkannter Experte für strategisches Technologie-Management mit dem Schwerpunkt Cybersicherheit. Er blickt auf eine über 20-jährige Expertise im Bereich der Informations- und Kommunikationstechnologie zurück.

Herr Köhler bekleidete unterschiedliche Management-Positionen bei international führenden ITK-Herstellern und ist darüber hinaus Mitglied in verschiedenen Gremien, u. a. im Steuerkreis des Münchner Sicherheitsnetzwerkes und im Kuratorium des renommierten Horst Görtz Instituts für IT-Sicherheit in Bochum.

Prof. Dr. Bernhard Koye leitet das Schweizerische Institut für Finanzausbildung (SIF) an der Kalaidos Fachhochschule in Zürich. Sein Forschungsfokus liegt auf zukunftsfähigen Geschäftsmodellen von Finanzdienstleistern (Strategie-, Struktur- & Prozessgestaltung; Industrialisierung & Service Design, nachhaltiges Change Management). Vor dem Studium absolvierte er eine Bankausbildung und arbeitete u. a. bei der Swiss Banking School und als Executive Director und Abteilungsleiter bei der UBS AG. Heute ist Professor Koye Prorektor „Finanzen & Steuern" an der ersten privaten FH der Schweiz und Mitglied der Unternehmensleitung der Kalaidos Bildungsgruppe. Er ist Dozent u. a. bei der Schweizerischen Nationalbank, den Universitäten Zürich und St. Gallen sowie Chairman der Euroforums-Jahreskonferenz, Bankinformationstechnologie und hat verschiedene Beratungsmandate.

Michael Langer begleitet als Manager bei der Blue Ocean Strategy Partners GmbH verschiedene strategische Innovationsprojekte, davon viele in der Finanzdienstleistungsbranche. Vor seiner Tätigkeit bei BOS Partners verantwortete er den Fachbereich der Schwellenländer in der volkswirtschaftlichen Abteilung der Berenberg Bank in Hamburg. Hier war er auch gleichzeitig (Co-)Autor mehrerer Zukunftsstudien und Gastautor des Wirtschaftsressorts der Börsenzeitung. Neben seiner Berufserfahrung in verschiedenen Branchen hat er eine fundierte akademische Ausbildung als Dipl.-Kaufmann und MBA in International Management. Zusätzlich promoviert er im Fachbereich VWL an der Universität Hamburg.

Axel Liebetrau gilt als Deutschlands einflussreichster Experte für Innovationen und Trends in Banking und Insurance. Nach seiner Laufbahn als Banker arbeitete er zuerst in verschiedenen Beratungsfirmen für Banken und danach in den führenden Zukunftsforschungsinstituten. Er studierte Bankbetriebslehre in Deutschland und International Management Consulting in England. Seit 2005 ist er als Unternehmer in der Innovationsberatung sowie als Keynote Speaker zu Innovation, Zukunft und Trends tätig. Er lehrt (Innovationsmanagement) und forscht (kundenzentrierte Bankarchitekturen) an den führenden Business Schools in der Schweiz und England.

Kerstin Linnemann ist als Unternehmensberaterin im Bereich Unternehmensentwicklung und Innovationsmanagement bei der noventum consulting GmbH tätig und begleitet Unternehmen bei der Entwicklung einer zukunftsorientierten und innovationsfreundlichen Unternehmenskultur.

Zudem steht sie vor Abschluss ihrer Promotion an der Coventry University (UK) zum Thema „Resource Recombination in Firms from a Dynamic Capability Perspective". Zuvor arbeitete sie als Dozentin für strategisches und internationales Marketing an der FH Münster und war als Wissenschaftliche Mitarbeiterin am Science-to-Business Marketing Research Centre tätig. Zahlreiche Publikationen, internationale Vorträge und Review-Tätigkeiten runden Ihr Profil ab. Sie verbindet auf überzeugende Art die aktuellen Erkenntnisse aus Forschung und Unternehmenspraxis.

Egle Maksimaite ist Masterstudentin in Wirtschaftspsychologie & Change Management an der SRH FernHochschule Riedlingen und arbeitet als Studentische Mitarbeiterin, Research Consultant, bei einem Personalberatungsunternehmen.

Ihr Bachelorstudium in Wirtschaftspsychologie absolvierte sie 2012 ebenfalls an der Hochschule erfolgreich mit der Thesis „Entscheidungsfehler im Management – am Beispiel des Framings im Risikomanagement", woraufhin 2013 ihr erster Artikel „Denkfallen im Risikomanagement, Ein Test: Kognitive Reflexion bei Risikomanagern" in Zusammenarbeit mit Prof. Dr. Thomas Berger in RiskNet erschien und ihr neue Perspektiven eröffnet hat.

Stephan Meyer gilt vielen als Rebell, als Querdenker in Sachen Unternehmensstrategien, Corporate Foresight und Krisenmanagement, als einer, der „heilige Kühe" gern infrage stellt. Sein Credo: Spielregeln sind zum Verändern da. Eingefahrenen Prozessen und Denkweisen erteilt er eine klare Absage und beweist, warum Mittelmaß nie gewinnen wird. Als Vortragsredner aus Leidenschaft besitzt Stephan Meyer die Fähigkeit, auch komplexe Zusammenhänge sehr einfach und gut verständlich zu formulieren. Stephan Meyer studierte Wirtschaftspsychologie und BWL. Er hat umfangreiche Projekterfahrung und weiß, wie man den Unternehmenswert steigert. Er arbeitete für eine große internationale Unternehmensberatung, gründete für eine deutsche Bank eine Tochtergesellschaft und ist seit 2001 selbstständig. Er berät DAX-Unternehmen genauso wie Mittelständler.

Olga Mursajew ist geschäftsführende Gesellschafterin der WetterProtect GmbH.

Nach ihrem Abschluss als Diplom Finanz- und Wirtschaftsmathematikerin war sie als wissenschaftliche Mitarbeiterin am Lehrstuhl für Banken und Finanzierung der Leibniz Universität Hannover tätig. Im Rahmen ihres Forschungs- und Lehrauftrags hielt sie zahlreiche wissenschaftliche Vorträge auf nationalen und internationalen Konferenzen.

Einen wesentlichen Schwerpunkt legt Olga Mursajew auf die Anwendbarkeit der von ihr entwickelten Risikomodelle in der Praxis. Diese werden von ihr sukzessive erweitert, um den Anforderungen des sich stetig verändernden Versicherungsmarktes gerecht zu werden.

Simona Ravens ist gelernte Versicherungskauffrau und studierte Wirtschaftswissenschaften, Bachelor of Science, an der Gottfried Wilhelm Leibniz Universität Hannover mit den Schwerpunkten Versicherungsbetriebslehre, Finanzmärkte und Non-Profit und Public Management. Gleichzeitig ist sie bei der WetterProtect GmbH als Werksstudentin tätig.

Zuvor sammelte sie erste praktische Erfahrungen im Sachversicherungsbereich eines Versicherungs- und Finanzdienstleistungsunternehmen.

Oliver Joachim Rolofs M.A. ist Pressesprecher und Leiter der Presse- und Öffentlichkeitsarbeit der Münchner Sicherheitskonferenz. Er publiziert regelmäßig zu Fragestellungen der internationalen Politik und berät Entscheidungsträger aus Politik und Wirtschaft. Neben diesem Tätigkeitsfeld befasst er sich schwerpunktmäßig mit Fragen der Cyber- und Energiesicherheit.

Herr Rolofs blickt auf eine langjährige Expertise im Bereich der Kommunikationsarbeit sowie Außen- und Sicherheitspolitik zurück und war zuvor u. a. im Bundespräsidialamt, Deutschen Bundestag, Europäischen Parlament sowie in den Friedensmissionen der NATO und EU im ehemaligen Jugoslawien tätig.

Uwe Rotermund ist geschäftsführender Mehrheitsgesellschafter der noventum consulting GmbH, einem 100-köpfigen IT-Management-Beratungsunternehmen aus Münster. Neben dem Kerngeschäft der IT-Projekte engagiert er sich seit 10 Jahren für Zukunftsmanagement und für eine vertrauensbasierte Unternehmenskultur. Nachdem sein Unternehmen noventum dreimal in Folge als bester Arbeitgeber Deutschlands seiner Größenklasse prämiert wurde, ist er nun „Great Place to Work"-Botschafter und berät andere Unternehmen bei der Stärkung der Leistungsbereitschaft ihrer Mitarbeiter und bei der Erhöhung der Arbeitgeberattraktivität.

Dr. Aly Sabri ist der Spezialist für Hirnforschung und Neuroökonomie. Sein Schwerpunkt liegt auf dem wissenschaftlichen Verständnis von Kundenverhalten und die darauf zu gründende Segmentierung.

Segmentierung – die Einteilung des Kundenpools in Persönlichkeitsgruppen – bildet die Basis jeglichen Handelns in Forschung & Entwicklung, Marketing und Vertrieb eines Unternehmens. Dr. Sabri erforscht und entwickelt mit einem interdisziplinären Team die modernsten Methoden in diesem Feld.

Christoph Schwarzbach, Dipl.-Kfm., studierte zwischen 2000 und 2006 Betriebswirtschaftslehre an der Humboldt-Universität zu Berlin und an der Universidad de Salamanca (Spanien). 2006 begann er seine Tätigkeit als wissenschaftlicher Mitarbeiter am Institut für Versicherungsbetriebslehre.

Seit Juli 2008 beschäftigt er sich im Rahmen seiner Forschungsarbeit am Kompetenzzentrum Versicherungswissenschaften mit Fragestellungen des Versicherungsvertriebs, des Risikomanagements – hier vor allem des Asset-Liability-Managements – sowie mit der privaten und gesetzlichen Krankenversicherung.

Prof. Dr. Marcel Seidel ist gelernter Bankkaufmann und studierte Wirtschaftswissenschaften an der Universität Stuttgart. Nach mehreren beruflichen Stationen promovierte er 1996 zum Thema Fusionsmanagement in Banken. Er hat fast 20 Jahre Erfahrung in der Organisations- und Strategieberatung. In dieser Zeit hat er zahlreiche Strategieprojekte erfolgreich begleitet. Er ist Co-Gründer und Gesellschafter der BIG – Banking Innovation Group GmbH. Seine Beratungsschwerpunkte sind Strategieentwicklung, Innovationsmanagement, strategisches Marketing und Veränderungsmanagement. Seit März 2012 lehrt er an der FOM in den Themenfeldern Strategische Unternehmens- und Organisationsentwicklung, Human Resources und Marketing.

Lars Georg Volkmann, Dipl.-Betriebswirt, studierte Betriebswirtschaftslehre an der Fachhochschule für Wirtschaft in Pforzheim. Herr Volkmann ist seit 20 Jahren in der Versicherungsbranche tätig: seit 2009 für die VPV Versicherungen zunächst Generalbevollmächtigter für den Vertrieb und seit 2010 Vorstandsmitglied der VPV Versicherungen. Er verantwortet den Vertrieb und das Marketing. Außerdem ist er Geschäftsführer der VPV Vermittlungs-GmbH und Vorstandsvorsitzender der „Vereinigte Post. Die Makler AG".

Wiltrud Weidner studierte Wirtschaftsmathematik mit dem Schwerpunkt Aktuarwissenschaften an der Universität Ulm. Ihre Diplomarbeit zum Stress-Testing wurde mit dem SCOR-Preis für Aktuarwissenschaften 2010 (3. Platz) ausgezeichnet.

Sie ist in der Versicherungswirtschaft tätig, wo sie praktische Erfahrungen im Aufbau, der Weiterentwicklung und Analyse von Risikomodellen im Rahmen von Solvency II erarbeitet. Sie promoviert berufsbegleitend im Bereich des quantitativen Risikomanagements am Institut für Versicherungsbetriebslehre der Leibniz Universität Hannover und ist Mitglied der Deutschen Aktuarvereinigung e. V. (DAV) sowie der Deutschen Gesellschaft für Versicherungs- und Finanzmathematik (DGVFM).

Prof. Dr. Leif Erik Wollenweber, Sozialwissenschaftler und Betriebswirt, lehrt Allgemeine BWL, insbesondere Organisation und Führung, an der FOM Hochschule. Zudem ist er Inhaber einer mittelständischen Unternehmensberatung mit der Spezialisierung auf Strategie, Unternehmensführung und Organisationsentwicklung.

Zu seinen Kunden zählen namhafte mittelständische Firmen, Konzerne und Organisationen aus dem Non-Profit-Sektor.

Sein Thema ist das Aufspüren „Schwacher Signale", also die strategische Frühaufklärung von gesellschaftlichen, politischen und technologischen Trends, aus denen bedeutende Chancen und Risiken entstehen, auf die Unternehmen reagieren müssen.

KlimaProtect

Mehr Investition in Energieeffizienz

NEU: Energie Einspar Protect

mit dem innovativen Absicherungsprodukt „Energie Einspar Protect (EEP)" können Sie als Anbieter von Energie-Effizienz-Maßnahmen erstmalig Energie-Einsparberechnungen gegenüber Ihren Kunden garantieren und versichern. EEP übernimmt das wirtschaftliche Risiko aus der Garantieerklärungen und schafft so für eine Umsetzungsentscheidung benötigte Vertrauen in Ihre Angebote.

Passt EEP zu Ihrem Unternehmen?
Mehr Infos unter www.klimaprotect.de
oder wenden Sie sich zu einem unverbindlichen
und kostenlosem Beratungsgespräch an uns!

KlimaProtect – ein Marke der WetterProtect GmbH
Rathausstr. 13 b · 31134 Hildesheim
Geschäftsführung: J. Lüder, O. Mursajew, M. Johannes
Tel. +49 5121 696 0 575 · Fax +49 5121 696 0 572
E-Mail info@klimaprotect.de

Der Vorsorgeberater seit 1827

Tradition und Moderne:
VPV Versicherungen

Die VPV, kurz für VPV Versicherungen, ist eine der traditionsreichsten Versicherungsgesellschaften Deutschlands. 1827 als Sterbekasse für Postbeamte gegründet, zählt die VPV zu den ältesten Lebensversicherungen und mit einer Bilanzsumme von über 8 Milliarden Euro zu den mittelgroßen Versicherungsunternehmen Deutschlands. Heute steht das Unternehmen allen Interessenten offen.

Die Wünsche und Bedürfnisse des Kunden in den Mittelpunkt rücken, das ist und bleibt das erklärte Ziel der VPV.

Seit ihrer Gründung vor mehr als 180 Jahren hat sich die VPV und ihr Produktangebot kontinuierlich weiterentwickelt. Heute bietet die VPV ihren Kunden attraktive und erfolgreiche Konzepte für die Bereiche Vorsorge, Vermögensaufbau und Absicherung. Das vielfältige, sich sinnvoll ergänzende Angebotsportfolio wird kontinuierlich durch innovative Produkte ergänzt.

Ob Lebens-, Renten- oder Pflegeversicherung, ob Unfall-, Haftpflicht-, Kfz- oder Hausratversicherung: Die VPV überzeugt mit ihrem umfassendes Angebot – auch in Kooperation mit starken Partnern wie etwa der HUK-Coburg, der Deutschen Familienversicherung oder der Gothaer Versicherungen.

VPV Versicherungen
Mittlerer Pfad 19
70499 Stuttgart
Telefon: 07 11/13 91-60 00
Telefax: 07 11/13 91-60 01
E-Mail: info@vpv.de
Internet: www.vpv.de